本报告主体内容于 2020 年 12 月 14 日在人类减贫经验国际论坛上发布。

顾 问 / 谢伏瞻

POVERTY REDUCTION IN CHINA

中国减贫
成就、经验和国际合作

ACHIEVEMENTS, EXPERIENCE AND
INTERNATIONAL COOPERATION

主 编 / 魏后凯 王 镭

社会科学文献出版社
SOCIAL SCIENCES ACADEMIC PRESS (CHINA)

编委会

顾　问：谢伏瞻

主　编：魏后凯　王　镭

副主编：吴国宝　周云帆　檀学文

成　员（按姓氏笔画排序）：

　　　　王　瑜　王　蕊　王　镭　左　茜　白　描

　　　　孙同全　李　旸　李　静　杨　穗　吴国宝

　　　　张永生　陈亚坤　周云帆　彭　华　曾俊霞

　　　　谭清香　檀学文　魏后凯

撰稿人名单

主报告

　　魏后凯　中国社会科学院农村发展研究所所长、研究员

　　吴国宝　中国社会科学院农村发展研究所研究员，中国社会科学院贫困问题研究中心主任

　　檀学文　中国社会科学院农村发展研究所研究员

A 中国减贫实践篇

A1. 中国的发展生产减贫

　　郭建宇　山西财经大学国际贸易学院教授

A2. 中国的促进就业和就业支持减贫

　　杨　穗　中国社会科学院农村发展研究所副研究员

A3. 中国的健康扶贫

　　李　静　中国社会科学院农村发展研究所研究员

　　白　描　中国社会科学院农村发展研究所副研究员

A4. 中国的发展教育减贫

　　檀学文　中国社会科学院农村发展研究所研究员

　　曾俊霞　中国社会科学院农村发展研究所助理研究员

A5. 中国的易地扶贫搬迁

　　王　瑜　中国社会科学院农村发展研究所助理研究员

A6. 中国的生态扶贫

　　张永生　中国社会科学院生态文明研究所所长、研究员

B 中国减贫国际合作篇

B1. 中国减贫中的国际援助与合作

　　孙同全　中国社会科学院农村发展研究所研究员

　　潘　忠　北京工商大学经济学院副教授

B2. 中国的对外减贫援助与合作
　　唐丽霞　中国农业大学人文与发展学院教授
　　张一珂　中国农业大学研究生
　　谭　璐　中国农业大学研究生
　　赵文杰　中国农业大学研究生

C 中国减贫国际视野篇

C1. 中国减贫及世界银行发挥的作用
　　郝福满（Bert Hofman）　新加坡国立大学东亚研究所所长
　　江诗伦（Lauren Johnston）　英国伦敦大学亚非学院中国研究所
　　费晨光（Samuel Freije-Rodriguez）　世界银行首席经济学家

C2. 中国减贫经验及其对拉美的启示
　　武琪（María José Haro Sly）　阿根廷图库曼省政府总秘书处副秘书长级顾问
　　周力（Nicolás Canosa）　阿根廷总统府国家外交学院教授

C3. 中非减贫合作分析
　　布萨尼·恩格卡维尼（Busani Ngcaweni）　南非国家行政学院院长
　　杰奎琳·恩凯特（Jacqueline Nkate）　南非国家行政学院研究员

C4. 中国 – 东盟扶贫新合作
　　尼实·班他密（Nisit Panthamit）　泰国清迈大学东盟研究中心主任
　　方晓琦（Xiaoqi Fang）　泰国清迈大学经济学院

内容提要

本报告是由以中国社会科学院为主体的中外学者撰写的智库性研究报告，由主报告和专题研究报告组成。本报告鲜明地展示了中国共产党和中国政府秉持以人民为中心的发展理念，在全国经济社会发展，尤其是近年来突出强调绿色发展和生态文明建设的整体格局中，持续减贫，勠力创新，以精准扶贫伟大创举突破发展中国家减贫"最后一公里"陷阱。中国的贫困治理经验不仅是中国国家治理和社会进步的宝贵财富，也越来越多地获得国际社会的关注、认同和深入的研究。

主报告简要而系统地概述了中国到2020年全面消除现行标准下农村绝对贫困的历程、成就、全球贡献及经验分享。改革开放前，中国无法大规模扶贫，但对极度贫困人口提供了救济。始于1978年的改革开放是中国经济发展起飞的起点，农村改革释放了减贫红利，较短时间内实现了显著的减贫效应。高速、益贫的经济增长一直是中国大规模消除贫困的经济基础。在此基础上，1986年以来，基于消除贫困的初心和制度自觉，中国开展并长期坚持了农村扶贫开发。中国分阶段实施农村扶贫战略，相继提高贫困标准，不断创新扶贫方式，增加扶贫投入，建立社会保障体系，吸收国际经验和国际援助，动员全社会参与，持续大规模减少贫困人口。2013年以来，为了到2020年实现剩余的数千万贫困人口全部脱贫，中国采取了精准扶贫和脱贫攻坚方式。中国政府对近1亿贫困人口建档立卡，开展了五年脱贫攻坚战，实现了所有贫困县、贫困村和贫困人口脱贫目标。

改革开放以来，中国使7亿多农民逐步摆脱了贫困，实现了世界上最大规模的减贫，创造了世界减贫史上的一个奇迹。中国的农村减贫成就举世瞩目，主要体现在消除现行标准下农村绝对贫困、贫困人口生活水平提高、解决区域性整体贫困、社会治理能力增强等方面。

中国减贫成就具有重要的全球贡献，包括破解减贫"最后一公里"难题、贡献世界减贫和人类发展指数的提升、提供贫困治理中国方案、为全球减贫提供中国力量等。中国共产党的集中统一领导、中国特色社会主义制度以及相应的发展型政治体制是中国减贫的根本性制度基础。中国减贫中的综合减贫道路、精准扶贫精准脱贫方略、经济发展主导的减贫路径、政府主导与国际合作及社会参与的有机结合、坚持提高扶贫对象的自我发展能力以及全方位扶贫创新等经验都具有普遍借鉴意义。在减贫特定阶段开展脱贫攻坚战，对于条件接近且处于减贫"最后一公里"的国家也具有借鉴意义。

专题研究报告分为三个部分。一是对于中国减贫中具有重要意义和鲜明特色的政策实践的研究，共有6篇，包括发展生产减贫、促进就业和就业支持减贫、健康扶贫、发展教育减贫、易地扶贫搬迁以及生态扶贫。其中，在生产方面，中国的独特性在于专门为贫困地区和贫困人口发展设置具有益贫性的产业；在就业方面，中国既促进外出就业，也在当地采取多种形式开辟就业岗位；在健康和教育方面，扶贫措施都具有改善基础条件、提高人力资本水平和减轻家庭经济负担的多重作用；在易地扶贫搬迁方面，中国特点既在于搬迁规模之大，也在于扶贫搬迁与其他非自愿搬迁有显著区别；生态扶贫尤其具有中国特色，具有减贫与生态保护相互促进的积极效应。二是对于中国减贫国际合作的研究，共有2篇，分别是国际社会对于中国减贫的援助与合作以及中国对外援助与合作。前者详细分析了中国减贫历程中的国际援助与合作的变迁，论述了国际援助的积极贡献；后者系统介绍了中国的对外援助及与其他国家开展减贫合作的机制、进展与成效。三是国际学者从国际合作和国际比较视角对于中国减贫的研究，共有4篇，分别是中国与世界银行合作视角、拉美视角、中非合作视角、中国-东盟合作视角。这些报告都对中国的减贫成就和经验做出了积极评价，并就如何与中国加强减贫合作进行了思考。

中国是一个发展中大国，发展不平衡不充分现象突出，减贫是中国特色社会主义现代化事业的重要组成部分。在 2020 年消除现行标准下的绝对贫困是全面建成小康社会的必要任务和重要标志。当然，也应该看到，中国现行贫困标准还不算高，脱贫成果有待于进一步巩固，相对贫困较为严重。减缓相对贫困和追求共享繁荣发展将是 2020 年后中国追求共同富裕事业大局中的长期历史性任务。从这个意义上看，通过精准扶贫消除现行标准下的绝对贫困，让中国站上了走向共同富裕新的历史起点！不仅如此，中国也将继续深入开展减贫国际合作，致力于消除全球贫困，共建人类命运共同体。

目 录

主报告 .... / 001

  精准扶贫：走向共同富裕的中国减贫之路 .... / 003

      一　中国农村减贫的历程 .... / 004

      二　中国农村减贫的成就 .... / 012

      三　中国减贫的全球贡献 .... / 017

      四　中国全面脱贫的经验 .... / 023

      五　结语与展望 .... / 032

A 中国减贫实践篇 .... / 035

  A1. 中国的发展生产减贫 .... / 037

      一　中国发展生产减贫的历程 .... / 038

      二　中国发展生产减贫的成效 .... / 043

      三　中国发展生产减贫的经验 .... / 046

      四　结语与展望 .... / 048

  A2. 中国的促进就业和就业支持减贫 .... / 051

      一　中国就业扶贫的基本情况 .... / 052

      二　中国就业扶贫的实践举措 .... / 055

      三　中国就业扶贫的成效 .... / 062

      四　经验与启示 .... / 067

A3. 中国的健康扶贫 ／071

  一 中国健康扶贫政策体系 ／072

  二 中国健康扶贫的成效 ／079

  三 中国健康扶贫的经验 ／083

  四 结语与展望 ／085

A4. 中国的发展教育减贫 ／087

  一 中国发展教育减贫总体历程 ／088

  二 中国教育减贫取得的成就 ／092

  三 中国发展教育减贫的经验 ／099

  四 教育减贫展望 ／102

A5. 中国的易地扶贫搬迁 ／104

  一 中国易地扶贫搬迁的基本背景 ／105

  二 精准扶贫阶段易地扶贫搬迁实施概况 ／111

  三 中国易地扶贫搬迁的经验 ／119

  四 易地扶贫搬迁展望 ／122

A6. 中国的生态扶贫 ／124

  一 中国生态扶贫的历程 ／126

  二 中国生态扶贫的成效 ／132

  三 中国生态扶贫的经验及其国际含义 ／139

  四 结语与展望 ／142

B 中国减贫国际合作篇 ／143

B1. 中国减贫中的国际援助与合作 ／145

  一 中国接受国际发展援助的历史背景和指导思想 ／146

二　中国与联合国发展系统和世界银行扶贫合作的
　　　　发展历程 .... / 147
　　三　联合国发展系统及世界银行减贫合作的重点领域
　　　　及项目投入 .... / 151
　　四　中国与国际组织扶贫合作的成效 .... / 158
　　五　中国与国际组织开展扶贫合作的基本经验
　　　　与前景 .... / 161

B2. 中国的对外减贫援助与合作 .... / 164
　　一　中国对外减贫援助与合作的发展历程 .... / 165
　　二　中国对外减贫援助与合作的进展与成效 ...... / 169
　　三　中国对外减贫援助与合作的经验 .... / 178
　　四　结语与展望 .... / 180

C 中国减贫国际视野篇 .... / 183

C1. 中国减贫及世界银行发挥的作用 .... / 185
　　一　引言 .... / 185
　　二　分析和建议 .... / 187
　　三　项目、规划和评估 .... / 198
　　四　结语 .... / 205

C2. 中国减贫经验及其对拉美的启示 .... / 207
　　一　改革开放与消除贫困 .... / 207
　　二　经济建设、城市化与减贫 .... / 209
　　三　中国的消除贫困战略 .... / 211
　　四　中国消除贫困经验对拉美的启示 .... / 216

C3. 中非减贫合作分析 /218
- 一　非洲减贫形势 /218
- 二　中非减贫合作进展 /221
- 三　结语 /231

C4. 中国－东盟扶贫新合作 /233
- 一　引言 /234
- 二　中国的精准扶贫政策 /235
- 三　中国－东盟扶贫合作 /238
- 四　中国－东盟关系 2.0 版 /240
- 五　结语 /245

主 报 告

精准扶贫：走向共同富裕的中国减贫之路

摘　要：改革开放前，中国农民普遍贫困，为生存而努力，仅极度贫困人口可获得救济式扶贫。改革开放开启了中国农村减贫之路，可划分为两个大的阶段。1978~2012年，中国主要实施农村开发式扶贫，不断提高贫困标准，增加投入，创新扶贫方式，在高速经济增长、大规模农村劳动力转移、国际合作等因素共同作用下，实现持续大规模减贫。2013~2020年，为了一举消除绝对贫困，中国创造性地实行精准扶贫，开展脱贫攻坚战，大规模增加投入，派遣人员下乡扶贫，如期实现所有贫困县、贫困村和近1亿贫困人口脱贫目标。中国农村减贫成就包括消除绝对贫困、加快提高贫困人口收入和消费水平、不断提升贫困人口生活质量和享受的基本公共服务水平、解决区域性整体贫困以及增强贫困地区社会治理能力五个方面。改革开放42年间，中国使7亿多农民摆脱贫困，实现了世界上最大规模的减贫，破解减贫"最后一公里"难题，相继提前实现联合国千年减贫目标和2030年可持续发展议程减贫目标，创造了全球减贫奇迹，为全球减贫和提高人类发展指数做出了中国贡献，为全球贫困治理提供了中国方案，通过国际合作为全球减贫提供了中国力量。报告从六个方面总结了中国全面脱贫的经验，总的来说就是立足国情，坚持以人民为中心的发展思想，不断完善共享发展战略，始终将农村减贫置于重要地位，选择综合性减贫道路。中国减贫经验中的很多要素对其他发展中国家有普遍借鉴意义，解决减贫"最后一公里"难题的方法也有参考价值。报告最后对下一阶段解决相对贫困、走向共同富裕的战略转型以及加强减贫国际合作进行了简要的展望。

关键词：精准扶贫　消除贫困　可持续发展目标　国际合作　中国经验

一　中国农村减贫的历程

中国的绝对贫困主要在农村，中国农村减贫以改革开放初的几乎普遍贫困为起点。改革开放是中国农村减贫的第一推动力，农村经济体制改革带来了农村生产力的解放和农村贫困的大幅度缓解。在此基础上，中国在农村贫困地区实施开发式扶贫，在不同发展阶段持续制订和实施扶贫计划、规划，增加扶贫投入，升级扶贫措施，在减贫"最后一公里"实行精准扶贫，开展脱贫攻坚战，坚决打好新冠肺炎疫情冲击下的"收官战"，实现脱贫攻坚战的完美收官。

（一）改革开放前：救济式扶贫和为生存而努力

近代以来，中国的国民经济和人民生活长期处于积贫积弱状态。从 1949 年新中国成立到改革开放前，整个国家都在为捍卫国家主权、奠定国民经济基础、维护人民生存权而努力。[1] 这期间，中国政府通过采取重新分配生产资料、改善农村基础设施、发展农村基础教育、改善农村医疗卫生条件、大力增加粮食生产、建立以农村集体经济为基础的社会保障体系等措施，使农村贫困状况得到较大缓解。但由于

---

[1] 林毅夫、蔡昉、李周:《中国的奇迹：发展战略与经济改革》，格致出版社，1999。

农村整体发展落后，农民收入水平低，农村人口呈现普遍贫困的状况。按照低水平的生存型贫困标准，1978 年中国农村还有 2.5 亿人没有解决温饱问题，贫困发生率为 30.7%；① 按照 2011 年制定的现行农村贫困标准，1978 年农村贫困人口为 7.70 亿人。对于遭受生存威胁的极端贫困人口，中国主要采取了救济式扶贫方式。②

（二）1978~2012 年：开发式扶贫和大规模减贫

始于 1978 年的改革开放，开启了中国大规模的改善民生和反贫困进程。1978~2012 年，中国进入了开发式扶贫和持续大规模减贫时期。这期间，中国先后实施 3 个农村贫困标准，第一个贫困标准为 1984 年不变价农民年人均纯收入 200 元，第二个贫困标准和第三个贫困标准分别相当于第一个标准的 1.38 倍和 2.5 倍左右。按第一个贫困标准，中国分别于 1990 年和 2002 年将农村贫困发生率下降到 10% 和 3% 左右；按第二个贫困标准，中国分别于 2000 年和 2010 年将农村贫困发生率降至 10% 和 3% 左右；按第三个贫困标准，中国于 2012 年将农村贫困发生率降至 10% 左右（见图 1）。2000 年，第一个贫困标准下的农村贫困人口减少至 3209 万；2010 年，第二个贫困标准下的农村贫困人口减少至 2688 万；2012 年，第三个贫困标准下的农村贫困人口则还有近 1 亿（9899 万）。这一时期，中国的农村减贫历程又可细分为五个阶段。

---

① 中国到目前为止，先后实行了 3 个农村贫困标准。第一个贫困标准是按 1984 年价格农民年人均纯收入 200 元，相当于每人每天能实现 2100 大卡热量的食物支出，食物支出比重约 85%。这个标准只是一个低水平的生存型贫困标准，在 1986 年至 2007 年使用。第二个贫困标准是在 2008 年至 2010 年正式使用的，按 2000 年价格每人每年 865 元，按 2008 年价格为 1196。第二个贫困标准可视为基本温饱标准，能保证每人每天 2100 大卡热量的食物支出，同时食物支出比例下降到 60%。第三个贫困标准在 2011 年开始使用，即现行贫困标准，按 2010 年不变价为每人每年 2300 元，在保证基本热量支出的基础上还能消费 60 克蛋白质，食物支出比例也进一步下降。
② 江泽民：《改单纯救济式的扶贫为经济开发式的扶贫》，《山区开发》1989 年第 4 期，第 4 页。

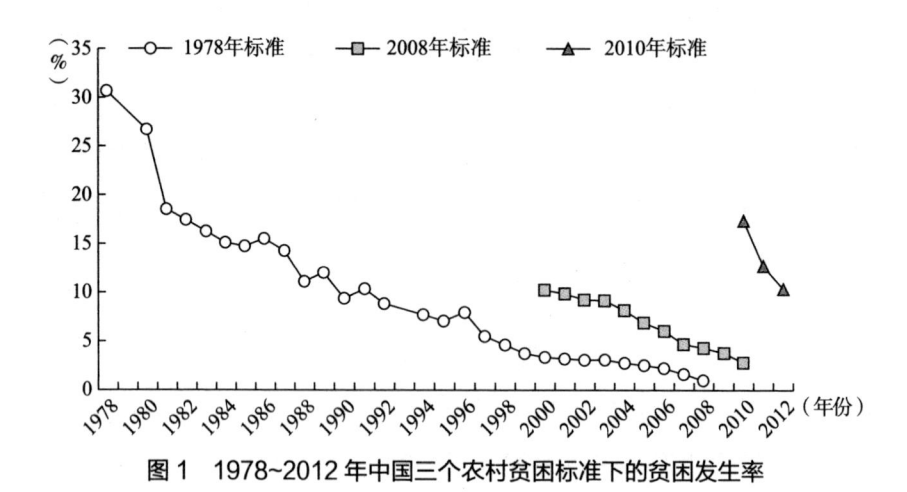

图 1　1978~2012 年中国三个农村贫困标准下的贫困发生率

第一个阶段：1978~1985 年，通过农村体制改革减贫。这期间，国家在农村实施家庭联产承包责任制，废除人民公社，开展农产品价格和流通体制改革，允许发展乡镇企业。农村改革带来的农业发展、农产品价格和销售收入提高以及农村劳动力非农就业，成为当时主要的减贫动力。在这段时期，中国政府采取了设立"支援经济不发达地区发展资金"、开展"三西地区"扶贫开发等多项减贫措施。以后来测定的第一个贫困标准衡量，这个时期贫困人口从 2.5 亿下降到 1.25 亿，7 年间减少了一半。

第二个阶段：1986~1993 年，启动农村专项扶贫开发。中国政府建立专门扶贫机构，确定开发式扶贫方针，划分贫困片区，确定国家级和省级贫困县，为贫困地区安排专项扶贫资金，实施优惠政策，开展定点扶贫。严格地说，1986 年以来的农村反贫困行动都属于农村专项扶贫开发范畴，只是以后各阶段都有更为明确的阶段性计划。在这个意义上，1986~1993 年是中国农村扶贫开发的起步阶段。1986 年，中国首次测算贫困线，这是中国的第一个农村贫困标准。到 1992 年，按这一标准衡量的农村贫困人口下降到 8000 万，减贫速度明显比前一个时期迟缓。

第三个阶段：1994~2000年，实施"八七扶贫攻坚计划"。中国计划利用7年时间，基本解决剩余8000万贫困人口（1992年的贫困规模）的温饱问题，这是中国首个有明确目标的扶贫计划。"八七扶贫攻坚计划"开启了第一轮扶贫攻坚战，中国政府较大幅度地增加扶贫投入，开展东西部地区扶贫协作，在贫困地区发展交通、文化、科技、教育等社会事业，强化省级党委、政府的扶贫责任。在这个阶段，中国还与世界银行合作，接受其提出的减贫战略建议，实施扶贫贷款项目，开展综合减贫试验，建立贫困监测体系。到2000年底，中国尚未解决温饱的人口减少到3209万，比1992年减少60%，基本实现八七扶贫攻坚计划的目标。

第四个阶段：2001~2010年，实施《中国农村扶贫开发纲要（2001-2010年）》。这是第一轮农村扶贫"十年纲要"期，这一阶段可以定义为综合减贫阶段，采取了整村推进、产业化扶贫、贫困劳动力培训等综合措施，与西部大开发、支农惠农、农村低保等宏观政策叠加在一起推动减贫。在此期间，中国制定了第二个贫困标准，即按照2000年不变价格测算的年人均收入或消费865元，在保证最低食物消费的基础上适当增加了非食物支出比例。经过10年努力，该标准下的中国农村贫困人口从2000年的9422万减少到2010年的2688万。其中，生存标准下的贫困人口到2008年还剩下1004万，剩余贫困人口脱贫越来越难。

第五个阶段：2011~2012年，精准扶贫和脱贫攻坚的预备期。中国政府制定了《中国农村扶贫开发纲要（2011-2020年）》，确定了到2020年新的减贫目标[1]，进一步提高了扶贫标准，提出对贫困人口进行建档立卡、开展贫困退出、下放扶贫开发权限到县等新工作思路。这期间，中国制定了第三个贫困标准，即以2010年不变价格计算的年人均纯收入2300元，这比第二个贫困标准高80%，基本上与

---

[1] 即稳定实现扶贫对象不愁吃、不愁穿，义务教育、基本医疗和住房有保障（即"两不愁三保障"），以及贫困地区的完全脱贫。

"两不愁三保障"目标一致。在新贫困标准下,2010年农村贫困人口达1.66亿,到2012年减少了6668万,减贫速度非常快。

(三)2013~2020年:精准扶贫和消除绝对贫困

为确保实现全面建成小康社会目标,2013年以来中国确立了精准扶贫基本方略,2015年底又决定开展脱贫攻坚战,解决减贫最后阶段的"最后一公里"问题。[①]脱贫攻坚战的总体目标是:到2020年稳定实现农村贫困人口"两不愁三保障";实现贫困地区农民人均可支配收入增长幅度高于全国平均水平,基本公共服务主要领域指标接近全国平均水平;确保现行标准下农村贫困人口实现脱贫,贫困县全部摘帽,解决区域性整体贫困。经过8年持续奋斗,中国如期完成了新时代脱贫攻坚目标任务,现行标准下农村贫困人口全部脱贫,贫困县全部摘帽,消除了绝对贫困和区域性整体贫困,近1亿贫困人口实现脱贫,取得了令全世界刮目相看的重大胜利。[②]

1. 对贫困人口精准识别和建档立卡,解决"扶持谁"问题

在2014年正式开展全国统一的贫困人口精准识别之前,中国已有一些局部的贫困人口识别和建档立卡实践。中国根据自己的特殊国情,将贫困人口识别和建档立卡限定在农村地区。基于统计部门贫困监测数据,建立贫困识别标准,全国统一采取行动,在2014年初步建立了贫困人口识别和建档立卡系统,当年对8962万贫困人口建立档案。随后根据实践反馈和研究评估,中国不断完善精准识别方法,对建档立卡人口开展动态调整,将不符合贫困标准的农户从系统中清退,将未纳入的贫困人口及时纳入系统。到2020年,建档立卡系统中共有3000多万户近1亿人。

[①] 蔡昉:《穷人的经济学——中国扶贫理念、实践及其全球贡献》,《世界经济与政治》2018年第10期,第4~20页。
[②] 《中共中央政治局常务委员会召开会议听取脱贫攻坚总结评估汇报》,中国共产党新闻网,2019年12月4日,http://cpc.people.com.cn/n1/2020/1204/c64094-31954642.html,最后检索时间:2021年1月30日。

2. 实行全社会动员，构建超常规脱贫攻坚治理体系，解决"谁来扶"问题

脱贫攻坚需要超强的领导力和行动力，才能将扶贫措施延伸到以往容易被忽视的领域、区域以及人群或个体。中国的超常规脱贫攻坚治理体系包括以下内容：坚持党管扶贫，中共中央和习近平总书记直接抓扶贫，五级书记抓扶贫；强化中央统筹、省负总责、市县抓落实分级责任制，自下而上签订脱贫责任"军令状"；构建专项扶贫、行业扶贫、社会扶贫有机结合、互为支撑的大扶贫格局。东西部扶贫协作、各级财政供养单位定点扶贫、企业和公民参与等社会扶贫不断加强。为所有贫困县、贫困村都配置了定点帮扶单位，向贫困村派驻第一书记和扶贫工作队，为贫困户配置帮扶责任人。到 2020 年，全国共派出 25.5 万个驻村工作队、累计选派 300 多万名干部到贫困村和软弱涣散村担任第一书记或驻村干部。①

3. 针对致贫原因开展精准帮扶，解决"怎么扶"问题

中国在建档立卡系统内，对贫困家庭和贫困人口的致贫原因进行诊断，作为开展精准帮扶的依据。相应地，中国提出了"五个一批"脱贫路径，并建立了相应的精准扶贫政策体系，支持各种脱贫方式。"五个一批"是指发展生产脱贫一批、易地搬迁脱贫一批、生态补偿脱贫一批、发展教育脱贫一批、社会保障兜底一批。"五个一批"是个概称，脱贫路径在实践中已经拓展为十余种，还包括健康扶贫、住房保障扶贫、资产收益扶贫、交通扶贫、水利扶贫、消费扶贫、精神扶贫等。各种脱贫路径都形成了丰富多样的实践创新。例如，就业减贫同时采取了促进就业和就业支持方式，还创新了扶贫车间、公益性岗位、扶贫驿站等更多形式；教育扶贫创新了教育资助、初中与职教衔接、电视夜校等教育培训方式；生态补偿脱贫拓展为生态减贫，绿色发展成为更大的脱贫动力；兜底保障脱贫形成了以最低生活保障制

---

① 习近平：《在决战决胜脱贫攻坚座谈会上的讲话》（2020 年 3 月 6 日），《人民日报》2020 年 3 月 7 日，第 2 版。

度为基础，以社会保险、社会救助、社会服务、资产收益分红等多种措施为补充的完整体系。

为落实精准扶贫基本方略，中央和地方逐步制定和完善了精准扶贫政策体系。中共中央、国务院发布的《关于打赢脱贫攻坚战的决定》《关于打赢脱贫攻坚战三年行动的指导意见》发挥了强有力的号令和指导作用。中共中央办公厅、国务院办公厅出台扶贫文件20余个，中央和国家机关各部门出台政策文件或实施方案200多个，以上每一个脱贫路径都有对应的支持政策。此外，还有大量的间接扶贫政策以及针对特殊群体和具体问题的专门政策，如电商扶贫政策、金融扶贫政策、危房改造政策、饮水安全政策、土地支持政策、推广普通话支持脱贫政策、支持深度贫困地区脱贫政策、老年人和残疾人等特殊群体脱贫政策，等等。

4. 开展贫困退出，解决"如何退"问题

2016年起，中国根据精准扶贫基本方略，建立了贫困退出制度。在国家和省级层面，中国先后制定了贫困退出标准和工作方案。所有的贫困退出都需要遵照调查、评议、公示、考核评估等程序，都需要明确达到相应的脱贫标准。贫困户的脱贫标准主要是家庭年人均纯收入要超过2010年不变价标准的2300元，该标准根据物价调整在2019年已经超过3000元，且稳定实现"两不愁三保障"，即不愁吃、不愁穿，义务教育、基本医疗和住房安全有保障。贫困村的脱贫标准主要是村内贫困人口比例要降至2%以下（西部地区村为3%以下），此外交通、饮水、教育、卫生等基础设施和基本公共服务要达到一定标准。贫困县的脱贫标准与贫困村类似，除了贫困人口比例和基础设施、基本公共服务水平达标外，还要求全县农村居民人均可支配收入增长速度超过全省农村居民人均可支配收入的平均增长速度。中国自2016年起，每年开展贫困退出工作。到2020年11月，全国832个贫困县全部摘帽。

5. 改革创新扶贫资金资源投入增长和管理机制

脱贫攻坚需要大量资金资源投入保障。中国通过制度和政策创新，落实脱贫攻坚的政府责任和社会责任，中央财政专项扶贫资金、省级及省以下财政扶贫资金、行业扶贫资金、金融扶贫资金、东西部扶贫协作资金、定点和企业等扶贫资金、公民捐赠等方面的投入均大幅度增加。其中，2013~2020年中央财政累计补助地方专项扶贫资金6606亿元，年均增长20.3%；地方财政专项扶贫资金基数较小，但是以更快速度增长；各级财政不断加大对贫困地区转移支付力度，全国832个贫困县的一般公共预算支出中，上级补助及返还占比达80%左右。2016年起，国家在贫困县开展统筹整合使用财政涉农资金试点，允许贫困县将部分涉农资金用于脱贫攻坚。2016~2020年，全国832个贫困县实际整合资金规模累计达到1.5万亿元，县均整合资金规模超过18亿元。[①]

6. 开展深度贫困歼灭战

全部脱贫的主要困难之一是深度贫困，打好深度贫困歼灭战是打赢脱贫攻坚战的关键。为打好深度贫困歼灭战，国家划定以"三区三州"为主的深度贫困地区，[②]各省在此基础上划定334个深度贫困县，这些县在2017年贫困发生率仍高达11%。中央对深度贫困地区给予特殊倾斜政策，各省对深度贫困地区脱贫负总责，省内资源、扶贫协作、定点帮扶都对深度贫困地区加大了投入力度，推动深度贫困地区跨越式脱贫。2018~2020年，中央财政对深度贫困地区投入的资金达到2140亿元，其中用于"三区三州"的达到1050亿元。[③]到2019年底，"三区三州"贫困发生率降至2%的门槛水

[①] 根据财政部提供的资料。
[②] "三区"指西藏、四省（青海、四川、甘肃、云南）藏区、南疆四地州（和田地区、阿克苏地区、喀什地区、克孜勒苏柯尔克孜自治州），"三州"指四川凉山州、云南怒江州、甘肃临夏州。
[③] 《聚焦深度 攻坚克难》，新华网，2019年6月26日，http://www.xinhuanet.com/politics/2019-06/26/c_1124675131.htm，最后检索时间：2021年1月30日。

平。[①] 2020年11月以来，剩余未脱贫的深度贫困县陆续经过既定程序实现脱贫退出。[②]

7. 在新冠肺炎疫情冲击下坚决打好脱贫攻坚战

2020年，在新冠肺炎疫情严重冲击下，中国政府坚持统筹推进新冠肺炎疫情防控和经济社会发展工作，坚决采取强有力措施应对疫情影响，确保如期高质量完成脱贫攻坚任务。2020年，中国政府落实已有部署，并重点开展了以下工作：对52个未摘帽贫困县和1113个贫困村实施挂牌督战，加大工作力度；继续严格实施贫困县退出第三方评估，如期开展脱贫攻坚普查；努力采取各种措施克服疫情影响，尤其是优先支持贫困劳动力务工就业、加强东西部扶贫协作"点对点"帮扶、强化消费扶贫行动、延展扶贫贷款周期等；保持脱贫政策稳定，采取多种措施巩固脱贫成果。

二 中国农村减贫的成就

改革开放以来，特别是中共十八大以来，中国政府高度重视农村扶贫工作，全力加大扶贫资金投入，动员全党全国全社会力量共同参与扶贫开发，出台实施了一系列具有针对性的扶贫规划与政策，推动扶贫方式由救济式扶贫向开发式扶贫再向精准扶贫转变，逐步探索出一条符合国情的中国特色减贫道路。目前，中国脱贫攻坚已经取得决定性成就，脱贫攻坚目标已经实现，消除了现行标准下的农村绝对贫

[①]《向深度贫困"堡垒"发起最后总攻——写在"三区三州"脱贫攻坚关键时点》，中国政府网，2020年6月2日，http://www.gov.cn/xinwen/2020-06/02/content_5516780.htm，最后检索时间：2021年1月30日。

[②] 例如，2020年11月13日，云南省人民政府宣布所有贫困县实现退出；11月16日，四川省人民政府宣布凉山州剩余7个深度贫困县实现退出。

困现象。在脱贫攻坚任务完成后，中国已提前10年实现联合国2030年可持续发展议程的减贫目标。

（一）消除现行标准下的农村绝对贫困

1978年以来，中国在持续减少农村贫困人口方面取得了重大的进步。按照中国现行贫困标准，农村贫困人口从1978年的7.7亿减少到2019年的551万，减少了7.65亿或者99.28%；同期，农村贫困发生率从97.5%下降到0.6%，降低了96.9个百分点（见图2）。按照世界银行2011年每人每天1.9美元购买力平价的贫困标准，中国农村贫困人口从1981年的7.57亿，减少到2016年的590万，同期贫困发生率从95.37%降低到0.99%，降低了94.4个百分点。到2020年底，中国实现建档立卡人口全部脱贫，对潜在的脆弱性脱贫户和处于贫困边缘的非贫困户都制定了监测和保障措施。中国在改革开放后42年时间内，在减缓贫困方面取得了历史上数千年都没有的巨大成就，实现了消除现行标准下的农村绝对贫困。这既是中华民族社会进步的重要标志，也是保障中国人民生存权和发展权的卓越成就。

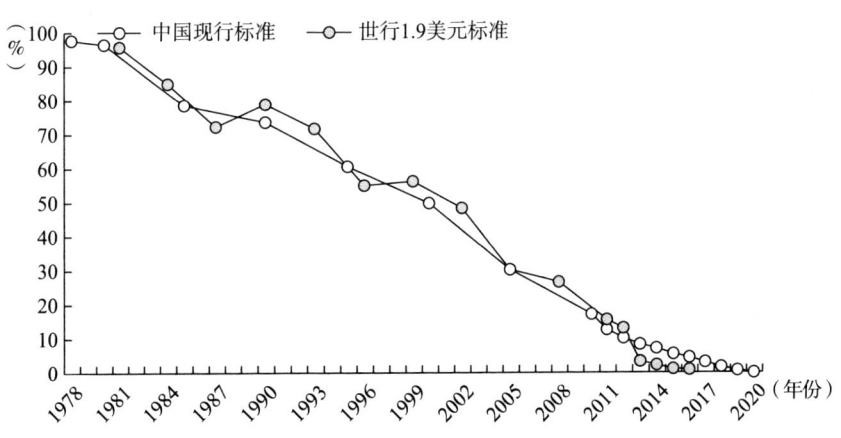

图2　1978~2020年中国现行标准和世界银行每人每天1.9美元标准的中国农村贫困发生率变化

资料来源：历年《中国农村贫困监测报告》；世界银行，http://iresearch.worldbank.org/PovcalNet/index.htm?2。

中国现行标准下农村绝对贫困的消除不只体现在贫困家庭收入和基本生活水平达标，更重要的是体现为贫困人口的信心和发展能力的增强。中国在扶贫开发过程中，一直实行开发式扶贫方针，坚持扶贫与扶智扶志相结合，注重教育、培训和示范。与许多国家主要通过社会救济或社会保障脱贫相比，中国改革开放40多年来绝大多数贫困人口是通过获得非农就业机会、发展农业等生产性方式脱贫的。这种方式脱贫更容易使脱贫人口增强对未来的信心，脱贫更具有稳定性和可持续性。

（二）贫困人口收入和消费水平更快提高

中国脱贫攻坚的重要目标之一是贫困地区农民人均可支配收入增长幅度高于全国平均水平。从2015年到2020年，这个目标每年都得以实现，使得贫困地区与全国农村居民人均可支配收入的比例从67.0%攀升至73.5%。贫困地区农民人均可支配收入在2018年首次超过1万元，并于2020年超过1.2万元（见表1）。与此同时，贫困地区农民人均消费水平也在不断增长，2019年贫困地区农村居民人均消费支出10011元，与2012年相比，年均增长11.4%；消费结构不断优化，吃穿等基本消费支出平稳增长，交通通信、教育文化娱乐、医疗保健等发展改善型消费支出快速增长[1]；全国建档立卡贫困户人均纯收入由2015年的3416元增加到2019年的9808元，年均增幅高达30.2%。[2]

---

[1] 国家统计局住户调查办公室：《中国农村贫困监测报告2019》，中国统计出版社，2019，第25页。
[2] 习近平：《在决战决胜脱贫攻坚座谈会上的讲话》（2020年3月6日），《人民日报》2020年3月7日，第2版。

表1 2015~2020年贫困地区农民人均可支配收入及其与全国平均水平的比较

单位：元，%

年份	农民人均可支配收入 全国	农民人均可支配收入 贫困地区	可支配收入名义增速 全国	可支配收入名义增速 贫困地区	收入比（贫困地区/全国）
2015	11422	7653	8.9	11.7	67.0
2016	12363	8452	8.2	10.4	68.4
2017	13432	9377	8.6	10.9	69.8
2018	14617	10371	8.8	10.6	71.0
2019	16021	11567	9.6	11.5	72.2
2020	17131	12588	6.9	8.8	73.5

资料来源：历年《中国农村贫困监测报告》；2018~2020年数据来自国家统计局网站。

（三）贫困人口生活质量和享受的基本公共服务水平不断提升

脱贫攻坚使贫困地区农民，尤其是建档立卡人口的生活质量和享受的基本公共服务水平不断提升。凡是实现脱贫摘帽的贫困县，其县域农民人均纯收入增幅均高于全省农民收入平均增幅；凡是脱贫的贫困村，都实现了硬化公路、电力、通信网络的通达和基本医疗服务设施、教育设施和安全饮水的覆盖；凡是脱贫的建档立卡户都能实现吃穿不愁，义务教育、基本医疗和住房安全有保障。国家统计局提供的贫困监测数据显示：截至2019年，贫困地区农户居住竹草土坯房比重继续下降，已低至1.2%；饮水无困难农户比重继续上升，已达到95.9%；所在自然村有卫生站的农户比重达到96.1%；所在自然村上小学便利的农户比重达到91.9%。2019年，贫困地区农村每百户拥有电冰箱、洗衣机、移动电话等耐用消费品分别为92.0台、90.6台和267.6部，拥有量持续增加，同全国农村平均水平的差距逐渐缩小。每百户拥有小汽车、计算机等现代耐用消费品数量也在快速增长。[1]

---

[1] 国家统计局住户调查办公室：《中国农村贫困监测报告（2020）》，中国统计出版社，2020。

（四）区域性整体贫困如期得到解决

中国的农村贫困人口高度集中在中西部地区，区域性贫困主要发生在贫困片区、革命老区、民族地区、边疆地区、深度贫困地区等，这些区域在很大程度上是重叠的。长期实行的农村扶贫开发、区域发展政策以及脱贫攻坚战显著减缓了中国的区域性贫困。从2016年起，中国建立了贫困退出机制，对全国832个贫困县实行摘帽退出。到2019年底，全国累计有780个贫困县实现脱贫退出，占贫困县总数的93.75%。作为深度贫困地区代表的"三区三州"农村贫困人口由2017年底的305万减少到2019年底的43万，贫困发生率由14.6%下降到2%，整体上达到脱贫标准。全国民族贫困县都已实现脱贫，独龙族、德昂族、基诺族、毛南族等民族渐次实现整体脱贫。2020年底，随着最后的52个贫困县全部摘帽，中国的区域性整体贫困如期得到解决。

（五）社会治理能力明显增强

脱贫攻坚是中国当代一次重大的全国性社会实践，参与其中的干部、居民、企业、社会组织之多、社会影响之大，都可以载入史册。这场社会实践通过高强度和大规模贫困治理培养了干部作风和能力，丰富和发展了农村治理经验，增强了农村治理能力，形成难得的治理溢出效应。不计其数的各级干部，尤其是基层干部参与其中。精准扶贫以来，每年参加帮扶的干部有近百万人。这些扶贫干部工作在第一线，直接与贫困村、贫困户打交道，了解贫困户的致贫原因、帮助参谋和设计扶贫项目与脱贫方式。扶贫工作使他们能够深入了解国情，培养踏实的工作作风和基层实践能力。这为国家培养了一支庞大的熟悉基层、有实践经验的干部队伍。

扶贫开发尤其是精准扶贫实践，还在一定程度上丰富和发展了中国的社会治理经验。精准扶贫过程中形成的多系统分工协作、齐抓共管治理体系和强化基层治理体系与能力的做法，对于解决复杂社会问题、实行有效治理具有重要的借鉴意义。精准扶贫中探索的入户调查、大数据和群众参与相结合识别扶贫对象的做法，对于信息时代识别和界定复杂条件下的社会干预对象，具有重要的启示和借鉴意义。精准扶贫中构建的政府、市场组织与社会力量共同支持扶贫的资源投入和动员方式，积累了开展投入需求大且不确定的重大社会干预的有益经验。精准扶贫中采用的内部考核与外部多方监督和评估相结合、以结果考核为中心、结果考核与过程考核相结合的考核评估制度，对完善政府治理中的考核评估工作具有参考和借鉴意义。

三 中国减贫的全球贡献

改革开放40多年来，中国累计使7亿多农民逐步摆脱了贫困，实现了世界上最大规模的减贫，创造了世界减贫史上的一个奇迹。继2012年中国提前实现联合国千年发展目标之后，2020年又提前实现联合国2030年可持续发展议程中的减贫目标。中国消除现行标准下的农村绝对贫困，既是改善中国人民福祉和全面建成小康社会的重大成就，也是对21世纪以来世界减贫做出的重大贡献。中国特色的农村减贫为全球减贫做出了中国贡献，为全球贫困治理提供了中国方案，为全球减贫提供了中国力量。

（一）破解减贫"最后一公里"难题，创造了全球减贫奇迹

二战以后，随着新的全球治理体系的建立，减贫成为各国共同的事业，1950年后全球消除极端贫困进展加速。但从1949年到1978年，用现行贫困标准看，中国农村绝大多数人口都处于贫困状况，贫困发生率远高于世界平均水平。改革开放使中国贫困人口迅速下降，但到1990年，中国的贫困发生率仍是世界平均水平的

1.84 倍。此后，随着持续的经济增长和农村扶贫，中国在 30 多年内将一个人口规模超过 10 亿大国的贫困发生率降低到 3% 以下，并在 2020 年实现剩余贫困人口全部脱贫。世界其他发展中国家或地区也在为减贫而努力，自 2000 年以来，中国以外的全球减贫工作也明显加快。分区域和收入看，东亚地区和中等偏上收入国家整体贫困发生率已经降至 2% 以下；分国家看，中国的邻国越南以及新兴经济体中的印尼、菲律宾也都实现了较快减贫，其中越南整体贫困发生率在 2018 年降到 2% 以下。不过，世界上有不少区域和国家仍在较深的贫困中挣扎，尤其是低收入以及除中国外的中等偏下收入国家、撒哈拉南部非洲国家、南亚国家（尤其是印度）等。从减贫速度看，中国呈现了与东亚、中等偏上收入国家接近的趋势，但是比中等偏上收入国家还要快一些（见图 3）。

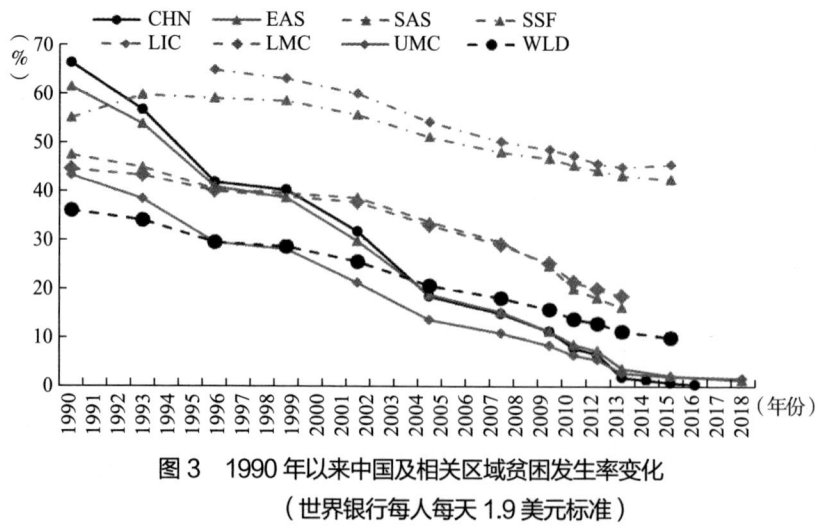

图 3　1990 年以来中国及相关区域贫困发生率变化
（世界银行每人每天 1.9 美元标准）

注：CHN- 中国；EAS- 东亚；SAS- 南亚；SSF- 撒哈拉南部非洲国家；LIC- 低收入国家；LMC- 中等偏下收入国家；UMC- 中等偏上收入国家；WLD- 世界。

用中国现行农村贫困标准来看，中国以 1978 年为起点，用了 35 年将贫困发生率从普遍贫困降到 10% 以下，又用了 5 年从 10% 降到 3% 以下，再用 2 年降到 1% 以下。用世界银行每人每天 1.9 美元标准看，中国从2013年到2016年，只用了3年将贫困发生率从10%以上下降到3%以下。到了精准扶贫阶段，中国剩余贫困人口的减少速度并没有放缓。贫困发生率从3%以上降到1%以下只用了3年时间，从1%到0最多用了5年时间，即中国跨越减贫"最后一公里"最多用了8年时间。[①]相比之下，世界上其他几个发展水平高于中国或与中国持平的国家，其贫困发生率从3%下降到1%多数用了10年以上，绝大多数还没有实现从1%到0的"最后一公里"跨越（见图4）。因此，无论从减贫规模、减贫速度以及跨越"最后一公里"的速度看，中国减贫完全称得上世界减贫史上的奇迹。

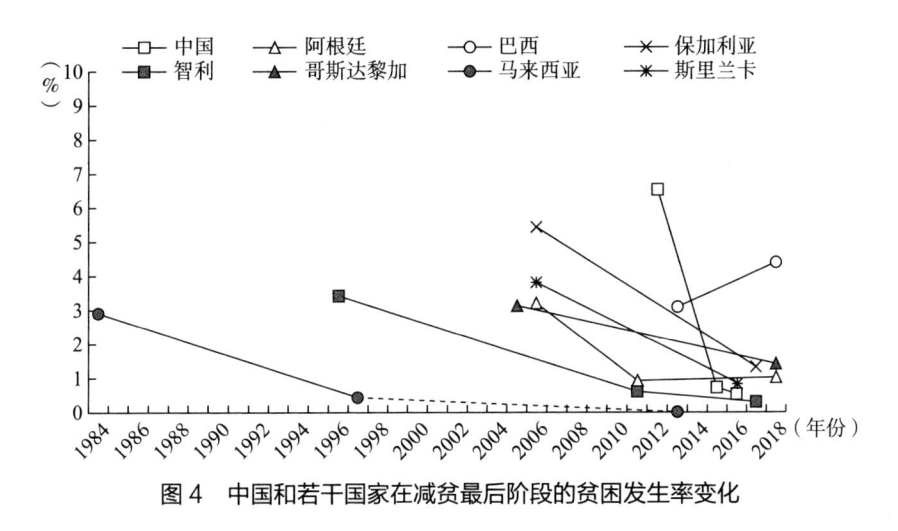

图4 中国和若干国家在减贫最后阶段的贫困发生率变化

（二）为全球减贫和提高人类发展指数做出了中国贡献

1981年，按照世界银行每人每天1.9美元的贫困标准，全球贫困人口19.17亿，其中中国为8.76亿[②]，中国贫困人口占世界的45.68%，几乎接近一半。1981~2017年，全球贫困人口减少了12.27亿，其中

---

① 之所以说最多5年或8年，是因为2017年后尚无每人每天1.9美元标准下中国贫困发生率的最新数据。中国在2020年实现中国现行标准下的完全脱贫，意味着以低于该标准的世界银行标准衡量的贫困消除时间是早于或者至少不晚于2020年实现。

② 注：此为全国贫困人口，大于前文中提到的相同时间和标准下的农村贫困人口。

中国减少了 8.71 亿，中国减贫数量占全球的几乎 71%；这期间，全球每减少 10 个贫困人口中就有 7 个来自中国（见表 2）。同期，世界贫困人口减少了 64.04%，而中国贫困人口减少了 99.48%。

表 2 1981-2017 年中国对全球贫困人口减少的贡献

单位：百万、%

项目	时间	全球	中国	中国占比
贫困人口	1981 年	1916.55	875.52	45.68%
	1990 年	1912.44	752.29	39.34%
	2010 年	1108.88	149.96	13.52%
	2012 年	911.38	87.80	9.63%
	2017 年	689.11	4.58	0.66%
贫困人口减少	1981-2017 年	1227.44	870.94	70.96%
	1990-2010 年	803.56	602.33	74.96%

资料来源：世界银行网站。全球贫困人口数据链接为 http://iresearch.worldbank.org/PovcalNet/povDuplicateWB.aspx，中国贫困人口数据链接为 http://iresearch.worldbank.org/PovcalNet/povOnDemand.aspx，从左列下方表格中下拉选择 China 到右侧输出结果，用其中的中国人口以及贫困发生率相乘得到。采取世界银行 2011 年购买力平价每人每天 1.9 美元贫困标准。

其中，根据联合国对千年发展目标的评估，按 2005 年购买力平价每人每天 1.25 美元贫困标准[1]，全球贫困人口发生率在 1990 年基础上减半的目标在 2010 年得以实现，比原定计划提前 5 年[2]。如果按照现在采用的 2011 年购买力平价每人每天 1.9 美元标准，且用全

---

[1] 2005 年购买力平价每人每天 1.25 美元贫困标准与 2011 年购买力平价每人每天 1.9 美元标准代表着相同的购买力。但因两者计算方法略有不同，导致得出的贫困发生率数据略有差异。可参考：Francisco Ferreira et al., "The international poverty line has just been raised to 1.90 dollars a day, but global poverty is basically unchanged. How is that even possible?", https://blogs.worldbank.org/developmenttalk/international-poverty-line-has-just-been-raised-190-day-global-poverty-basically-unchanged-how-even，检索时间：2021 年 3 月 12 日。

[2] "The Millennium Development Goals Report 2015", https://www.un.org/millenniumgoals/2015_MDG_Report/pdf/MDG%202015%20rev%20(July%201).pdf，检索日期：2021 年 3 月 12 日。

球口径看，从1990年至2010年，全球贫困发生率从36.22%下降到16.02%，全球贫困人口减少了8.04亿，其中中国贫困人口减少了6.02亿，中国贡献了全球减贫的75%。不包括中国在内，其他国家在此期间只减少了其贫困人口的17.34%。也就是说，没有中国的突出贡献，全球不可能提前5年实现极端贫困人口比例减半的千年发展目标。因此，中国对人类反贫困事业进步和千年发展目标实现，起到了举足轻重的作用。

除了减少贫困人口以外，中国通过扶贫开发和其他区域发展措施，在改善全球人类发展指数方面也做出了杰出的贡献，有力地提高了全球人类福祉。2010年，中国人类发展指数（HDI）超过了世界平均水平。从1990年到2018年，全球人类发展指数（HDI）从0.598提高到0.731，提高了0.133或者22.24%。同期，中国HDI从0.501提高到0.758，提高了0.257或51.30%（见表3）。将中国和世界其他地区进行对比，同期内不包括中国在内的其他国家平均HDI提高了0.133；如果加入中国，则这些国家的HDI提高了0.162。中国对全球人类发展指数在1990~2018年提高的贡献率达到21.64%。扣除中国的贡献，2018年全球其他国家HDI只相当于2015年全球平均水平。

表3　中国对全球人类发展指数提高的贡献

项目	1990年	1995年	2000年	2005年	2010年	2015年	2018年
包含中国有数据国家平均HDI	0.561	0.587	0.615	0.648	0.683	0.712	0.723
不含中国有数据国家平均HDI	0.580	0.599	0.622	0.650	0.678	0.704	0.713
中国HDI	0.501	0.549	0.591	0.643	0.702	0.742	0.758
全球HDI	0.598	0.617	0.641	0.669	0.697	0.722	0.731

注：表中第1行为144个具有完整数据国家用人口进行加权的平均数，这些国家的总人口近年来占世界总人口的93%。

资料来源：根据联合国开发计划署人类发展报告数据（http://hdr.undp.org/en/data）计算。

（三）为全球贫困治理提供中国方案

改革开放 40 多年来，中国以政府为主导的有计划有组织的扶贫开发，尤其是中共十八大以来精准扶贫方略的实施，取得了举世瞩目的减贫成就，也为全球减贫提供了中国方案和中国经验。中国成功减贫的事实，向世界雄辩地证明了发展中国家可以依靠自己的不懈努力摆脱贫困。联合国秘书长古特雷斯为"2017 减贫与发展高层论坛"发贺信，称赞"精准扶贫方略是帮助最贫困人口、实现 2030 年可持续发展议程宏伟目标的唯一途径。中国已实现数亿人脱贫，中国的经验可以为其他发展中国家提供有益借鉴"。[1] 虽然中国的减贫方案内嵌于中国的政治制度和国家治理模式之中，具有鲜明的特殊性，但是对于其他发展中国家同样具有重要借鉴意义。总的来说，中国减贫方案具有普适性意义的要义包括：将直接面对和消除绝对贫困人口作为国家治理的中心工作之一；为减贫设立专门的机构、队伍、经费保障以及工作机制；以发展减贫为导向，采取开发式扶贫方针，鼓励贫困人口劳动致富；瞄准性扶贫措施与有利于就业的经济增长模式、落后地区发展支持政策、健康和教育等人力资本投资政策有机结合；根据国情制定战略规划，持续扶贫；积极借助国际援助和国际经验，但是主要坚持自力更生、艰苦奋斗原则，不把脱贫希望寄托于外部援助；全社会动员，协力扶贫；在全面脱贫最后阶段加大扶贫工作力度，实行精准扶贫。

（四）为全球减贫提供中国力量

中国减贫的全过程贯穿着国际合作。从改革开放初期接受国际援助和理论、方法上的指导，到不断学习和借鉴国际经验并探索中国自主扶

---

[1] Guterres, A., "Secretary-General's Message for the Global Poverty Reduction and Development Forum", United Nations, https://www.un.org/sg/en/content/sg/statement/2017-10-09/secretary-generals-message-global-poverty-reduction-and-development, 最后检索时间：2021 年 1 月 30 日。

贫路径，再到中国取得减贫成功和积累越来越多的减贫经验，以至于能更多地与国际机构、其他发展中国家开展平等交流合作，为它们提供培训、交流、试验以及必要的援助，中国的减贫国际合作发生了华丽的转向。根据可得数据，截至 2015 年 10 月，中国共向 166 个国家和国际组织提供了近 4000 亿元人民币援助，派遣 60 多万援助人员，向 69 个国家提供医疗援助，并先后为 120 多个发展中国家落实联合国千年发展目标提供帮助。[1]2015 年底，习近平主席在纽约联合国总部出席并主持南南合作圆桌会议时宣布，中国将在 5 年内向发展中国家提供"6 个 100"项目支持，其中包括 100 个减贫项目。[2] 同年，中国－联合国和平与发展基金、南南合作援助基金，中国气候变化南南合作基金相继设立，在发展中国家实施减贫与发展合作项目。[3]2018 年，中国政府捐资 1000 万美元，在国际农发基金率先设立首个会员国"南南及三方合作专项基金"，用于支持发展中国家相互合作和学习，共同挖掘分享乡村扶贫经验、知识、技能和资源。近年来，中国还积极帮助其他发展中国家开展必要的基础设施建设，推进农业技术示范与合作，开展经验交流和人才培养，积极推进"一带一路"建设，直接推动发展中国家的减贫事业。

四　中国全面脱贫的经验

中国在改革开放以来的 42 年时间里消除了现行标准下的农村绝对

---

[1] 国务院新闻办公室：《发展权：中国的理念、实践与贡献》白皮书，中国政府网，2016 年 12 月 1 日，http://www.gov.cn/zhengce/2016-12/01/content_5141177.htm，最后检索时间：2021 年 1 月 30 日。
[2] 《习近平在南南合作圆桌会上发表讲话》，新华网，2015 年 9 月 27 日，http://www.xinhuanet.com/world/2015-09/27/c_1116689451.htm，最后检索时间：2021 年 1 月 30 日。
[3] 贾平凡：《中国减贫为联合国"减负""增效"》，《人民日报海外版》2020 年 9 月 22 日，第 10 版。

贫困，在这一过程中，探索形成了大规模减贫和快速消除绝对贫困的中国经验。总的来说就是立足国情，坚持以人民为中心的发展思想，不断完善共享发展战略，始终将农村减贫置于重要地位，选择综合性减贫道路，直至完全消除现行标准下的农村绝对贫困。中国的减贫经验与中国的政治体制、社会制度及发展道路紧密联系在一起。中国共产党的集中统一领导、中国特色社会主义制度以及相应的发展型政治体制是其根本性制度基础。① 中国减贫中的综合减贫道路、精准扶贫精准脱贫方略、发展主导的减贫路径、政府主导与国际合作及社会参与的有机结合、坚持提高扶贫对象的自我发展能力以及全方位扶贫创新等经验都具有普遍借鉴意义。在减贫特定阶段开展脱贫攻坚战，对于条件接近且处于减贫"最后一公里"的国家也具有借鉴意义。

（一）选择面向贫困人口的综合减贫道路

中国减贫的成功得益于以综合减贫道路实现发展机会对贫困人口的全覆盖。中国大规模减贫的首要基础是实行改革开放，实现具有广泛共享特征的益贫性经济增长，通过区域经济协调发展、产业转型升级，实现大规模农村劳动力非农就业和增收减贫。② 中国农村转移劳动力从改革开放初的 3000 多万稳步增长到 2019 年的 2.9 亿，农民收入中工资性收入比例超过 40%。进入 21 世纪以来，中国逐步扩大和完善社会保障体系，包括城乡居民低保、养老保险、合作医疗以及社会救助等，帮助大批缺少劳动力的家庭、老年人以及因伤、病、残等原因失去劳动能力的人免于贫困。中国在贫困地区发展教育和医疗卫生等公共服务，建设基础设施，提高贫困地区和贫困人口的发展能力。以上这些举措，与世界银行基于东亚减贫经验提炼的"益贫性经

---

① 汪三贵：《中国 40 年大规模减贫：推动力量与制度基础》，《中国人民大学学报》2018 年第 6 期，第 1~11 页；李小云、徐进、于乐荣：《中国减贫的基本经验》，《南京农业大学学报》（社会科学版）2020 年第 4 期，第 11~12 页。

② 蔡昉：《中国改革成功经验的逻辑》，《中国社会科学》2018 年第 1 期，第 29~44 页。

济增长、人力资本投资、社会保障相结合"减贫"三支柱"战略基本一致。[1] 除此之外，中国综合减贫的独特性在于其自1986年以来坚持实行农村扶贫开发，这是针对贫困地区和贫困人口的专项减贫行动，为他们直接培育发展能力和输送发展机会，是对经济增长涓滴效应的扩展性应用。如果没有农村专项扶贫，贫困地区和贫困人口将需要更长时间才能分享到发展机会。

（二）坚持以经济发展作为主导性减贫路径

中国的大规模减贫始终坚持以发展作为主导性减贫路径。中国的经济发展通过广泛的产业转型和就业参与，具有普遍的共享特征，在为贫困人口提供发展机会和促进就业参与方面有更多的积极作为。改革开放初期，中国整体上是一个贫困国家，占全国总人口80%的农村人口处于普遍贫困状态。除了实现国家经济发展，任何其他的扶贫方式都无法解决如此大规模的贫困问题。因此，自改革开放开始，中国持续实行发展减贫战略是历史的选择。随着贫困规模的不断减小，中国坚持将发展减贫的理念和战略贯穿始终，具体体现为四个方面。

1. 以持续和益贫的经济增长带动就业、增收和减贫

中国的经济发展过程与贫困人口的减少过程基本上同步。不同时期中国经济增长速度与贫困人口减少规模之间存在很强的相关关系，相关系数达0.67。1978~1985年，人均GDP年均增长8.33%，贫困人口年均减少1563万；1986~2012年，人均GDP年均增长8.9%，贫困人口年均减少2082万；2013~2018年，人均GDP年均增长6.6%，贫困人口年均减少1373万。[2] 自1978年以来，中国政府实行渐进式

---

[1] Gill, I. S., A. Revenga, and C. Zeballos, "Grow, Invest, Insure: A Game Plan to End Extreme Poverty by 2030", World Bank Policy Research Working Paper, No.7892 world Bark, washington, DC., 2016, https://doiorg/101596/18139450-7892； 朱玲、何伟:《工业化城市化进程中的乡村减贫40年》,《劳动经济研究》2018年第4期，第3~31页。

[2] 根据《中国统计年鉴》(历年)和《中国农村贫困监测报告》(历年)计算得出。

改革，首先放开劳动力市场，其次开放资本和土地市场，大力发展外向型经济和劳动密集型产业，在最大程度上利用了丰富的农村劳动力资源。1978~1985 年，中国农村非农就业人数增加了 2.46 亿，增长了 11.3 倍，同期全国农村劳动力非农就业人数比重从 7% 上升到 50%。根据可得数据，1985~2012 年，全国农村居民人均纯收入年均实际增长 5.6%，人均工资性收入年均实际增长 15%，工资性收入比重从 18% 提高到 43%。2013~2019 年，经过口径调整的贫困地区农村居民人均可支配收入中的工资性收入比例从 31.6% 提高到 35.3%，只比经营性净收入比例低 0.7 个百分点。[①]脱贫攻坚以来，建档立卡贫困户的劳动力仍然主要依靠市场化方式就业，只有那些自主就业困难的劳动力才依靠产业扶贫和就业扶贫方式。

2. 以区域发展政策促进西部地区减贫

中国政府将区域协调发展作为增强国家经济持续发展动力和减缓区域性贫困的重要战略。1999 年以来，中国政府实施西部大开发战略，调整基础设施、环境建设、产业和社会发展投资的区域配置，支持经济相对落后、贫困人口比较集中的西部地区加速发展，控制和缩小了西部地区和东部地区之间的发展差距。西部大开发的不少政策和措施，对减缓贫困具有直接的效果。如国家增加在西部的基础设施建设投资为包括贫困农民在内的西部农村劳动力直接和间接提供了大量的就业机会，退耕还林等生态环境改善项目本身就具有明显的扶贫效果。例如，2016~2019 年，全国共安排贫困地区退耕还林还草任务 3923 万亩，占全国总任务的 75.6%。截至 2017 年底新一轮退耕还林还草对建档立卡贫困户的覆盖率达 31.2%。[②]

[①] 根据国家统计局历年全国农村贫困监测数据计算。
[②] 《中国退耕还林还草二十年（1999~2019）》，国家林业和草原局政府网，http://www.forestry.gov.cn/html/tghl/tghl-9341/20200630//3833040795001/file/20200630114248886864236.pdf，最后检索时间：2021 年 1 月 30 日。

3. 为贫困地区和贫困人口实行开发式扶贫政策

开发式扶贫是一种专项扶贫政策，基本为中国所特有，尽管一些发展中国家也有类似的政策措施。开发式扶贫即鼓励和帮助贫困地区、贫困人口通过发展生产、增强自我发展能力解决生存和温饱问题，进而脱贫致富，促进共同富裕。开发式扶贫的主要措施包括：开发利用当地资源，发展区域经济，带动农业等产业发展，增加当地就业机会；以贫困村和贫困户为对象，大幅度拓宽贫困农户发展商品生产、增加收入的渠道，包括发展种植、养殖业，农村二三产业，异地开发，易地扶贫搬迁，进城务工经商等；推进贫困地区社会发展和基本公共服务均等化，加强扶贫对象能力建设；以扶贫资金发展物业经济、光伏产业等，实施资产收益扶贫；通过为贫困户或企业提供扶贫贷款、合作机会、产业补贴、带贫补贴、产业担保等措施促进扶贫产业的发展。

在精准扶贫阶段，中国仍然坚持以开发式扶贫作为基本脱贫路径。虽然保障性扶贫措施变得更加完善，能够更好地满足贫困户实际需要，但开发式扶贫措施方面发展出了更多的针对性措施，多达十几种。2018年以来，中国开始实施乡村振兴战略，在脱贫地区接续开展乡村振兴行动，其中包括产业振兴行动，这为产业扶贫提供了更好的支撑作用。

（三）实行政府主导下的国际合作与全社会参与

中国农村扶贫一直是在政府领导并主导下进行的，这是中国政府坚持以人民为中心，履行职责和兑现承诺的具体体现。中国政府在扶贫开发中的领导作用主要表现在以下方面：一是将扶贫置于国家改革和发展大局之中进行统筹安排；二是建立扶贫领导和协调组织体系，确保扶贫成为政府工作的重要内容，保证扶贫所需要的组织支持；三是利用行政体系和资源，动员和安排扶贫资源，保证必要的扶贫投入；四是调整相关政策或者制定必要法规和制度，为扶贫工作有序开展提供制度和政策保障。中国政府一方面设立专门的扶贫工作机构，开展专项扶贫；另一方面把扶贫纳入各级政府部门的本职工作范围，实行行业扶贫。到了脱贫攻坚阶段，扶贫成为贫困地区各级政府的中心工作，专项扶贫和行业扶贫界限变得模糊，所有部门都已经置身于其中。

中国扶贫是改革开放的受益者，是最早接受国际援助和国际合作的领域之一，本报告所附的专题报告对此有详细阐述。中国接受国际援助和开展国际合作坚持"以我为主"原则，确保国外援助项目和方案符合中国国情和需要。在这个过程中，中国努力抓住了学习与合作的机会。例如，1995年实施的中国西南扶贫世界银行贷款项目就是一个极佳的案例。1992年，世界银行与中国政府合作，在中国开展调查研究，发表了《中国：90年代扶贫战略》报告，提出了多项对中国20世纪90年代减贫的对策建议。随后，中国政府决定与世界银行合作，在西南地区实施世界银行贷款扶贫项目，以落实报告中提出的各项建议。世界银行西南扶贫项目的大背景是，中国已经开展了多年开发式扶贫，正在实施八七扶贫攻坚计划。该项目被设计为一个综合性项目，包含教育、卫生、土地和农户开发、基础设施建设、乡镇企业发展、劳务输出以及机构建设、项目管理和贫困监测等内容。项目目标既包括试验一种综合扶贫模式，也包括为中国打造更好的扶贫工作和贫困监测系统，因此对中国扶贫事业有极大的推动作用。中国西南世界银行贷款扶贫项目只是其中一个突出的例子，国际合作对中国减贫还有更多的贡献。当然，中国政府对于减贫国际合作也是投桃报李，在取得成功后迅速将合作重点转向对外提供减贫援助和支持，体现了中国政府对减贫国际合作的深度参与。

中国扶贫也少不了全社会的协力参与，其基本运行机制是：政府确定明确的扶贫计划并广泛地进行部署和社会动员，积极安排资金，鼓励并支持市场组织和社会力量根据扶贫目标和任务的需要，结合自身的特点，按照履行社会责任和发挥专业优势相结合的原则，创新性地参与社会扶贫行动。中国的社会扶贫独具特色,从一开始就是国家扶贫的重要组成部分,大体包括三种主要类型:第一类是政府组织和协调的带有再分配性质的社会扶贫,包括各级机关事业单位开展的定点扶贫、东西部地区扶贫协作以及军队武警部队扶贫;第二类是由企业为主体基于社会责任、企业与贫困地区互利合作的企业扶贫;第三类是以非营利社会组织和居民为主进行的扶贫活动,其中的社会组织包括具有准官方背景的社团组织、基金会等,也有大量国内和国际民间组织。有研究认为,中国的社会扶贫作用越来越大,在消除绝对贫困后加大社会扶贫力度将是改善相对贫困治理、培育"强社会"治理机制的良好契机。[①]

(四)坚持提高贫困地区和贫困人口的自我发展能力

基于国际公认的原理,贫困家庭脱贫既要靠由经济增长或发展政策提供的经济机会,又要靠贫困地区和贫困人口通过自我发展能力的提高来把握这样的机会。中国开发式扶贫的重要措施就是提高贫困地区和贫困人口的自我发展能力。主要做法包括三个方面:通过为贫困地区和贫困人口实施优惠政策以增强其竞争能力;改善贫困地区物质基础设施和公共服务;提高贫困人口自我发展能力。

1. 实行优惠政策,增强贫困地区和贫困户竞争能力

中国政府通过提供优惠政策,使贫困县获得特殊的发展条件以减轻或部分抵消其自然条件差和发展落后所带来的发展限制,形成局部竞争优势。中国在不同阶段先后实施过的优惠政策包括土地政策、进出口政策、减免农业税、生产资料补贴等,出让部分政府收益给贫困地区和贫困户,改善其发展环境条件,提高其竞争和发展能力。

2. 改善贫困地区基础设施和公共服务

中国政府一直鼓励和实行国家基础设施和公共服务投资向贫困地

---

① 李周:《社会扶贫的经验、问题与进路》,《求索》2016年第11期,第41~45页。

区倾斜的政策。通过将交通、水利、能源和环境基础设施投资向贫困人口集中的中西部地区倾斜，极大地改善了制约贫困地区发展的基础设施落后状况。在基础设施和公共服务设施方面的投入，一直占到贫困县扶贫资金的 50% 以上。[①] 财政扶贫资金的 80% 左右主要用于改善贫困地区的基础设施和公共服务。以工代赈项目和整村推进项目主要用于改善贫困地区基础设施和公共服务，易地扶贫搬迁项目也都要配套建设相应的基础设施和基本公共服务设施。

3. 提高贫困人口的自我发展能力

中国政府主要通过增加贫困户获得金融服务机会、培训劳动力、产业扶贫和科技扶贫的方式，帮助贫困人口提高自我发展能力。教育扶贫、健康扶贫在减轻贫困家庭教育和医疗负担的同时，更直接培育了贫困人口的人力资本和发展能力。移民扶贫在中国也是提高贫困人口自我发展能力的一种方式，让贫困家庭在新的居住地获得更好的发展能力。

（五）坚持扶贫创新

中国的国家治理呈现出学习型国家的特点，为寻求发展规律和道路，中国采取干中学、边实践边探索、边积累经验边纠正错误、对外开放和认真向外学习等方式。中国在改革开放以来的农村扶贫过程中，根据扶贫形势、贫困特点和国家发展战略，通过试验和创新，不断完善和调整扶贫战略、治理结构和资金管理，不断优化扶贫资源利用效率。

扶贫战略创新主要体现在五个方面：第一，从不含具体扶贫目标的经济增长引致减贫的自发减贫向以开发式扶贫为代表的目标瞄准型减贫转变；第二，从救济性扶贫向开发式扶贫转变，并从 2007 年开始向社会保障扶贫与开发式扶贫相结合转变；第三，从扶持贫困片区

[①] 国家统计局 2000 年以来历年出版的《中国农村贫困监测报告》都提供了贫困县外来资金来源及用途。

向扶持贫困县继而向重点扶持贫困村转变,并在2011年开始转向贫困片区开发与扶贫进村到户相结合的战略;第四,从单一项目扶贫向综合扶贫转变;第五,从地区瞄准向精准扶贫转变。

贫困治理创新主要目的是改善扶贫的有效性。一方面,扶贫计划和项目的决策权不断下移,从中央到省级,直至下放到县级,贫困村脱贫过程中的很多决策权在村级。另一方面,从完全的政府主导向政府主导、社会组织参与进而向政府主导、社会组织和受益群体共同参与转变。2002年以后整村推进项目的实施,增强了农村社区组织和贫困人口在扶贫中的主体地位。在精准扶贫中,上级政府向贫困村派驻第一书记和扶贫工作队,加强了村级贫困治理力量,增强了村级脱贫的自主性。

扶贫资金管理创新主要目的是保障资金安全、提高资金利用效率以及扩大扶贫资金规模。在财政扶贫资金管理方面,逐步建立健全地区间财政扶贫资金主要按因素法进行分配的机制,实行专户、报账制管理,建立监测信息系统对资金进行监管,建立绩效考评机制,建立审计、财政、业务部门、社会舆论等各方面参与的多元化的监管机制。在信贷扶贫资金管理方面,中国先后对借款主体、贷款方式、贴息方式、承贷机构、担保和放大贷款规模等方面进行创新。近年来,为满足扶贫资金需求,中国规定了财政扶贫资金增长机制,创造了贫困地区财政涉农资金整合用于脱贫攻坚的政策,加大东西部扶贫协作和定点扶贫动员力度,大幅度增加了扶贫资金规模,确保了脱贫需要。

(六)立足国情逐步提高扶贫标准,适时开展精准扶贫和扶贫攻坚战

中国政府自1986年开始实行农村扶贫开发以来,持续在农村地区开展扶贫行动,至今已有35年历史。在这个较长的进程中,中国减贫的一条基本经验是立足国情,实事求是,采取渐进式减贫路径,逐步提高扶贫标准,并结合阶段性减贫形势和经济社会发展目标,适时开展精准扶贫和扶贫攻坚战。中国现行农村贫困标准制定于2011

年，按购买力平价核算，略高于世界银行为发展中国家制定的每人每天1.9美元国际贫困标准，而且实际执行的"两不愁三保障"脱贫标准的"含金量"还要明显高于现行农村贫困标准。在此之前，中国长期执行过两条更低的农村贫困标准，以第一个标准为主，从1986年一直执行到2007年，按照2005年当年价计算只相当于现行标准的39.21%。[①] 由于当时整个中西部地区贫困落后以及国家财政困难，只有在这种较低的贫困标准下，农村扶贫才具有可行性。2008年和2011年，中国先后两次提高贫困标准，扩大贫困监测范围和扶贫对象规模，使扶贫标准达到和超过国际最低标准。

不仅如此，中国分别在2000年和2020年的前五年左右开展扶贫攻坚战，分别称作八七扶贫攻坚计划和脱贫攻坚战。攻坚战的目的是在限定时间里完成艰难的脱贫任务，必须采取超常规措施才有可能实现，中国"集中力量办大事"的举国体制为此提供了制度基础。在脱贫攻坚战阶段，为了确保完成全部脱贫任务，中国创造性地采取了精准扶贫和精准脱贫措施，快速、彻底解决减贫"最后一公里"问题。尽管所有贫困户脱贫都经过了严格的检查验收，中国在2020年下半年还是在贫困地区开展了一次脱贫攻坚普查，再次验证脱贫成效的真实性和准确性。这意味着，中国对全部脱贫承诺的兑现是建立在每个贫困户真实脱贫的基础之上的。

五 结语与展望

中国直到目前的减贫成就是史无前例的，但是还需要对脱贫成果进行巩固提升，防止返贫和新生贫困。下一步，中国要进一步巩固拓

---

① 按2005年物价计算，第一个贫困标准和现行贫困标准分别为683元和1742元。

展脱贫攻坚成果，解决相对贫困，追求共享繁荣发展和共同富裕，深度参与减贫国际合作，为实现2030年全球可持续发展目标继续做出中国贡献。

（一）成就与挑战并存

中国是世界文明古国之一，有着辉煌灿烂的历史和文化，但是也经历了近现代的苦难和沉沦。新中国的成立标志中国独立自主发展的开始，到目前为止已经历了70多年的发展历程。中国改革开放前30年是一个相当平均、总体贫困但是仍有较大实质性进步的时期，人民经历了困苦，也孕育了起飞的动力。改革开放是中国经济起飞的起点，农村改革释放了减贫红利，短时间内实现了显著的减贫效应。基于对农村普遍贫困的认知，中国在推动经济增长的同时实行了颇具中国特色的农村专项扶贫开发。从1986年到2020年，中国历经了多个前后接续的扶贫阶段，相继提高贫困标准并使其达到可接受水平，不断创新扶贫方式，增加扶贫投入，吸收借鉴国际经验，动员全社会参与，提高扶贫瞄准程度，通过两轮攻坚战解决减贫"最后一公里"问题，最终确信地实现了到2020年消除现行标准下农村绝对贫困的目标，为全球减贫做出了中国贡献，提供了中国答案和中国力量。

中国到2020年消除现行标准下的农村绝对贫困，需要辩证地看待其巨大的历史功绩：一方面，中国地域辽阔，区域发展极不平衡，消除"最后一公里"的贫困殊为不易；另一方面，中国现行贫困标准还不算高，已有的脱贫成果还需要进一步巩固提升，防止返贫和新生贫困。在下一步社会主义现代化建设进程中，减缓相对贫困和实现共享繁荣发展将成为新的使命，共同富裕将是其总目标。除此以外，世界减贫形势并非如中国这般顺利，东南亚还有贫困的"尾巴"，撒哈拉以南非洲和南亚仍是21世纪世界贫困的"重灾区"，世界贫困又受到新冠肺炎疫情重击，实现全球2030年减贫目标依然任重而道远。

（二）促进共享繁荣发展，走向共同富裕

2020年，中国在极为艰难的条件下坚决打好脱贫攻坚"收官战"，完成全面脱贫和全面建成小康社会目标任务。对于消除绝对贫困后的减贫与发展问题，中国政府已经做出决策，将在"十四五"时期设立过渡期，巩固拓展脱贫攻坚成果。这一重要决策既是对现实挑战的回应，又是对今后实施反贫困战略转型的预备。"十四五"时期，中国要实现巩固拓展脱贫攻坚成果与乡村振兴有效衔接，到2025年彻底筑牢免于绝对贫困的堤坝。中国将依据国情和总体发展战略，借鉴国际经验，实现反贫困战略转型，同步解决相对贫困和促进底层人口共享繁荣发展，致力于实现共同富裕。在新发展阶段，与消除绝对贫困的紧迫性相对应的超常规攻坚战手段将不再必要，底层人口发展治理将走向以制度化和法制化为特征的常规化。开发式扶贫以经济发展作为脱贫致富主导路径的核心理念将得以坚持，但是过去那些瞄准贫困地区和贫困户的针对性产业政策有必要进行调整，对贫困村和贫困户的直接支持政策将逐步转化和纳入乡村振兴政策，区域扶贫政策将转化为欠发达地区发展支持政策。

（三）加强国际减贫合作，实现2030年全球可持续发展目标

2013年以来，中国相继向国际社会发出构建人类命运共同体、共建"一带一路"等倡议，在此基础上弘扬正确的义利观，不断推进对外援助和减贫合作。2020年后，随着中国消除绝对贫困任务的完成，中国将在巩固拓展脱贫成果和减缓相对贫困的基础上，继续对支持过中国减贫的国际组织和合作机构予以回报，力所能及地支持其他发展中国家的减贫事业。中国将遵循开放包容、互学互鉴、互利共赢等国际合作理念，积极总结全面脱贫的中国经验、中国模式，认真了解其他贫困问题仍然较为严重的发展中国家的国情民意，与以国际机构为代表的国际社会通力合作，共同追求2030年全球可持续发展目标的实现。

A

中国减贫实践篇

A1. 中国的发展生产减贫

摘　要：发展生产减贫是贫困地区及贫困人口依托当地资源，借助政策支持或直接帮扶，通过扩大生产规模、提升产品质量实现脱贫致富的一种发展内生能力的减贫方式。大致经历了为发展生产创造条件、鼓励扶贫经济实体、农业产业化经营及"发展生产脱贫一批"等阶段。发展生产减贫在贫困户获益、贫困地区特色产业发展、产业经营主体快速发展等方面都取得明显成效，经验可归纳总结为政府的政策支持、发展生产环境条件的改善、因地制宜选择特色产业、贫困人口主动参与及发展形式多元化。未来发展生产减贫还需调动多元主体的积极性与创造性、完善长效机制保障稳定脱贫、提升产业竞争力助推乡村振兴。

关键词：发展生产减贫　产业扶贫　产业经营主体

20世纪50年代后，发展经济学家给发展中国家的经济发展和摆脱贫困的建议是增加资本投入、加快经济增长。大多数发展中国家在经济增长理论指导下，以政府有计划推动"工业化"为核心开始实施经济发展战略，希望通过经济发展带动减缓贫困。经过大约20年的历程，大多数国家虽然经济有一定发展，但贫富悬殊、发展不平等的状况并没有大的改观，贫困依旧。

从 20 世纪 80 年代开始，一些发展中国家已经注意到经济增长虽然对消除贫困有积极影响，但由于增长的不均衡和增长效益分配的不平等，贫困地区、贫困人口获益减少。在这种情况下，一些国家开始探索瞄准贫困地区、贫困人口的减贫项目，如发展家禽养殖、推广有机粮食种植、小额信贷，等等。政府支持贫困农户通过种植业、养殖业发展实现减贫增收，即发展生产减贫，被多国证实是一种行之有效的办法。中国在 1986 年后也开始实行目标瞄准型开发式扶贫，瞄准对象先是贫困片区和贫困县，后来逐渐缩小到贫困村，再到精准扶贫以来的到户到人。

开发式扶贫是相对传统救济式扶贫而言的，其含义是：鼓励、引导贫困地区的群众在政府或社会力量帮助下开发当地资源，通过发展生产达到脱贫目的。由此可见，发展生产是开发式扶贫的核心内容与主要措施。

发展生产减贫。首先，通过产值增加实现收入提高。开发式扶贫初期改善贫困地区交通条件、灌溉设施、农田建设都为发展生产创造了条件；对贫困地区实施财政、金融、税收政策支持以及技术支持促进种养业发展。其次，发展生产带来新增就业机会从而增加农民工资性收入，特别是当生产规模扩大或者是产业链条延长时，所创造的工作机会对有劳动能力的贫困人口更直接。最后，分散小农户与龙头企业、合作社利益联结可以稳定收益、降低风险、提升自我发展能力。

一 中国发展生产减贫的历程

新中国成立至改革开放前，尽管中国政府通过土地改革、合作化、人民公社等制度和政策措施努力提高生产力水平、摆脱贫穷落后的状况，但由于经济基础薄弱以及农村经济体制的制约，中国贫困人口规模庞大。

1978年改革开放后中国开始推进贫困地区基础设施建设、支持贫困地区产业发展；进入21世纪后，中国开始推进产业化扶贫、优化贫困地区产业结构；2013年自精准扶贫精准脱贫以来，中国明确把发展生产作为解决贫困的根本途径，在促进农村一、二、三产业融合发展中加大产业扶贫力度。

（一）为贫困区域发展生产创造条件阶段（1978~1985年）

1978年始于农村的发展政策改革对中国经济全面恢复与迅速发展发挥了关键性作用，并通过农产品价格、农村劳动力非农就业等渠道将经济增长的利益传递到大多数农村人口，带来大范围的农村贫困人口减少。

中国政府1982年12月在甘肃省的定西、河西和宁夏回族自治区的西海固地区（以下简称"三西"地区）启动了为期10年的"三西"地区农业建设项目，每年投入专项资金2亿元，实施区域农业开发，并坚持就地开发、移民和恢复生态平衡结合的原则：干旱地区以梯田建设发展旱作农业，有水地区通过兴建水利工程解决生产生活用水问题，"水旱不通"地区则开展劳动力转移或移民搬迁。

"三西"地区农业建设项目作为改革开放以后中国第一个大规模区域扶贫开发重点项目，采取的措施主要是改善贫困区域生产环境，为发展生产创造条件，包括：从保护和恢复生态条件入手，着手退耕还林、种草种树、推广节能灶，妥善解决燃料和饲料等问题，发展畜牧业生产；以加强农业基础建设为重点，进行基本农田建设、水利建设、人畜饮水工程建设、林草建设、农电建设，增强地区抗御自然灾害的能力。[①] 同时贫困地区还获得土地政策放宽、经营主体税收优惠等政策方面的支持。

---

① 王爱云：《1978-1985年的农村扶贫开发》，《当代中国史研究》2017年第3期，第36~50、125页。

（二）鼓励发展扶贫经济实体阶段（1986~2000年）

1987年10月，国务院《关于加强贫困地区经济开发工作的通知》中，明确了贫困地区经济开发的主要任务之一是"兴办乡村扶贫经济实体，按经济效益分配使用资金"，认为"这种扶持一个点，安排一批人，带动一大片的做法，突破了就贫困户解决贫困问题的传统做法，提高了资金的使用效益和还款能力……闯出了依靠经济组织扶贫的新路子"。[1]

对扶贫经济实体的扶持措施主要是给予贴息贷款。在扶贫贴息贷款计划启动初期，贷款要求优先提供给贫困户发展种养业和农产品加工业。经过两年多实践，贫困户因自身能力的制约不能充分利用贴息贷款，于是，从1989年开始，扶贫贴息贷款主要投放给贫困地区的经济实体，并要求使用贴息贷款的经济实体的新增员工中至少一半来自贫困户。但是，将专项扶贫贷款发放给经济实体并没有达到预期的扶贫效果。

1994年的《国家八七扶贫攻坚计划》再次提出"坚持兴办贸工农一体化、产加销一条龙的扶贫经济实体，承包开发项目，外联市场，内联农户，为农民提供产前、产中、产后的系列化服务，带动群众脱贫致富"。

（三）农业产业化经营阶段（2001~2012年）

进入新世纪后，中国政府制定了《中国农村扶贫开发纲要（2001-2010年）》，继续坚持开发式扶贫方针，引导贫困地区以市场为导向，开发当地资源，通过发展生产力，提高贫困农户自我积累、自我发展能力。它的创新之处在于提出"推进农业产业化经营"发展生产减贫的思路。农业产业化经营需要龙头企业的带动，因此，鼓励支持龙头企业发展并带动贫困户脱贫成为这一阶段前期的工作重点。

---

[1] 《国务院关于加强贫困地区经济开发工作的通知》（国发〔1987〕95号），http://blog.sina.com.cn/s/blog_599a3d490102xi5h.html，最后检索时间：2021年1月30日。

2005年，国务院扶贫办认定了260家首批国家扶贫龙头企业作为扶贫贴息贷款的重点扶持对象，并要求各省市区积极为国家扶贫龙头企业创造良好的外部环境，扶贫部门把扶持国家扶贫龙头企业的发展作为主要任务之一。

从全国来看，扶贫贴息贷款大部分投向龙头企业，如2003年用于产业扶贫的贴息贷款达50亿元，占全部扶贫贴息贷款的57.2%。2004年11个省的产业化扶贫项目资金总额为17亿元，其中信贷扶贫资金占61.7%。[1]

除了扶贫贴息贷款外，扶贫龙头企业还获得多方面的政策支持，包括特色产业基地建设、企业用工、贫困劳动力就业技能培训等方面的专项扶贫支持，[2]以及税收和财政的优惠政策、扶贫信贷资金投入、简化审批手续、土地使用便利、社会帮扶措施倾斜等。

2011年，中国政府颁布了第二个《中国农村扶贫开发纲要（2011—2020年）》。与前一个纲要相比，该纲要在发展生产减贫方面的变化体现在扶贫方式中的专项扶贫内容，增加了"推进旅游扶贫"新要求。事实上，全国第一个国家级"旅游扶贫试验区"——宁夏六盘山旅游扶贫试验区在2000年8月就已经挂牌，并对其他地区发挥了引领示范作用。贫困地区旅游扶贫在政策、规划、信息、教育和人才等多方面获得了政府的推动和支持。[3]

（四）"发展生产脱贫一批"阶段（2013年以来）

从2013年开始，中国农村扶贫开发全方位转入精准扶贫精准脱贫模式。精准扶贫精准脱贫是针对中国脱贫攻坚时期脱贫时间紧、任务重的特殊需要，利用中国独特的政治优势和制度优势，采取集中资

---

[1] 刘坚主编《新阶段扶贫开发的成就与挑战》，中国财政经济出版社，2006。
[2] 《[扶贫词条]扶贫龙头企业》，中国扶贫在线，http://f.china.com.cn/2017-06/19/content_41056396.htm，最后检索时间：2021年1月30日。
[3] 丁焕峰：《国内旅游扶贫研究述评》，《旅游学刊》2004年第3期，第32~36页。

源、瞄准扶贫对象、实现扶贫对象精准脱贫的一整套战略和实施安排。之后,扶贫措施又概括为"五个一批","发展生产脱贫一批"是首个"一批":引导和支持有劳动能力的人依靠自己的双手开创美好明天,立足当地资源,实现就地脱贫。发展生产成为贫困地区脱贫的主旋律,旨在解决贫困户就业、增收问题,提高地区的整体发展水平。

精准脱贫实施以来,发展生产减贫的政策措施可以归纳为两个方面。其一,特色产业发展:发展特色种养业、设施农业、特色林业、加工业、传统手工业;实施光伏扶贫;促进电商扶贫;开展乡村旅游扶贫;支持创办一、二、三产业融合发展扶贫产业园。其二,扶贫带贫机制:拓宽农产品营销渠道;推广股份合作、订单帮扶、生产托管等做法,完善农业经营主体与贫困户的利益联结机制;通过盘活集体资源、入股或参股、量化资产收益等渠道增加集体经济收入;推动资产收益扶贫工作。

中国以前所未有的力度推进脱贫攻坚,集中实施扶贫车间、光伏扶贫、旅游扶贫、电商扶贫,促进新产业新业态发展。

(1)扶贫车间。各类企业设在村庄里的加工点,已成为就地就近就业的新模式。扶贫车间利用各级扶贫资金建设,建成后交给村集体,村集体再将车间出租给企业收取租金,租金收入可用于村内公益事业、贫困户的救助等。

(2)光伏扶贫。通过在光能丰富的贫困地区建设光伏发电站,将所得收益用于贫困村和贫困人口,实现贫困户、贫困村集体有长期、稳定、可持续的资产性收入的脱贫方式。实践中有户用光伏发电、村级光伏电站、集中式光伏电站、光伏农业大棚等形式。

(3)旅游扶贫。在具有一定旅游资源条件、区位优势和市场基础的贫困地区,通过开发旅游带动整个地区经济发展、贫困群众脱贫致富的扶贫开发方式。实践中,它包括农业观光休闲游、古村古镇乡村游、民俗文化游等形式。

（4）电商扶贫。利用互联网发展带来的商业新模式，促进农村商贸流通、带动创新就业、增加农民收入的扶贫新方式。电商扶贫的形式主要有两种：一是直接到户，通过教育培训、资源投入、市场对接、政策支持、提供服务等形式，帮助贫困户直接以电子商务交易实现增收，达到减贫脱贫效果。二是参与产业链，通过当地从事电子商务经营的龙头企业、网商经纪人、能人、大户、专业协会与地方电商交易平台等，构建起面向电子商务的产业链，帮助和吸引贫困户参与进来，实现完全或不完全就业，从而达到减贫脱贫效果。[1]

二 中国发展生产减贫的成效

中国的发展生产减贫主要是龙头企业、合作社、农业大户等经营主体通过适当利益联结机制带动贫困农户，依托当地资源发展生产。贫困户经营性收入明显增加、发展能力有所提高，地区特色产业初具规模，贫困地区一大批特色优势产业得到壮大，经营主体得以成长，发展动力明显增强。

（一）贫困户获益

首先，表现为贫困户收入增长。从1980年到2012年的32年间，中国农民人均纯收入年均增长6.58%，按收入五等份分组，底层20%低收入组农户人均纯收入也实现了年均4.49%的增长，底层80%收入组农户（这个收入组在1980年按现行标准全部属于贫困人口）年均增长6.31%。[2] 由于底层20%低收入组的农户绝大多数是以农业生产为主，因此，可以把这些农户的收入增加归功于发展农业生产带来

---

[1] 汪向东：《农村电商新进展》，《农业网络信息》2017年第3期，第18~21页。
[2] 吴国宝等：《中国减贫与发展（1978-2018）》，社会科学文献出版社，2018。

的效果。

2018年贫困地区农民可支配收入达到10371元，同比增速达到10.6%，高出全国平均水平1.8个百分点。2020年，全国贫困地区农村居民人均可支配收入12588元，比上年增长8.8%，扣除价格因素，实际增长5.6%，增速比全国农村居民快1.8个百分点。[①]

其次，表现为贫困户的发展能力提升。部分贫困地区具有独特的自然条件和地理优势，能够迎合市场需求的变化，提供优质的农特产品。优质的农特产品因较高的技术门槛和资金门槛，仅凭贫困户或者农户自身发展，很难成功。发展生产减贫通过企业、科研技术单位的参与，对贫困户发展优质农特产品进行技术培训和指导，不断提高贫困户的劳动技能、知识技能。电商扶贫模式的发展，也为贫困户提供了新的发展机遇，有能力的贫困户通过参与电子商务、产品营销等技能培训，提高了自身经营能力，为转型成为新农民打好基础。

最后，帮助贫困户树立主体意识，构建正确的价值观。传统的"输血式"扶贫并没有从根本上解决贫困户能力不足，仅靠自身发展难以脱贫致富的问题，长时间的"输血式"扶贫还有可能导致贫困户陷入"福利陷阱"，产生"等靠要"的懒惰思想。发展生产减贫引导贫困户参与劳动经营，获得劳动报酬，帮助贫困户树立勤劳致富的价值观念，树立脱贫攻坚中贫困户的主体地位，使贫困户有参与感、获得感和幸福感。

（二）特色产业产值增加

其一，第一产业增加值增长。已有研究表明，经济增长速度与贫困人口减少规模之间存在较强的相关关系。而第一产业既是贫困人口最主要的产业依赖，又是吸纳贫困人口最多的产业。第一产业发展直接影响减贫。1980~1985年，第一产业增加值年均增长率达8.2%。

---

① 资料来源：《2020年国民经济和社会发展统计公报》。

粮食单位面积产量提高了40%，农业劳动生产率提高了40.3%。1985~2017年基本围绕4.0%的年均增长率波动。[①]与人均GDP年均增长率相比，第一产业增加值年均增长率始终低于前者，平均是其50%，这也反映了依靠第一产业减贫的难度。

其二，贫困地区主导产业初步形成。经过多年坚持因地制宜发展特色优势产业，贫困地区的蔬菜、畜禽、林果等特色产业快速发展，特别是精准扶贫、精准脱贫方略实施以来，全国共实施了98万多个扶贫产业项目，累计建成各类扶贫产业基地10万个以上。[②]许多贫困地区的特色产业已经成为脱贫致富的主导产业，如：陕西洛川苹果、江西赣南脐橙、甘肃定西马铃薯、山西平顺中药材、河北平泉食用菌、宁夏盐池滩羊，等等。

从贫困县确定的扶贫主导产业看，范围涵盖特色粮经作物、园艺产品、畜产品、水产品、林特产品等五大类28个特色产业。规模最大的产业是茶叶、中药材、牛羊养殖、果蔬、食用菌、特色粮豆、家禽养殖、葡萄、柑橘等。

其三，新产业蓬勃发展。光伏扶贫、乡村旅游扶贫、电商扶贫等新产业扶贫发展迅速。全国8万多座村级光伏扶贫电站规模达1500千瓦，每年发电收益130亿元，资产和收益直接到村。[③]乡村旅游扶贫方面，2019年接待游客32亿人次，营业收入超过8500亿元。[④]中国电商扶贫联盟数据显示，2019年其成员单位对接帮扶及销售贫困地区农产品逾28亿元，覆盖22个省（区、市）478个贫困县842家

---

① 吴国宝等：《中国减贫与发展（1978-2018）》，社会科学文献出版社，2018。
② 《农业农村部：全国各类扶贫产业基地已超10万个》，中国经济网，http://www.ce.cn/xwzx/gnsz/gdxw/201910/15/t20191015_33340949.shtml，最后检索时间：2021年1月30日。
③ 《巩固提升产业扶贫成果 坚决打赢脱贫攻坚战——在全国产业扶贫工作推进会上的讲话》，国务院扶贫办网站，http://www.cpad.gov.cn/art/2020/10/23/art_106_184709.html，最后检索时间：2021年1月30日。
④ 《乡村旅游又获政策支撑》，中华人民共和国文化和旅游部网站，https://www.mct.gov.cn/whzx/whyw/202007/t20200721_873637.htm，最后检索时间：2021年1月30日。

企业，带动农户 8 万户，其中建档立卡贫困户超 5.6 万户。[①]

（三）贫困地区产业经营主体发展较快

贫困地区大力培育新型经营主体，通过订单生产、土地流转、股份合作、资产租赁等方式，构建了"企业、园区、合作社＋贫困户"等有效带贫模式。832 个贫困县已发展市级以上龙头企业 1.4 万家、平均每个县 16 个，发展农民合作社 68.2 万家，带动贫困农户大约 600 万户，超过 2/3 的贫困户实现了新型经营主体带动。建档立卡贫困户中，92% 的贫困户已参与到产业发展当中。2018 年全国脱贫的 475 万贫困户中，得到产业扶贫帮扶的有 353 万户、占比达到 74.2%。[②] 通过"选、育、带"环节培育贫困村创业致富带头人 41.4 万人，领办的 21.4 万经营主体带动 406 万贫困人口脱贫。[③] 产业扶贫已经成为"五个一批"工程中带动脱贫人口最多的扶贫方式。

三 中国发展生产减贫的经验

中国发展生产减贫的经验可以归纳总结为政府的政策支持、发展生产环境条件的改善、因地制宜选择特色产业、贫困群众积极主动参与以及发展形式多元化。

[①]《充分发挥电商扶贫持续性作用》，中国经济网，http://views.ce.cn/view/ent/202010/27/t20201027_35938732.shtml，最后检索时间：2021 年 1 月 30 日。
[②]《农业农村部：全国各类扶贫产业基地已超 10 万个》，中国经济网，http://www.ce.cn/xwzx/gnsz/gdxw/201910/15/t20191015_33340949.shtml，最后检索时间：2021 年 1 月 30 日。
[③]《巩固提升产业扶贫成果 坚决打赢脱贫攻坚战——在全国产业扶贫工作推进会上的讲话》，国务院扶贫办网站，http://www.cpad.gov.cn/art/2020/10/23/art_106_184709.html，最后检索时间：2021 年 1 月 30 日。

（一）各类支持政策

中国通过发展生产、产业扶贫实践探索表明，政策扶持是发展生产扶贫的重要保障。由于贫困地区产业基础薄弱、经营主体不发育、市场经济不发达，单纯依靠贫困地区自己的力量发展产业，可能需要相当长的时间，因此，通过发展生产减贫发挥反贫困效果需要借助政府政策支持，包括信贷扶贫政策、税收优惠政策、土地使用政策、社会帮扶政策、贴息贷款政策等。

（二）改善基础设施条件

中国政府持续改善贫困地区农业生产、农民生活的基础设施条件。特别是2012年以来，对贫困地区加大资金投入力度，其中很多是用来改善贫困地区的基础设施条件。贫困地区交通基础设施大幅度改善，到2020年，具备条件的乡镇和建制村全部通硬化路、通客车、通邮路。新改建农村公路110万公里，新增铁路里程3.5万公里。贫困地区农网可靠率达到99%，大电网覆盖范围内贫困村通动力电比例达到100%，贫困村通光纤和4G比例均超过98%。[①] 总体来说，目前贫困地区基础设施条件有了很大改善，有些贫困地区的基础设施条件甚至已经赶上或超过全国的平均水平。基础设施条件的完善，既改善了贫困人口的生活条件，又为发展生产减贫奠定了基础。

（三）因地制宜发展特色产业

贫困地区扶贫产业的发展、壮大要充分考虑当地的资源禀赋、文化传统、风俗习惯，因地制宜、遵循自然规律、尊重市场规则，既不能机械照搬，也不能强行移植，同时还要考虑产业对贫困人口的带动能力。在贫困地区农民人均收入普遍不高的情况下，可优先发展区域

---

① 习近平：《在全国脱贫攻坚总结表彰大会上的讲话》（2021年2月25日），新华网，http://www.xinhuanet.com/politics/2021-02/25/c_1127140240.htm，最后检索时间：2021年3月5日。

特色产业，甚至形成优势产业。当优势特色产业发展具备适当条件后，通过经营主体的辐射带动，让贫困群众参与到产业生产经营活动中，助其实现脱贫致富目标。

（四）贫困群众主动参与

产业扶贫要有政府支持、龙头带动以及机制创新，但最重要的是脱贫对象要自强自立。脱贫对象不自强自立，无论扶贫工作者如何兢兢业业、社会各类组织如何大力帮扶，都不可能达到贫困人口脱贫致富的目的。产业扶贫通过激发扶贫对象的主动性和创造性，发展特色产业、吸纳就业，提高贫困人口自我管理水平和发展能力，不仅可以解决暂时贫困，而且是长久的脱贫之计。

（五）发展生产减贫形式多样

发展生产减贫形式多样。对既有产业发展意愿，又有产业发展能力的贫困人口，政府通过以奖代扶、贷款贴息等方式，鼓励其直接参与区域产业开发。在农户普遍发展能力较弱的地区，政府通过扶持龙头企业、专业合作社，带动贫困户参与产业链中，通过利益联结机制获得收益。近几年在实践中又创新出股份合作方式，将扶贫对象的政策扶持资金以及他们的土地、林地等生产资源折价入股，由企业统一管理和生产经营，结成共同体，实现股份到户、利益到户。贫困群众在实践中探索出的减贫模式，既是发展的动力，也是脱贫的宝贵经验。

四 结语与展望

发展脱贫产业是实现脱贫的根本之策，也是稳脱贫的有效措施。

通过发展生产实现贫困人口稳定脱贫、推进乡村振兴战略实施，还需要做好以下几点。

（一）调动多元主体的积极性与创造性

产业发展离不开龙头企业的参与和引领，没有企业带动就没有市场、没有产业链，激发企业参与产业扶贫的积极性是推进产业扶贫的关键。通过"奖补"政策，鼓励产业化龙头企业到贫困地区投资建厂带动贫困群众发展产业。采用以结果为导向的资金分配方式，把带动贫困户脱贫效果作为分配扶贫资源的根据，在财政贴息贷款、补贴等政策支持方面，优先向带动贫困群体脱贫效果好的企业倾斜。

激发贫困户脱贫内生动力，主动参与扶贫产业发展。通过实行扶持与劳动挂钩的"扶勤不扶懒"的差别化措施，激发贫困人口参与产业脱贫积极性。鼓励生产主体带动持股成员从事多种形式的合作生产经营，形成按股分红、利益共享、风险共担的利益共同体，建立贫困户直接、长期参与的利益联结机制。

（二）完善长效机制保障稳定脱贫

在扶贫过程中，一些人脱贫后还会因各种原因返贫，因此，防止返贫是脱贫攻坚的重要内容，为了巩固减贫成效，应该建立健全稳定脱贫的长效机制。

除了社会保障兜底的脱贫人口外，有劳动能力的贫困群众是要依靠发展生产来保障稳定脱贫的，除了外出就业外，最主要的方式就是在当地从事生产，即产业扶贫。产业扶贫发挥稳定脱贫的作用要有完善的利益联结机制。其一，将资产收益作为稳定增收来源，引导贫困村、贫困户将扶贫资金或土地、林地、闲置房产等资源资产以入股托管、股权量化等方式，捆绑参与产业发展，让村集体和贫困户拥有持续稳定收益；其二，把生产减贫作为主攻方向，强化内生动力机制，推动精准扶贫与拓展农业功能相结合，建立市场主体与贫困户之间的利益联结机制，让包括脱贫人口在内的农村低收入人口在产业发展中获得生产收益；其三，加强扶贫产品产销对接，充分利用电商平台，把贫困地区扶贫产品的销售、贫困群众的增收与城市的"菜篮子"、"米袋子"和"果盘子"结合起来，精准对接城市消费者的需求，让广大贫困地区的特色农产品走进千家万户，实现互利共赢。

（三）提升产业竞争力助推乡村振兴

首先，多数贫困地区在发展产业时仍以初级农产品生产为主，抵御市场风险能力较低，为了提升产业竞争力，实现可持续发展，应努力延伸产业链，整合技术、生产、管理、市场等环节，实现从原材料生产，向加工、储藏、销售的产业链延伸，拓展增收空间。其次，应努力开发特色绿色产品，推进供给侧改革。目前农业产业同质化现象比较突出，不少地方都是大棚蔬菜、栽果树、养牛羊，容易出现"增产不增收"情况。这种现象的客观原因是许多地方还没有明显的优势、特色产业，在产业选择时容易重复别人的路子，主观原因则与贫困地区急于脱贫，甚至形式主义有关系。为了避免扶贫产业趋同、同质化竞争，应坚持供给侧结构性改革，发挥贫困地区天然、绿色、无公害优势，走环保、健康、稀有之路，创新开发特色农产品。

A2. 中国的促进就业和就业支持减贫

摘　要： 就业是贫困家庭实现脱贫的重要途径。中国建立起就业扶贫工作机制，不断完善就业扶贫政策体系，形成了一整套针对贫困劳动力就业的精准帮扶措施。脱贫攻坚以来，扶贫车间吸纳、劳务协作转移、公益岗位托底、技能培训服务等工作举措在就业扶贫领域发挥了积极作用。中国就业扶贫取得显著成效，在精准帮扶、岗位创造、地区协作、政策兜底等方面形成的主要经验对中国未来的减贫工作以及其他国家的减贫事业都具有重要启示。

关键词： 就业扶贫　精准帮扶　公益岗位　技能培训

就业是消除贫穷的关键。改革开放以来，中国经济高速增长带来非农就业机会的持续增加对减少农村贫困人口发挥了重要作用。对于那些有劳动能力但缺乏就业机会的贫困群体来说，就业扶贫不可或缺。帮助贫困劳动力实现就业，是最积极有效的扶贫方式，是实施"五个一批"精准扶贫精准脱贫的重要举措之一。精准扶贫方略实施以来，中国政府对就业扶贫做出一系列决策部署。人力资源和社会保障部、国务院扶贫办等工作部门出台配套政策文件，制订实施方案，明确目标任务、工作机制和保障措施；各地因地制宜、创新实践，层层落实责任，形成一系列可操作、可推广、可持续的具体举措。中国就业扶贫取得显著成效，为今后的减贫工作和世界其他国家减贫事业提供了重要经验与启示。

一 中国就业扶贫的基本情况

通过提供和创造就业赋能贫困人口，降低贫困发生率，为世界各国政策制定者所重视，许多国家进行了尝试，并取得积极效果，积累了有益经验。[①]一人就业，全家脱贫，增加就业是最有效最直接的脱贫方式。长期坚持还可以有效解决贫困代际传递问题。在中国大扶贫格局下，实施就业扶贫，扶智与赋能相结合，旨在让有劳动能力的贫困人口通过就业实现持续稳定增收，从根本上摆脱贫困，共享改革发展成果。

（一）政策进展和目标任务

改革开放以来，中国高速经济增长带来非农就业机会的持续增加对减少农村贫困人口发挥了重要作用。[②]中国长期坚持的开发式扶贫、劳动力转移就业都是主要通过创造和实现非农就业的方式带动农村劳

---

① Subbarao, K., "Public Works as an Anti-Poverty Program: An Overview of Cross-Country Experience", *American Journal of Agricultural Economics*, 79(1997):pp.678-683; Von Braun, J., *Employment for Poverty Reduction and Food Security* (Washington, D.C.: International Food Policy Research Institute, 1995); Zimmermann, L., "Public Works Programs in Developing Countries Have the Potential to Reduce Poverty", *IZA World of Labor*, 2014.
② 章元、许庆、邬璟璟：《一个农业人口大国的工业化之路：中国降低农村贫困的经验》，《经济研究》2012年第11期，第76~87页；吴国宝：《改革开放40年中国农村扶贫开发的成就及经验》，《南京农业大学学报》（社会科学版）2018年第6期，第17~30页。

动力增收减贫。[①]

中国在1984年设立"以工代赈资金"，专门用于在改善贫困地区基础社会和生产条件的同时，帮助贫困人口实现就业。《国家八七扶贫攻坚计划（1994-2000年）》提出的扶贫开发途径包括"积极发展既能够充分发挥贫困地区资源优势，又能大量安排贫困户劳动力就业的资源开发型和劳动密集型的乡镇企业"和"有计划有组织地发展劳务输出，积极引导贫困地区劳动力合理、有序地转移"；同时要求劳动部门"要为贫困地区的劳动力开拓外出就业门路，做好就业服务和技术培训工作，努力扩大合理有序的劳务输出规模"。《中国农村扶贫开发纲要（2001-2010年）》进一步将"积极稳妥地扩大贫困地区劳务输出"作为减缓贫困、巩固温饱的一条重要途径。《中国农村扶贫开发纲要（2011-2020年）》在专项扶贫中明确了以工代赈和就业促进两个内容，在行业扶贫和社会扶贫中都强调对贫困地区劳动力转移就业务工开展培训。

实施精准扶贫战略以来，做好就业扶贫工作，促进农村贫困劳动力就业，是打赢脱贫攻坚战的重大举措。2016年11月，国务院印发《"十三五"脱贫攻坚规划》，将转移就业脱贫列为专章，阐明了转移就业脱贫的路径和措施，包括大力开展职业培训以及促进稳定就业和转移就业；并提出了6个就业扶贫专项行动，包括劳务协作对接行动、重点群体免费职业培训行动、春潮行动、促进建档立卡贫困劳动者就业、返乡农民工创业培训行动和技能脱贫千校行动。2018年6月，《中共中央国务院关于打赢脱贫攻坚战三年行动的指导意见》指出，"要全力推进就业扶贫，推动就业意愿、就业技能与就业岗位精准对接，提高劳务组织化程度和就业脱贫覆盖面"。

随着精准扶贫工作的持续深入推进，就业扶贫的目标任务逐步明确。2016年12月人力资源和社会保障部、财政部、国务院扶贫办联

---

① 刘建进、檀学文：《中国就业扶贫进展》，载李培林、魏后凯、吴国宝主编《中国扶贫开发报告（2017）》，社会科学文献出版社，2017，第174~194页。

合印发的《关于切实做好就业扶贫工作的指导意见》要求各地采取多种措施促进贫困人口实现就业、增加收入，"通过开发岗位、劳务协作、技能培训、就业服务、权益维护等措施，帮助一批未就业贫困劳动力转移就业，帮助一批已就业贫困劳动力稳定就业，帮助一批贫困家庭未升学初、高中毕业生就读技工院校毕业后实现技能就业，带动促进1000万贫困人口脱贫"。

2017年2月，国务院出台《"十三五"促进就业规划》，在加强重点群体就业保障能力方面，强调推进就业扶贫，要求通过精准对接、劳务协作和政策扶持，促进贫困人口的转移就业和稳定就业；组织全国千所左右省级重点以上技工院校开展技能脱贫千校行动，实现"教育培训一人、就业创业一人、脱贫致富一户"的目标。

2018年3月，人力资源和社会保障部、国务院扶贫办发布《关于做好2018年就业扶贫工作的通知》，要求"以促进有劳动能力的贫困人口都能实现就业为目标，以完善落实就业扶贫政策措施为抓手，以深度贫困地区为重点，进一步加大力度、精准施策，努力扩大贫困人口就业规模，提高就业稳定性，确保零就业贫困户至少一人实现就业"。

（二）就业渠道和支持政策

国务院扶贫办、人力资源和社会保障部、财政部等部门深入贯彻落实党中央、国务院关于就业扶贫决策部署，在扎实开展就业扶贫、大力推进技能扶贫方面先后出台一系列政策文件，对就业扶贫的目标任务与主要举措进行规划指导。

随着就业扶贫工作全面展开，就业扶贫重点领域逐步从劳务输出为主，转向多渠道就业创业并重。在坚持政府推动、坚持市场主导、坚持分类施策、坚持因地制宜四个基本原则的指导下，就业扶贫的工作机制进一步完善，政策体系进一步健全，一些可操作、可推广、可持续的创新举措涌现出来。

概括来说，围绕开发岗位、就业服务、提升技能等重点环节，促进建档立卡贫困劳动力（即16周岁以上、有劳动能力的建档立卡贫困人口）就业主要有四种渠道：一是发展产业和扶持载体吸纳劳动力就近就地就业，二是支持创业带动就业，三是通过劳务协作组织外出就业，四是开发公益性岗位托底安置就业。与此同时，"雨露计划"、技能脱贫千校行动等职业教育和技能培训措施为这四种渠道有效发挥作用提供了支撑。

具体的支持政策包括五类：第一类是在支持劳务输出方面，包括提供一次性求职创业补贴、就业创业服务补助、交通补助等；第二类是在支持企业等经营主体吸纳贫困劳动力方面，包括提供以工代训职业培训补贴、社会保险补贴、税费减免、就业扶贫基地一次性资金奖补等；第三类是在支持贫困劳动力创业方面，包括提供创业担保贷款、税费减免、创业孵化基地奖补等；第四类是在开发公益性岗位兜底就业方面，包括提供公益性岗位补贴、购买意外伤害保险等；第五类是在职业技能培训方面，包括开展雨露计划，提供职业培训补贴、生活费补助，以及免除学费、发放助学金等。

二 中国就业扶贫的实践举措

中国在精准扶贫过程中，除了借助公共工程（以工代赈）方式增加扶贫对象的就业机会和收入以外，还以贫困人口就业需求为靶向，结合国家的产业政策和区域资源，为扶贫对象量身定做专门的就业扶贫方式，如扶贫车间、公益岗位等为贫困劳动力创造就业机会。与此同时，扶贫劳务协作机制进一步健全，就业创业服务深入推进，各地的就业扶贫举措为贫困劳动力及其家庭增加收入、实现脱贫提供了积极有效支撑。

（一）建立健全工作机制

按照中央决策部署，依托脱贫攻坚总机制，建立中央重视、部省统筹、部门推进、市县党委和政府全力抓落实的工作组织管理体系。按照持续扩大贫困劳动力就业规模、不断提高就业质量的目标任务，人力资源和社会保障部、国务院扶贫办、财政部等部门牵头制定就业扶贫配套政策文件，坚持全面推进和聚焦重点相结合，注重精准帮扶、落实责任、兜牢底线，加强督导督促和责任管理。人社部与扶贫办建立定期信息交换制度，定期开展农村建档立卡贫困人口与全国社会保障卡持卡人员数据库信息比对，各级财政部门负责政策落实资金和工作经费保障。调动各方力量，及时总结推广就业扶贫工作经验做法，加强宣传引导。

（二）发展产业促进就业

通过产业发展促进本地就业，推进"两业融合"，实现贫困人口向产业工人的转变，既为贫困群众找到稳定增收的路子，又可激发农村发展活力。截至2019年9月，全国贫困地区累计建成各类扶贫产业基地10万个以上，现在已经有92%的贫困户通过"龙头企业+合作社+贫困户"等方式参与到产业发展当中。①

一是发展特色产业带动就业。2016~2018年，共认定233个位于国家级贫困县的"一村一品"示范村镇，占全国认定总数的近30%。在"一村一品"品牌示范带动下，全国832个国家级贫困县已发展各类"一村一品"专业村1.5万个，约占全国专业村总数的1/4，专业村农民人均可支配收入达到10674元，大幅高于贫困地区平均水平。②"一村一品"已成为活跃区域经济、带动农民就业致富的重要途径。

---

① 《全面建成小康社会，扎实推进脱贫攻坚和乡村振兴》（庆祝中华人民共和国成立70周年第三场新闻发布会文字实录），国务院扶贫办网站，http://www.cpad.gov.cn/art/2019/9/27/art_2241_401.html，最后检索时间：2021年1月30日。
② 《突出特色打造"一村一品"培育产业助力脱贫攻坚》，中华人民共和国农业农村部网站，http://www.xccys.moa.gov.cn/gzdt/201812/t20181204_6314543.htm，最后检索时间：2021年1月30日。

二是发展产业园区带动就业。支持农村集体经济组织、新型经营主体、企业、合作社开展原料基地、农产品加工、营销平台等生产流通设施建设，鼓励贫困地区因地制宜发展产业园区，以发展劳动密集型项目为主，带动当地贫困人口就地就近就业。如安徽在全省推广各类园区、龙头企业、农民合作社、能人大户（家庭农场）带动和贫困户自主调整种养结构发展产业的"四带一自"产业扶贫模式，全省参与产业扶贫的各类农业园区（基地）4769个，带动贫困户19.5万户；参与产业扶贫的新型农业经营主体4.6万个，其中龙头企业4000个、合作社2.4万个、能人大户（家庭农场）1.8万个，带动贫困村2947个、贫困户104.4万户。[①]

（三）扶持载体吸纳就业

鼓励贫困地区发展生态友好型劳动密集型产业，通过岗位补贴、场租补贴、贷款支持等方式，扶持企业在贫困乡村发展一批扶贫车间，吸纳贫困家庭劳动力就近就业，并对吸纳贫困劳动力就业的企业、专业合作社、扶贫车间等各类用人单位给予职业培训补贴和社会保险费补贴，对吸纳就业成效好的就业扶贫基地，给予一次性资金奖补。2017年，各地遴选推荐了1465家用工规范、社会责任感强、适合贫困劳动力就业的企业作为就业扶贫基地，共提供近20万个适合农村贫困劳动力的工作岗位。[②]

山东菏泽于2015年首创"扶贫车间"就地就业扶贫模式，之后，扶贫车间在全国贫困地区推广发展。各地不断创新扶贫就业载体建设，从扶贫车间发展为社区工厂、就业驿站、卫星工厂等多种形式，开展"非遗+扶贫"就业工坊试点，在深度贫困地区、民族地区兴

---

① 《贫困村100%收益"四带一自"贡献产业扶贫"安徽方案"》，中安在线，http://ah.anhuinews.com/system/2018/07/18/007918588.shtml，最后检索时间：2021年1月30日。
② 《全国确定就业扶贫基地1465个》，http://www.cankaoxiaoxi.com/china/20170627/2152068.shtml，最后检索时间：2021年1月30日。

建民族手工艺品车间。针对部分贫困人口年龄偏大、文化技能水平偏低、需要照料家庭等情况，各地结合当地特色，不仅形成了就近就地转移就业的新路径，还充分挖掘了贫困地区在劳动人口、特色产业、闲置土地等方面的优势资源，有效融合了产业扶贫和就业扶贫，在脱贫攻坚中发挥了重要作用，取得了贫困人口就业脱贫、企业缓解招工难题、村集体经济发展壮大、贫困地区发展活力增强的多赢成效。

（四）支持创业带动就业

就业是民生之本，创业是就业之源。各地积极引导农民工、大学生、退伍军人等人员到贫困县乡村创业，用创业培训补贴、创业担保贷款、税费减免、一次性创业补贴等扶持政策，培育创业致富带头人，建设创业园区或者孵化基地，带动贫困劳动力创业就业。

一是通过承接产业转移，以及发展农村电商、创意农业、乡村旅游等措施，在贫困地区培育创业项目。在贵州，自2015年"雁归兴贵"促进农民工返乡创业就业行动计划启动实施以来，贵州省新增农村劳动力返乡创业就业231.67万人，全省各级各部门完成农村青壮年劳动力规范化技能培训152万余人，有效提升了他们的创业就业能力。①

二是建立创业园区或孵化基地，对入驻实体数量多、孵化效果好的贫困县创业孵化载体，提高创业孵化基地奖补标准。陕西省鼓励企业、高校等按照"市场主体＋市场运营＋政府支持＋创业者"模式建立创业孵化基地400个，其中贫困县52个，设立创业孵化补贴和200万元、100万元的一次性奖补资金；全省认定35个返乡创业示范县，其中涉贫县32个，共帮扶1.48万贫困劳动力创业脱贫。②

---

① 《创新载体把就业最困难群体托住——全国就业扶贫工作综述》，中华人民共和国人力资源和社会保障部网站，http://www.mohrss.gov.cn/SYrlzyhshbzb/dongtaixinwen/buneiyaowen/201908/t20190813_329450.html，最后检索时间：2021年1月30日。
② 《陕西人社厅：多渠道扶持贫困劳动力就业创业》，中华人民共和国人力资源和社会保障部网站，http://www.mohrss.gov.cn/nmggzs/NMGGZSgongzuodongtai/201810/t20181024_303446.html，最后检索时间：2021年1月30日。

三是优先落实小微企业扶持政策，对吸纳贫困劳动力稳定就业的创业人员和企业给予一定的奖补。湖北出台《全省农民工等人员返乡创业三年行动计划（2018-2020年）》，从平台、资金、政策、税收等方面，给农民工等人员真金白银支持，鼓励返乡创业，计划到2020年，湖北全省将新增返乡创业15万人，带动就业50万人。[1]

（五）劳务协作输出就业

2015年《中共中央国务院关于打赢脱贫攻坚战的决定》提出"引导劳务输出脱贫"。2016年4月，人社部、国务院扶贫办组织广东与湖南、湖北开展劳务协作试点，试点地区聚焦"实现精准对接、促进稳定就业"的目标，精心组织，全力推进，形成了一批可复制可推广的经验做法。随后，就业扶贫劳务协作在各地全面铺开。广西与广东省签署精准扶贫劳务协作框架协议，通过"三来三往"模式促进转移就业。[2] 2017年1~9月，广西向发达地区输送贫困劳动力12.13万人次。[3]

各地积极推进扶贫劳务协作工作，普遍成立专项工作组，制订工作方案，加大工作力度，东西协作、对口支援地区均签订了劳务协作协议，贫困劳动力有组织输出工作取得积极进展。2018年，输出地为贫困劳动力推荐针对性岗位721.6万人次，培育劳务品牌1263个，建立驻外工作站1088个，实现贫困劳动力有组织转移177.6万人（包括省内转移和省外输出）；输入地为贫困劳动力推荐针对性岗位327万人次，提供劳务对接5802次，共吸纳111万贫困劳动力在

---

[1] 《湖北出台〈全省农民工等人员返乡创业三年行动计划〉》，中华人民共和国人力资源和社会保障部网站，http://www.mohrss.gov.cn/nmggzs/NMGGZSgongzuodongtai/201806/t20180628_296442.html，最后检索时间：2021年1月30日。
[2] "三来三往"，即劳务输出地制定"求职清单"提供给劳务输入地；劳务输入地根据"求职清单"制定"岗位供给清单"反馈劳务输出地；劳务输出地将"岗位供给清单"与贫困劳动力进行匹配，劳务输入地组织企业招聘。
[3] 《脱贫攻坚在路上 就业扶贫在行动》，中华人民共和国人力资源和社会保障部网站，http://www.mohrss.gov.cn/SYrlzyhshbzb/dongtaixinwen/buneiyaowen/201711/t20171110_281418.html，最后检索时间2021年1月30日。

本地就业。①

（六）公益岗位托底就业

公益岗位托底就业是指将最难就业的群体，包括无法离乡、无业可扶、无力脱贫的"三无"贫困劳动力，以及部分有返贫因素的已脱贫户和因重大变故而可能致贫的非贫困户成员，托底安置在由政府设置的非营利性公共管理和社会公益性服务岗位。公益岗位围绕精准扶贫和提升贫困村公共服务水平的双重目标，因地因人设岗，包括护边护林、保洁保绿、治安协管、乡村道路维护、水利设施管护、孤寡老人和留守儿童看护等，并支付一定的劳动报酬，在拓宽就地就近就业的渠道的同时发挥就业托底的保障作用，解决增收难题。

在深度贫困地区，依靠公益岗位托底就业脱贫的数量尤为庞大。如南疆四地州制定了"七个一批"的脱贫举措，其中有两个一批，包括转为护边员扶持一批和实施生态补偿扶持一批都与公益岗位扶贫紧密相关。按照未脱贫户1户1个护边员的原则，落实边境县护边员补助政策，带动2.48万人稳定脱贫；还通过2.4万名生态护林员和5000名草原管护员带动5.8万人脱贫。在四川彝区藏区，2018~2020年每年平均开发生态护林员岗位3.8万个、草原管护员岗位0.7万个。西藏面向44个深度贫困县安排生态补偿岗位46.1万个，云南迪庆和怒江两州选聘生态护林员达4万个。②

（七）技能培训强化就业

人力资源和社会保障部、国务院扶贫办等组织实施技能脱贫千校

---

① 《全面推进就业扶贫工作 坚决打赢脱贫攻坚战》，中华人民共和国人力资源和社会保障部网站，http://www.mohrss.gov.cn/SYrlzyhshbzb/dongtaixinwen/buneiyaowen/201907/t20190705_322649.html，最后检索时间：2021年1月30日。

② 《脱贫攻坚在路上 就业扶贫在行动》，中华人民共和国人力资源和社会保障部网站，http://www.mohrss.gov.cn/wap/xw/dfdt/201811/t20181109_304497.html，最后检索时间：2021年1月30日。

行动，五年间在全国千所左右省级重点以上的技工院校开展。2017年，全国1059所技工院校招收建档立卡贫困家庭子女6.04万人；面向建档立卡贫困人口开展职业技能培训15.6万人次，培训后9.96万人实现就业创业。2017年，全国组织开展建档立卡贫困人口职业技能培训206万人次，农民工职业技能培训898万人次，农民工返乡创业培训76万人次，培训后422万人实现就业创业。①

开展技能扶贫行动，确保有接受培训意愿的贫困劳动力都能得到职业技能培训机会，有就读技工院校意愿的符合条件的劳动者都能入学就读，同时落实培训补贴政策。明确四川阿坝藏族羌族自治州、甘肃临夏回族自治州等8地州技工院校建设任务，协调北京、浙江等15个省份44所技工院校对口帮扶"三区三州"等深度贫困地区35所技工院校，确保每所贫困院校至少得到1所东部地区技工院校的对口帮扶，全面提升"三区三州"技工教育实力。自2016年实施技能脱贫千校行动以来，全国1200余所技工院校积极参与该项行动，截至2018年底，已累计招收建档立卡贫困家庭学生17万人以上，面向建档立卡贫困家庭劳动者开展就业创业培训超过38万人次。②

（八）保障服务稳定就业

适应贫困劳动力特点，注重与扶志扶智相结合，提供全方位、精准化、精细化就业服务。在全力推进就业扶贫中，将强化就业服务放在首要位置，进一步提高农村劳动力的就业质量。一是引导贫困劳动力树立正确的就业观念，充分调动贫困劳动力的就业积极性，激发劳动致富内生动力，提高就业脱贫的覆盖面。各地制定切实可

---

① 《职业能力建设司获中央和国家机关脱贫攻坚先进集体》，中华人民共和国人力资源和社会保障部网站，http://www.mohrss.gov.cn/jgdw/JGDWgongzuodongtai/201811/t20181107_304374.html，最后检索时间：2021年1月30日。
② 《加强对口帮扶 致力脱贫攻坚》，中华人民共和国人力资源和社会保障部网站，http://www.mohrss.gov.cn/SYrlzyhshbzb/dongtaixinwen/buneiyaowen/201909/t20190916_334049.html，最后检索时间：2021年1月30日。

行的就业扶贫计划，准确掌握贫困劳动力基本信息，了解就业困难和需求。二是开展"一对一"精准帮扶，针对贫困劳动力的特点，提供有针对性的职业指导和技能培训；加强职业介绍，提供有效的岗位信息，推动就业意愿、就业技能与就业岗位精准对接。三是开展专场招聘、就业创业指导、技能培训等活动，发挥人力资源服务机构作用，加强人力资源市场供求信息监测；开展有组织的劳务输出，打造和推广一批劳务品牌，以劳务品牌带动转移就业；做好跟踪服务，切实维护就业人员在劳动保护、劳动报酬、社会保险等方面的合法权益。

在2020年新冠肺炎疫情期间，各地积极摸查贫困劳动力就业情况，大力开展线上招聘。将春风行动现场招聘会全部调整为线上招聘会，依托当地就业网站、就业服务手机应用等，开展线上就业创业服务活动。

三　中国就业扶贫的成效

中国就业扶贫工作在中国脱贫攻坚中起到了极为重要的作用，90%以上的建档立卡贫困人口得到了产业扶贫和就业扶贫支持，三分之二以上主要靠外出务工和产业脱贫。[①]贫困劳动力就业情况大幅改善，贫困地区农村居民增收效果显著，在就业扶贫取得成效的同时为乡村振兴创造了有利条件。

（一）就业扶贫工作机制和政策体系日趋完善

一是帮扶精准性日益突出。就业扶贫以提升贫困劳动力就业创业

---

① 《习近平在决战决胜脱贫攻坚座谈会上的讲话》（2020年3月6日），《人民日报》2020年3月7日，第2版。

能力、帮助其实现稳定就业为首要任务，通过促进就业增加贫困家庭劳动和经营收入，加快贫困劳动力脱贫步伐。随着就业扶贫政策体系的逐步完善，就业扶贫政策的精准性特点日益突出，包括识别精准、帮扶精准和服务精准。人社部门与扶贫部门共同建立了就业扶贫工作机制，开发建设农村贫困劳动力就业信息平台，自下而上收集和分享贫困劳动力就业信息，支持各地开展精准识别、精准服务。通过精准对接、劳务协作和政策扶持，不仅促进有就业意愿和就业能力的未就业贫困人口和非建档立卡的农村低保对象、贫困残疾人转移就业，而且帮助已实现就业的建档立卡贫困人口和非建档立卡的农村低保对象、贫困残疾人稳定就业。

二是政策系统性逐渐增强。脱贫攻坚以来，政府相继出台了一系列与就业扶贫相关的政策文件，形成了一整套专门针对贫困劳动力就业的精准帮扶政策，对发展扶贫车间吸纳、支持返乡创业带动、开展有组织劳务输出、开发公益性岗位安置都有专门的支持政策措施。政策体系覆盖就业扶贫工作涉及的各类用人单位、各类服务主体和贫困劳动力就业创业各个渠道，主要体现在三个方面：第一，通过政策支持，鼓励企业等各类市场主体更多地吸纳贫困劳动力就业；第二，通过提供各项保障，鼓励贫困劳动力更多地参与就业创业或者培训活动；第三，通过给予补助等形式，鼓励中间服务机构和劳务经纪人优先向贫困劳动力提供就业服务。

三是工作创新性不断涌现。各地在实践中不断创新，涌现出一批可操作、可推广、可持续的工作经验。在促进就地就近就业方面，创新设立扶贫车间、就业驿站、社区工厂、卫星工厂等就业创业新载体；在引导外出就业方面，探索省内劳务协作、重大项目与贫困县结对子等劳务协作新渠道；在托底安置方面，开发助残员、护理员、护林员等各类就业扶贫公益性岗位；在就业服务方面，探索开展远程招聘、定向共享岗位信息等多种服务手段。同时，遴选了一批就业扶贫基地，动员各类用人主体积极参与就业扶贫；征集并推广一批劳务品牌，以品牌促对接，带动有组织劳务输出。

（二）贫困劳动力就业情况大幅改善

就业扶贫的成效直接体现为贫困人口就业增加。截至2019年底，就业扶贫累计帮扶1213万名贫困劳动力实现就业，提前完成"十三五"期间促进1000万贫困劳动力实现就业的目标。农村劳动力转移就业的意识不断提高，贫困地区自发形式外出的劳动力占全部外出劳动力的比重从2015年的55.1%稳步提高到2018年的60.8%。[1]

就业扶贫工作的开展也使得贫困地区劳动力就近就业的比重逐步提高。贫困地区外出劳动力中，县内乡外的比重从2015年的26.8%逐步提高到2018年的34.0%，省外的比重从2015年的42.5%下降到2018年的34.6%。[2]此外，脱贫攻坚开发了大量公益岗位，在公共管理、社会保障和社会组织行业中就业的农民工比重为3.5%，比2017年提高0.8个百分点。[3]

2020年受新冠肺炎疫情影响，各地积极出台政策，努力减轻疫情对贫困劳动力就业增收的影响。截至2020年7月，中西部22个省份扶贫公益岗位安置478.55万贫困人口。[4]截至2020年9月，25个省份外出务工贫困劳动力2897万人，比2018年增加168万人。中西部22个省份有扶贫龙头企业29632个，复工率98%，吸纳贫困人口就业85.8万人；有扶贫车间31441个，复工率达到99.7%，吸纳贫困人口就业41.36万人。[5]

---

[1] 国家统计局住户调查办公室：《中国农村贫困监测报告2016》，中国统计出版社，2016；国家统计局住户调查办公室：《中国农村贫困监测报告2019》，中国统计出版社，2019。

[2] 国家统计局住户调查办公室：《中国农村贫困监测报告2016》，中国统计出版社，2016；国家统计局住户调查办公室：《中国农村贫困监测报告2019》，中国统计出版社，2019。

[3] 《2018年农民工监测调查报告》，国家统计局网站，http://www.stats.gov.cn/tjsj/zxfb/201904/t20190429_1662268.html，最后检索时间：2021年1月30日。

[4] 《近期脱贫攻坚重点工作最新进展（截至7月31日）》，国务院扶贫办网站，http://www.cpad.gov.cn/art/2020/8/7/art_624_182653.html，最后检索时间：2021年1月30日。

[5] 《我国脱贫攻坚重点工作取得重要进展》，国务院扶贫办网站，http://www.cpad.gov.cn/art/2020/9/7/art_624_183199.html，最后检索时间：2021年1月30日。

(三)贫困地区农村居民增收效果显著

就业是人们赖以生存的重要手段,也是决定人们福祉水平的关键因素,贫困地区农村居民的人均可支配收入从2013年的6079元提高到2019年的11567元,年均名义增速达到12.0%,高于全国农村居民人均可支配收入年均名义增幅(9.7%)2.3个百分点;年均实际增速为9.7%,高于全国农村居民收入实际增速(7.5%)2.2个百分点,如表1所示。贫困地区农村居民的收入相比于全国农村居民收入的差距在不断缩小,2019年贫困地区农村居民收入是全国农村平均水平的72.2%,比2013年的64.5%提高7.7个百分点。与此同时,全国建档立卡贫困户人均纯收入由2015年的3416元增加到2019年的9808元,年均增幅30.2%。[1]

表1 2013~2019年贫困地区农村居民的人均可支配收入

单位:元,%

年份	人均可支配收入	名义增速	实际增速	占全国农村居民收入比例
2013	6079	16.6	13.4	64.5
2014	6852	12.7	10.7	65.3
2015	7653	11.7	10.3	67.0
2016	8452	10.4	8.4	68.4
2017	9377	10.5	9.1	69.8
2018	10371	10.6	8.3	71.0
2019	11567	11.5	8.0	72.2
年均	—	12.0	9.7	—

资料来源:作者根据国家统计局相关数据整理计算得到。

随着农村剩余劳动力的逐步转移,在贫困地区农村居民收入构成

---

[1] 习近平:《在决战决胜脱贫攻坚座谈会上的讲话》(2020年3月6日),《人民日报》2020年3月7日,第2版。

中，非农收入逐渐成为增收的主要来源。如表2所示，贫困地区农村居民工资性收入的比重从2016年的34.1%提高到2019年的35.3%，年均名义增长率为12.5%，高于全国农村居民工资性收入增速。增收贡献率年均为39.1%，是贫困地区农民收入增长的重要来源。二、三产业经营净收入占比稳步提高，其名义增长率从2016年的13.9%提高到2018年的22.0%，2019年回落至7.6%，其年均增收贡献率为13.6%。

表2 贫困地区人均可支配收入构成及其增长率和增收贡献率

单位：%

项目	2016年	2017年	2018年	2019年	年均
可支配收入构成	100.0	100.0	100.0	100.0	
工资性收入	34.1	34.2	35.0	35.3	
经营净收入	40.7	39.7	37.5	36.0	
一产净收入	31.9	30.1	26.9	25.8	
二、三产净收入	8.8	9.6	10.6	10.2	
财产净收入	1.3	1.3	1.3	1.4	
转移净收入	23.9	24.8	26.2	27.3	
分项收入名义增长率					
工资性收入	12.7	11.8	13.0	12.5	12.5
经营净收入	4.9	6.9	4.4	7.1	5.8
一产净收入	2.7	3.2	-1.1	6.0	2.7
二、三产净收入	13.9	20.4	22.0	7.6	16.0
财产净收入	14.3	11.9	14.8	16.5	14.4
转移净收入	17.4	14.8	17.0	16.3	16.4
增收贡献率					
工资性收入	40.6	35.7	42.0	38.0	39.1
经营净收入	20.2	30.3	16.6	23.0	22.5
一产净收入	8.8	14.1	-3.2	16.1	8.9
二、三产净收入	11.4	16.2	19.8	6.9	13.6
财产净收入	1.8	1.3	1.8	1.8	1.7
转移净收入	37.4	32.9	39.6	37.1	36.8

资料来源：作者根据国家统计局相关数据整理计算得到。

（四）就业扶贫为乡村振兴创造了有利条件

就业是最大的民生。实现就业不仅是劳动者生存的经济基础，也是其融入社会、获取个人尊严，并且给后代带来希望的主要方式。也就是说，为贫困家庭提供一份能够摆脱贫困的工作，能产生正面的溢出效应。就业扶贫帮助贫困人口通过自身劳动实现脱贫致富，通过赋予贫困群体参与发展的机会，让他们感受到自我价值并积极融入社会；通过劳动力素质的提升，提高他们创造美好生活的自信和能力，增强获得感，激发脱贫的内生动力，从根本上摆脱贫困并且切断贫困的代际相传。此外，改善贫困劳动者就业条件，实现高质量就业，能够为劳动者带来更多的社会资源与机会，这也是贫困人口实现长期稳定脱贫的保障。

在乡村振兴战略的实施过程中，一方面，通过各种途径促使贫困农民转移到非农部门就业，同时提高农民工的就业质量，对于增加贫困农民收入，使贫困人口享受到改革与发展的成果，走上共同富裕的道路，具有积极的现实意义。另一方面，在就业扶贫的实施过程中，与教育扶贫、健康扶贫、技能扶贫的衔接，有助于提高农村劳动力的技能素质，为乡村振兴战略的实施提供人力保障；就业扶贫与产业扶贫的结合，加强扶贫车间、卫星工厂等扶贫载体的建设，有助于推动农村第一、二、三产业的融合发展和乡村产业的全面振兴；就业扶贫的实施还有利于促进农村基础设施条件的改善和公共服务体系的健全，促进城乡融合发展和共同富裕的实现，是实现乡村振兴的重要途径。

四 经验与启示

中国的就业扶贫工作在政策层面加强组织领导，落实资金保障，注重发挥政府推动和市场主导作用，注重调动贫困劳动力主观能动性，在贫困地区的既有市场环境与资源禀赋下，充分考虑贫困劳动力的需求特点，制定有针对性的政策措施，在精准帮扶、岗位创造、地区协作、政策兜底等方面形成的主要经验对于中国未来的减贫工作以及其他国家的减贫事业都具有重要启示。

（一）主要经验

一是加强顶层设计和组织保障，坚持政府推动，构建全国一盘棋的就业扶贫格局。按照中央决策部署，依托脱贫攻坚总机制，中国政府建立中央重视、部省统筹、部门推进、市县党委政府全力抓落实的工作组织管理体系。人力资源和社会保障部、国务院扶贫办等工作部门出台配套一系列政策措施，为开展劳务协作、鼓励就业创业、开发公益岗位等制订实施方案。各省市充分发挥主观能动性进行有效对接，在实践中不断建立健全工作机制，确保人才、资金等保障措施落实到位，并及时总结推广就业扶贫工作经验做法。

二是充分发挥企业等社会实体作用，坚持市场主导，形成就业扶贫的长效机制。就业扶贫既着眼短期内真脱贫，又注重长期内阻断贫困代际传递。在产业发展过程中，各地区通过市场对接，促进产业与就业扶贫的协同以及劳动力的供需匹配，以各种经济补贴、税费减免、资金补助等方式引导企业等经营主体吸纳贫困劳动力，实现贫困人口向产业工人的转变。同时加强"岗位供给清单"和"就业需求清单"的精准匹配，引导贫困劳动力参与劳务协作，实现外出转移就业。

三是不断拓展就业渠道，坚持分类施策，建立质量高韧性强的就业扶贫体系。各地在实践中创设了一批扶贫车间、就业驿站、社区工厂、卫星工厂等就业创业新载体，形成了省内劳务协作、重大项目与贫困县结对子的劳务协作新渠道，开发了一批就业扶贫专门岗位、公益性岗位等托底帮扶新手段，优先安置"无法离乡、无业可扶、无力脱贫"且有能力胜任岗位工作的建档立卡贫困劳动力。通过精准帮扶、落实责任、兜牢底线，加强督导督促和责任管理，提升贫困劳动力就业稳定性与应对就业风险的韧性。

四是充分调动扶贫利益相关者积极性，坚持因地制宜，发挥各地比较优势与竞争优势。充分挖掘贫困地区在劳动人口、特色产业、闲置土地等方面的优势资源，有效融合产业扶贫和就业扶贫。通过政策支持鼓励企业等各类市场主体更多地吸纳贫困劳动力就业，通过资金补贴鼓励中间服务机构和劳务经纪人优先向贫困劳动力提供就业服务，通过各项保障鼓励贫困劳动力更多地参与就业创业活动，通过专项培训计划与提升技能行动加强就业培训，扶智和赋能相结合提升贫困劳动力就业脱贫的内生动力与技能本领。

（二）主要启示

一是发展产业和扶贫载体，增强就业支撑能力。在经济结构调整的过程中，各级政府要遵循市场规律，有序引导商品市场与劳动力市场的供需匹配，促进产业扶贫与就业扶贫的协同，拓宽产业吸纳就业的空间。一方面，通过深化农业供给侧结构性改革，构建富民产业体系，积极开发旅游扶贫和电商扶贫，加快推进农村一、二、三产业融合发展，并发挥种养大户、农户合作社、龙头企业等新型经营主体的带动作用。另一方面，挖掘市场前景好、适合贫困地区发展、符合贫困人口技能特点并且可分散转移加工的项目，发展并完善扶贫车间等扶贫载体，利用信息化优势搭建网上对接平台，在优化产业链布局的同时促进贫困地区和贫困人口的就业。

二是建立并完善公益岗位长效机制，促进就地就近就业。公益岗位扶贫是伴随着就业扶贫出现的新扶贫方式，具有缓解贫困和推动乡村社区治理改善等多重功能。首先，结合乡村振兴战略，开发一批有长期需求的岗位，从护边护林员等生态公益岗位，拓展到诸如治安协管、乡村道路维护、基础设施管护、农村组织建设等有利于当地扶贫开发和村庄治理的岗位，以及儿童照料、养老服务等社会服务性质的岗位，进一步拓宽相对稳定的就地就近就业渠道。其次，合理制定工资标准，通过政府、社会组织等外部力量的引导和推动，激励脱贫人口更多地参与公共管理与服务，强调"享受福利"与"参与工作"的双向关系，让脱贫人口通过劳动换取报酬的同时收获价值感和获得感，激发脱贫致富的内生动力。最后，保障公益岗位资金来源的长期制度化并加强岗位就业人员的培训和管理，强化公益岗位就业的规范性。

三是强化减贫与赋能相结合，提高就业创业能力。通过建立就业减贫的激励和约束机制激发脱贫人口就业的主动性，并且更加关注劳动力技能水平的提升以及就业的适应性。首先，了解脱贫家庭劳动力就业意愿、培训需求以及企业的用工需求，开展多层次、多形式的培训，包括实用技术培训、岗位技能提升培训、订单培训、定岗培训等，帮助脱贫劳动力及时适应产业结构转型中岗位需求的变化。其次，通过各类教育、培训加强脱贫人口的就业意识。如在少数民族地区开展普通话培训，通过提高少数民族脱贫人口的语言适应和交往能力，增加其就业机会。最后，开展创业扶持，通过政策优惠、提供补贴等形式，为脱贫劳动力创造更多的参与经济活动的机会，推动就业减贫产生最大效应。

四是不断提高组织化程度和完善就业服务，增强就业稳定性。加强劳务协作、提高组织化程度并完善就业服务，是促进转移就业、提高就业质量、巩固就业脱贫成效的有力保障。首先，搭建就业信息交流平台加强劳务协作，一方面通过扶贫车间等载体、供应链延伸等方式，将产业就业资源从东部地区向脱贫地区转移，增加脱贫劳动力就地就业的机会；另一方面通过东西扶贫协作机制、对口支援机制、省内结对帮扶机制等，引导脱贫劳动力外出就业。其次，将就业服务下沉到基层，为脱贫劳动力提供免费的政策咨询、岗位信息、职业指导和职业介绍等，提高就业政策的可及性。最后，维护脱贫劳动力在劳动报酬、社会保险等方面的合法权益，做好劳动力转移就业的跟踪服务，及时提供政策咨询、应急维权、临时援助等服务。

A3. 中国的健康扶贫

摘　要：贫困与健康是两个互相关联的范畴，贫困极易引发疾病，而疾病往往又会进一步加深贫困。从人类历史发展的进程来看，疾病与贫困之间的恶性循环可以通过健康扶贫来打破，中国的减贫经验与实践也证明了这一点。中国健康扶贫取得成效的主要经验在于构建完善的农村贫困人口医疗服务与保障机制，从制度上实现对贫困人群的健康保障，同时注重对政府、社会、企业等多方力量的运用，这些都是世界其他国家在实施健康扶贫时可以借鉴的方面。

关键词：健康扶贫　因病致贫　医疗服务

健康是人类享受美好生活的必要基础和重要保障。随着中国经济社会平稳快速发展，健康领域的改革不断推进，居民整体健康水平大幅提高，医疗卫生服务与保障能力日益增强，与健康相关的生活与生态环境明显改善。但不可否认，中国居民的健康水平与世界发达国家相比还有一定的差距。2018年9月，联合国根据可持续发展目标，发布了世界最健康国家排行榜，在188个国家和地区中，中国评分是60分（满分为100分），排在第92位。[①] 除此之外，目前中国广大

[①]《联合国世界最健康国家排行榜发布》，2018年9月24日，https://www.sohu.com/a/255733131_753570，最后检索时间：2021年1月30日。

农村地区在医疗卫生领域、居民健康方面尚未实现与城镇的均等化，而这是由国情所决定的。在中国，绝大多数贫困人口都集中在农村地区，长期贫困给基层医疗卫生体系改革和农村居民健康改善事业带来阻碍，疾病限制了居民的发展，从而进一步加剧了贫困。根据国务院扶贫办建档立卡统计，因病致贫、因病返贫贫困户占建档立卡贫困户总数的42%[1]，占致贫原因第一位。

毫无疑问，贫困与健康是两个互相关联的范畴。理论上，健康与贫困之间存在三种关系，即贫困导致了疾病、疾病导致了贫困以及疾病就是贫困的一部分。人类历史发展的进程表明，疾病与贫困之间的恶性循环是可以通过健康扶贫来打破的。健康扶贫能在短时期内迅速改进贫困人口的生活质量，降低死亡率，提高预期寿命，从而帮助贫困人口从"健康陷阱"中摆脱出来，阻断疾病和贫困的恶性循环与代际传递。中国长期的减贫经验与实践恰好也证明了这一点。

一 中国健康扶贫政策体系

中国政府长期致力于减贫。党的十八大以来，随着精准扶贫的实施和脱贫攻坚战的全面打响，中国贫困人口从2012年末的9899万减少到2019年末的551万，同期贫困发生率从10.2%下降到0.6%。[2]其中，针对健康这个贫困维度，中国政府实施了健康扶贫工程，从中央到地方相继出台一系列政策，对健康扶贫的目标任务、实施路径和具体办法等做出明确规定。国家卫生健康委员会、国务院扶贫办、全

---

[1] 《卫计委：因病致贫、因病返贫户占建档贫困户的42%》，人民网，http://politics.people.com.cn/n1/2016/0621/c1001-28466949.html，最后检索时间：2021年1月30日。

[2] 栗翘楚：《方晓丹：2019年全国农村贫困人口减少1109万人》，http://www.stats.gov.cn/tjsj/sjjd/202001/t20200123_1724700.html，最后检索时间：2021年1月30日。

国妇联等有关部门充分发挥行业优势，社会扶贫力量积极参与其中，形成了"三位一体"的健康扶贫大格局。

（一）中央政府层面

中国政府高度重视健康扶贫工作，中央扶贫开发工作会议提出明确要求，国务院常务会议做出全面部署。总结来看，自精准扶贫实施以来，中央层面出台的有关健康扶贫的政策主要有以下五个。

1.《关于实施健康扶贫工程的指导意见》

2016年6月，国家卫计委联合国务院扶贫办等15个中央部门制定印发了《关于实施健康扶贫工程的指导意见》，提出健康扶贫的十项目标任务。一是分类救治：一地一策、一户一档、一人一卡，精确到户、精准到人，对患大病和慢病的农村贫困人口进行分类救治。二是减轻农村贫困人口医疗费用负担：个人缴费部分按规定由财政给予补贴；加大医疗救助力度，将农村贫困人口全部纳入重特大疾病医疗救助范围。三是支付方式改革：强化基金预算管理，完善按病种、按人头、按床日付费等多种方式相结合的复合支付方式，有效控制费用。四是先诊疗后付费：实行县域内农村贫困人口住院先诊疗后付费，实现基本医疗保险、大病保险、疾病应急救助、医疗救助"一站式"信息交换和即时结算。五是"三个一"目标：实施贫困地区县级医院、乡镇卫生院、村卫生室标准化建设，使每个连片特困地区县和国家扶贫开发工作重点县达到"三个一"目标。六是"一对一"帮扶：实施全国三级医院与连片特困地区县和国家扶贫开发工作重点县县级医院"一对一"帮扶。七是加大贫困地区慢性病、传染病、地方病防控力度。八是加强贫困地区妇幼健康工作。九是统筹治理贫困地区环境卫生问题，实施贫困地区农村人居环境改善扶贫行动。十是加强健康促进和健康教育工作：广泛宣传居民健康素养基本知识和技能，提升农村贫困人口健康意识，使其形成良好的卫生习惯和健康生活方式。

2.《健康扶贫工程"三个一批"行动计划》

2017年4月20日,国家卫计委联合民政部、财政部、人力资源和社会保障部、保监会、国务院扶贫办印发了《健康扶贫工程"三个一批"行动计划》,明确了中国实现健康扶贫的三个路径,即大病集中救治一批,慢病签约服务管理一批,重病兜底保障一批。具体来看:第一,大病集中救治一批:按照"三定两加强"原则,对患有大病的农村贫困人口实行集中救治。"三定两加强"即确定定点医院、确定诊疗方案、确定单病种收费标准以及加强医疗质量管理和加强责任落实。第二,慢病签约服务管理一批:对患有慢性疾病的农村贫困人口实行签约健康管理。按照高危人群和普通慢病患者分类管理,为贫困人口提供公共卫生、慢病管理、健康咨询和中医干预等综合服务。对已经核准的慢病患者,签约医生或医生团队负责制订个性化健康管理方案,提供签约服务。需住院治疗的,联系定点医院确定诊疗方案,实施有效治疗。第三,重病兜底保障一批:提高医疗保障水平,切实减轻农村贫困人口医疗费用负担,有效防止因病致贫、因病返贫。

3.《健康扶贫三年攻坚行动实施方案》

2018年10月17日,国家卫生健康委、国家发展改革委、财政部、国家医保局和国务院扶贫办联合制订了《健康扶贫三年攻坚行动实施方案》,主要内容如下:一是实施贫困人口大病和慢性病精准救治三年攻坚行动。对大病患者进行集中救治,逐步扩大大病救治病种,到2020年,扩大到30个病种,实现贫困人口大病救治工作规范化;做实做细慢病签约服务管理;对农村建档立卡贫困人口实现家庭医生签约服务应签尽签。二是实施贫困地区重点传染病、地方病综合防控三年攻坚行动。包括艾滋病、结核病、包虫病等传染病和大骨节病、克山病、氟骨症、地方性砷中毒、克汀病、二度及以上甲状腺肿大、慢性和晚期血吸虫病等地方病。三是实施贫困地区妇幼健康和健康促进三年攻坚行动。农村妇女宫颈癌、乳腺癌筛查项目和贫困地区儿童营养改善、新生儿疾病筛查项目扩大到所有贫困县。加强健康促进与教育，建立覆盖各级各类医疗卫生机构的健康教育工作网络。四是实施医疗保障扶贫三年攻坚行动，落实农村贫困人口参保缴费补贴政策，实现农村贫困人口基本医保、大病保险、医疗救助全覆盖。五是实施贫困地区基层医疗卫生机构能力提升三年攻坚行动。将贫困地区未达标的县级医疗卫生机构全部纳入国家全民健康保障工程支持范围。六是实施深度贫困地区健康扶贫三年攻坚行动。对深度贫困地区实行政策优先供给、项目优先安排、资金优先支持、资源优先提供、社会力量优先对接。

4.《解决贫困人口基本医疗有保障突出问题工作方案》

2019年7月10日，国家卫生健康委、国家发展改革委、财政部、国家医保局、国家中医药局、国务院扶贫办发布了《解决贫困人口基本医疗有保障突出问题工作方案》，主要解决五个方面的问题：一是明确了基本医疗有保障的标准和要求。第一个标准和要求是医疗卫生机构"三个一"，包括：每个贫困县建好1所县级公立医院（含中医院），具有相应功能用房和设施设备；每个乡镇建成1所政府办卫生院，具有相应功能用房和设施设备；每个行政村建成1个卫生室，能够开展基本的医疗卫生服务。第二个标准和要求是医疗卫生人员"三合格"，包括每个县医院的每个专业科室至少有1名合格的执业医师；每个乡镇卫生院至少有1名合格的执业（助理）医师或全科医师；每个村卫生室至少有1名合格的乡村医生或执业（助理）医师。第三个标准和要求是医疗服务能力"三条线"，包括常住人口超过10万人的贫困县有一所县医院（中医院）达到二级医院医疗服务能力；常住人口超过1万人的乡镇卫生院达到《乡镇卫生院管理办法（试行）》（卫农卫发〔2011〕61号）要求；常住人口超过800人的行政村卫生室达到《村卫生室管理办法（试行）》（国卫基层发〔2014〕33号）要求。第四个标准和要求是医疗保障制度全覆盖，即一是将农村建档立卡贫困人口全部纳入基本医疗保险、大病保险、医疗救助覆盖范围。

二是通过加大支持力度、强化对口帮扶、推进远程医疗,提高县医院能力建设。三是加强"县乡一体、乡村一体"机制建设,鼓励实行"县聘县管乡用""乡聘村用"和县域医共体建设。四是加强乡村医疗卫生机构标准化建设,消除"空白点"。五是加强贫困地区疾病综合防控,全面落实重点传染病、地方病综合防控三年攻坚行动。

5.《关于坚决完成医疗保障脱贫攻坚硬任务的指导意见》

2019年10月,在脱贫攻坚战进入决胜关键阶段,国家医保局会同财政部、国家卫生健康委、国务院扶贫办联合印发了《关于坚决完成医疗保障脱贫攻坚硬任务的指导意见》,提出了八条具体政策措施和工作要求:一是强化医疗保障扶贫政治责任;二是明确医保脱贫攻坚硬任务;三是确保贫困人口应保尽保;四是确保各项政策落实到位;五是妥善治理过度保障;六是确保基金安全平稳运行;七是做好医疗保障扶贫动态监测;八是狠抓脱贫攻坚责任落实。

(二)地方政府层面

在中央统一的健康扶贫政策指导下,根据"一地一策"的原则,各省又依各自的特点出台了有针对性的地方健康扶贫政策。这些政策的着力点主要体现在:提高大病起付线、放宽医疗救助金的发放标准与救助范围、设立补充医疗保险与商业保险、对贫困人口医疗保险个人缴费部分进行补助等。例如,安徽省为保障贫困人口"有地方看病、有医生看病",启动实施"百医驻村"行动,从省、市公立医院选派优秀医疗人才担任村卫生室负责人,帮助没有村医的农村打赢健康脱贫攻坚战;湖南省为全面消除村卫生室"空白村",将其作为年度健康扶贫重点任务,列入省政府重点民生工程和重点工作督办事项。

各个贫困县在执行国家和省级政策中,还根据当地实际情况和特点进行了广泛探索,制定了有针对性的健康扶贫措施。例如,湖北省红安县的医疗救助"4321"模式。2015年起,红安县针对因病致贫返贫人口占全县贫困人口61%的突出问题，建立了医疗救助"4321"模式："4"是"定救助对象、定报账方式、定兜底标准、定就诊机构"；"3"是实行"入院不交费、报账一站式、结算一次性"；"2"是提供"健康全管理、就医全兜底"两大保障；"1"是实现"不让一个贫困户再因病致贫、因病返贫"的目标。上述健康扶贫模式先后两次在全国会议上交流经验，被评为全国基层改革创新50个优秀案例之一。联合国人权组织认定，红安健康扶贫的做法和经验值得国际社会学习。

（三）行业层面

行业健康扶贫是国家卫生健康委员会和其他部委针对某一病种、某一群体或某一贫困地区专门出台的特定救治政策。自精准扶贫以来，国家卫健委主导实施了多项扶贫项目。例如，2017年7月，国家卫健委、国务院扶贫办决定实施"光明扶贫工程"。主要目标是：通过实施"光明扶贫工程"，对建档立卡贫困户的白内障患者进行免费救治。截至2020年9月30日，光明扶贫工程已在全国贫困地区1500多家定点医院救治建档立卡贫困户患者237057人。[1] 另外，为减少先天性结构畸形所致残疾，推进健康扶贫工程，国家卫健委妇幼司、中国出生缺陷干预救助基金会于2017年启动实施先天性结构畸形救助项目。从2017年开始，逐步在31个省（区、市）实施先天性结构畸形救助项目，共有定点医疗机构272家，针对六大类72种先天性结构畸形疾病，为贫困患病儿童提供医疗费用补助，从而减轻了贫困患儿家庭的就医负担。[2] 再如，婴幼儿"营养包"工程也是由国家卫健委牵头与全国妇联合作，并由中央财政支持的"贫困地区儿童

---

[1] 《"光明扶贫工程"已救治贫困户白内障患者23.7万人》，中国网，http://news.china.com.cn/2020-10/14/content_76805201.htm，最后检索时间：2021年1月30日。
[2] 《先天性结构畸形救助项目进展顺利》，中华人民共和国国家卫生健康委员会网站，http://www.nhc.gov.cn/fys/s3590/201804/1d3737a941524357951dffbe5c84a3c3.shtml，最后检索时间：2021年1月30日。

营养改善项目"，目标是为6~24个月龄的婴幼儿免费提供营养包①。"营养包"工程在减轻农村贫困地区婴幼儿家庭养育孩子经济负担的同时，还缓解了婴幼儿营养不良的危机，同时引起了贫困地区父母对养育孩子的重视，增长了养育知识，改变了养育方式，为从源头切断贫困、阻止贫困代际传递奠定了基础。

（四）社会层面

中国自实施精准扶贫以来，就十分重视对社会扶贫力量的应用。有关社会组织在政策的号召下，全方位参与健康扶贫工作的开展。例如，2017年11月17日，盖茨基金会与国家卫计委合作启动了凉山州艾滋病防治和健康扶贫项目，这一项目的目的是配合国家战略部署，积极动员国际、国内社会力量支持凉山州扶贫攻坚行动。凉山项目由"支持社会力量参与凉山州艾滋病防治项目"、"中国农村基本卫生保健项目"和"凉山州儿童营养与健康项目"等三个子项目组成，项目周期为3年，重点提升凉山州布拖、昭觉、美姑、越西4县10个乡镇的艾滋病防控能力、儿童保健和基本卫生服务能力。②再如，2019年3月17日，由中国扶贫志愿服务促进会和中国残疾人福利基金会联合发起并执行的"强直性脊柱炎健康扶贫工程"试点启动仪式在北京举行，中国三生制药集团率先捐赠1.8亿元，助力建档立卡贫困户中重度强直患者2万余人在享受医保、大病保险、医疗救助、民政医疗救助、商业健康保险等已有政策的基础上，免费接受救治。③

---

① 《关于政协十三届全国委员会第三次会议第3112号（社会管理类253号）提案答复的函》，中华人民共和国国家卫生健康委员会网站，http://www.nhc.gov.cn/wjw/tia/202101/f2b87dc85d38461ea7fdeb76f1b7a07f.shtml，最后检索时间：2021年1月30日。
② 国家卫生计生委-盖茨基金会凉山州艾滋病防治和健康扶贫项目暨公益行动启动会召开》，中华人民共和国国家卫生健康委员会网站，http://www.nhc.gov.cn/jkfpwlz/gzdt2/201902/27bcb6c544804d11b711e9b26b1b1807.shtml，最后检索时间：2021年1月30日。
③ 《"强直性脊柱炎健康扶贫工程"在京启动》，光明新闻，https://news.gmw.cn/2019-03/18/content_32653008.htm，最后检索时间：2021年1月30日。

二 中国健康扶贫的成效

几年来，随着健康扶贫的实施和政府加大对农村（特别是贫困地区）健康领域的建设和投入力度，农村医疗卫生条件显著改善，农村居民享有的健康服务水平不断提高，逐渐补齐了农村健康领域这块短板，实现了农村贫困人口健康水平的全面提升。自实施健康扶贫以来，经过4年的努力，因病致贫问题基本得到解决。2018年以来，健康扶贫三年行动已累计惠及贫困人口超4.6亿人次，为贫困人口减负近3000亿元，截至2019年底，在基本医保、大病保险和医疗救助三重保障下，贫困人口住院实际报销比例稳定在80%左右[1]。据国家卫健委最新统计，截至2020年7月，中国共有998万户因病致贫返贫户摆脱贫困，贫困人口基本医疗保障问题基本上得到解决，全国已有1600多万贫困人口得到基本救治和管理服务，贫困人口县域内就诊率达到90%以上。[2] 具体来看，中国健康扶贫的成效体现在以下四个方面。

（一）通过"三个一批"行动实现"看得好病"

一是大病集中救治404万人。2017年健康扶贫专项救治工作启动时，9种疾病被纳入大病救治范围，2018年救治病种扩大到21种，2019年增加到25种，2020年又新增了膀胱癌、卵巢癌、肾癌、重性精神疾病及风湿性心脏病5个病种，专项救治病种已扩大到30种。到2019年底，累计救治404万人，其中确诊病例274403例，已救

---

[1]《扶贫成绩如何？看看这份成绩单！》，光明网，https://politics.gmw.cn/2020-10/17/content_34276931.htm?s=gmwreco2，最后检索时间：2021年1月30日。
[2]《国家卫健委：健康扶贫助998万户因病致贫返贫户脱贫》，http://m.news.cctv.com/2020/07/09/ARTIn2tjOaBGZj2EqZOO5G5W200709.shtml，最后检索时间：2021年1月30日。

治268735例，治愈好转率46.13%。[1]

二是慢病签约服务管理1054万人。[2]目前，全国贫困地区已经推广高血压、糖尿病、结核病、严重精神障碍4种慢性病患者优先落实家庭医生签约服务，全面实施贫困地区农村妇女"两癌"筛查项目、儿童营养改善项目和新生儿疾病筛查项目。另外，除了以上4种慢性病以外，在不同的地区，慢病签约覆盖范围不同，在"三区三州"，还包括综合防治包虫病、艾滋病等重大传染病和地方病。在河北，还为患有脑血管病、冠心病、慢阻肺、类风湿关节炎、骨关节炎、重型老年慢性支气管炎等6种主要慢病患者发放国家统一制发的健康教育处方，帮助其做好健康生活方式指导工作，并每年安排一次随访。

三是重病兜底保障127万人。[3]针对中国基本医保"低水平、广覆盖"以及大病保险和医疗救助托底保障能力不足的状况，推动各地方在现有保障制度对贫困人口进行政策倾斜的基础上，通过补充保险、政府兜底、慈善救助等多种形式，为患有大病、重病的贫困人口建立托底保障机制。全国平均次均门诊救助106元，全国平均次均住院救助1151元，门诊和住院救助5621万人次，支出306亿元。在"三个一批"帮扶对象中，享受单一健康扶贫政策的有1320万人，享受多政策的有171万人。[4]

（二）贫困人口医疗保障覆盖率近100%，实现"看得起病"

中国推动建立基本医保、大病保险、医疗救助、政府兜底保障机制，实行县域内住院"先诊疗、后付费"和"一站式"即时结算制度，

---

[1] 《国务院扶贫办：脱贫攻坚网络展》，http://fpzg.cpad.gov.cn/429463/430986/431000/index.html，最后检索时间：2021年1月30日。
[2] 《国务院扶贫办：脱贫攻坚网络展》，http://fpzg.cpad.gov.cn/429463/430986/431000/index.html，最后检索时间：2021年1月30日。
[3] 《国务院扶贫办：脱贫攻坚网络展》，http://fpzg.cpad.gov.cn/429463/430986/431000/index.html，最后检索时间：2021年1月30日。
[4] 《国务院扶贫办：脱贫攻坚网络展》，http://fpzg.cpad.gov.cn/429463/430986/431000/index.html，最后检索时间：2021年1月30日。

基本上解决了贫困人口的医疗保障问题。一是城乡居民基本医保、大病保险对贫困人口实现全覆盖。到 2019 年底，全国贫困人口参保率达 99.99%，深度贫困地区参保率达到 100%，基本实现应保尽保。全国已有 1600 多万贫困人口得到基本救治和管理服务，贫困人口县域内就诊率达到 90% 以上，[1] 参保贫困人口个人缴费部分按规定由财政给予补贴并每年增加，2018 年人均筹资标准增加 20 元，2019 年人均筹资标准增加 15 元，截至 2018 年底，各级财政投入 118 亿元，资助 7674 万贫困人口参保个人缴费。[2] 二是大病保险对贫困人口实行倾斜政策。对政策范围内住院费用报销比例提高 5 个百分点以上，对大病保险报销起付线降低 50%，2018 年，享受倾斜支付政策的建档立卡贫困人口约 96 万人。[3] 三是各地建立农村贫困人口补充保险制度，在城乡居民基本医保、大病保险报销的基础上，将贫困人口大病实际报销比例提高到 80% 以上。四是县域内住院实现先诊疗、后付费，实现贫困人口基本医保、大病保险和医疗救助"一站式"结算，免除贫困家庭垫资负担，将农村贫困人口医疗费用负担控制在家庭可承受范围之内。

（三）贫困地区医疗卫生服务能力显著提高，实现"看得上病"

通过"三个一"建设和"一对一"帮扶，建设从三级医院到县医院互联互通的远程医疗网络等，确保贫困人口有地方看病、有医生看病。到 2019 年底，中国已陆续组织 1107 家三级医院"一对一"帮扶 832 个贫困县的 1172 家县级医院建立远程医疗网络，[4] 通过远程会

---

[1] 《国务院扶贫办：脱贫攻坚网络展》，http://fpzg.cpad.gov.cn/429463/430986/431000/index.html，最后检索时间：2021 年 1 月 30 日。
[2] 《国务院扶贫办：脱贫攻坚网络展》，http://fpzg.cpad.gov.cn/429463/430986/431000/index.html，最后检索时间：2021 年 1 月 30 日。
[3] 《国务院扶贫办：脱贫攻坚网络展》，http://fpzg.cpad.gov.cn/429463/430986/431000/index.html，最后检索时间：2021 年 1 月 30 日。
[4] 《国务院扶贫办：脱贫攻坚网络展》，http://fpzg.cpad.gov.cn/429463/430986/431000/index.html，最后检索时间：2021 年 1 月 30 日。

诊、远程查房、远程示教、远程培训等形式，推动优质医疗资源向贫困地区基层下沉，指导有条件的贫困县推进县域医共体建设，目前全国 726 个贫困县建立了县域医共体，显著提升了贫困县县域内医疗卫生服务整体绩效。99% 以上的乡镇和行政村有卫生院和卫生室，全国累计向贫困地区乡村两级支援医务人员超过 9 万人。此外，通过农村订单定向医学生免费培养一批、"县聘县管乡用"和全科医生特岗计划聘用一批、从县医院选派一批等方式，解决乡镇卫生院无合格医生问题。通过"乡聘村用"、从乡卫生院选派医生到村卫生室开展巡诊或派驻等方式，解决村卫生室无合格医生问题。到 2018 年底，98% 的中国乡镇至少有 1 名全科医生或执业（助理）医师，98.2% 的行政村至少有 1 名合格村医，94.5% 的贫困患者在县域内得到妥善治疗。①

（四）摆脱了疾病与贫困的恶性循环

除了对因病致贫的贫困人口实施健康扶贫以外，为了有效解决贫困与疾病的恶性循环，中央和各地还对因病致贫的贫困人口实施了社保兜底、易地扶贫搬迁、危房改造、扶贫小额贷款、产业扶贫、就业扶贫、基础设施建设等一系列综合措施，尤其是产业扶贫和就业扶贫措施对贫困人口的覆盖面达到了 90%。使每一个贫困家庭至少得到两项以上的帮助，因病致贫的贫困人口不仅减少了支出，还增加了收入，贫困地区农民人均可支配收入在 2018 年首次超过 1 万元，并于 2019 年超过 1.1 万元，②因病致贫人口及家庭成员的获得感、幸福感、安全感得到显著提高。

根据中国社会科学院农村发展研究所贫困与福祉研究室课题组

---

① 吴佳佳：《到 2020 年中国全面实现贫困人口基本医疗有保障》，中国日报中文网，http://cn.chinadaily.com.cn/a/201910/20/WS5dad1853a31099ab995e6b37_1.html，最后检索时间：2021 年 1 月 30 日。
② 《2019 年贫困地区农村居民收入情况》，国家统计局网站，http://www.stats.gov.cn/tjsj/zxfb/202001/t20200123_1724697.html，最后检索时间：2021 年 1 月 30 日。

2018~2020年对重庆、湖南、湖北、安徽、河南、新疆、宁夏、贵州等省份近30个县的调查，建档立卡贫困户对健康扶贫的满意度均达到了95%以上，普遍表示健康领域各个方面的条件有明显改善。

三 中国健康扶贫的经验

中国健康扶贫之所以取得显著成效，最主要的经验在于多方构建了完善的农村贫困人口医疗服务与保障制度，确保了贫困人口"看病有制度保障"，发挥好医疗保障制度缓解因病致贫返贫功能；并通过便捷医保经办服务，建立起县域内住院先诊疗后付费和一站式即时结算制度，确保各项医保惠民政策惠及贫困地区、贫困人口，有效减少因病致贫、因病返贫。具体而言，中国健康扶贫的经验做法主要体现在以下六个方面。

（一）精准识别

2016年，国家卫计委组织动员80多万基层卫生计生工作人员，通过入户调查等方式，对因病致贫的775万户1996万建档立卡农村贫困人口，就发病率高、费用高、严重影响生产生活能力的45个重点病种和48个次重点病种，逐户、逐人、逐病进行调查核实，建立了管理数据库。[①]在此基础上，建设"互联网+"动态管理信息系统，并于2017年5月上线运行，实时监测重点对象、病种、患者病情及用药情况，为精准施救提供基础数据和决策支持。

---

① 《对十二届全国人大五次会议第4378号建议的答复》，中华人民共和国国家卫生健康委员会网站，http://www.nhc.gov.cn/wjw/jiany/201801/531cf20e8bb0443497c88015e3da1b4b.shtml，最后检索时间：2021年1月30日。

（二）精准施策

在疾病救治方面，建立贫困人口制度化的分类救治机制，推动健康扶贫工作落实到人、措施精准到病。在精准识别的基础上，确定了大病集中救治、慢病签约服务管理、重病兜底保障的分类救治策略。一是大病救治。2016年起，选择疾病负担较重、社会影响较大、诊疗路径清晰、疗效确切的大病实行单病种付费，医疗费用主要由基本医疗保险、大病保险、医疗救助负担，并明确联动报销比例，使贫困大病患者个人少付或不付医疗费用。二是慢病管理。乡镇卫生院等基层医疗卫生机构对农村贫困家庭慢性病患者实行个性化签约管理，按管理规范安排面对面随访和检查，需住院治疗的，签约医生联系定点医院确定诊疗方案，实施有效治疗。三是重病兜底。主要通过各地补充保险实行兜底保障。按统筹层次分，有省级统筹、市级统筹、县级统筹三种；按保障类型分，有兜底保障型和非兜底保障型。一般来说，非兜底保障型仅限于基本医保目录内的费用，而兜底保障型则包括一定比例的基本医保目录外费用。

（三）防治结合

一是坚持预防为主，将疾病防控与扶贫开发相结合，实施传染病、地方病、重点寄生虫病防治规划，从源头上预防因病致贫返贫。二是全面实施贫困地区儿童营养改善和新生儿疾病筛查、农村妇女乳腺癌与宫颈癌筛查等重大公共卫生项目。三是推进贫困地区农村改水、改厕和环境综合整治。四是加大健康教育和健康知识普及工作力度，从源头遏制因病致贫、因病返贫。

（四）"三个一"建设

中国"三个一"建设即每个县至少建设1所县级公立医院，每个乡镇至少建设1所标准化乡镇卫生院，每个行政村至少有1个卫生室。同时，实施全国三级医院与连片特困地区县和国家扶贫开发工作重点县县级医院"一对一"帮扶，提升贫困地区医疗服务能力。

（五）充足的资金保障

中央财政和地方财政对健康扶贫投入大量资金，2019年中央财政投入医疗救助补助资金245亿元，全年资助7782万人参加基本医疗保险，直接救助6180万人次。安排40亿元补助资金专项用于支持深度贫困地区提高贫困人口医疗保障水平。医保扶贫综合保障政策惠及贫困人口2亿人次，帮助418万因病致贫人口精准脱贫。[①]

（六）各种扶贫政策措施相互配合

中国的健康扶贫除了中央政府担负了主要职责以外，还注重发挥各地方政府、行业部门、社会组织等各方力量，形成了全方位且有针对性的健康扶贫保障网络。另外，除了健康扶贫以外，中国针对农村贫困人口还实施了最低生活保障、易地搬迁、危房改造、产业扶贫、教育扶贫、基础设施建设等有针对性的精准扶贫措施，这些措施综合起来保证了贫困人口摆脱疾病与贫困的恶性循环。

四 结语与展望

健康扶贫是中国精准扶贫战略和健康中国战略的重要组成部分。自精准扶贫以来，不论是从脱贫攻坚的战略角度，还是从促进人力资本发展和保障贫困户基本人权的角度，中国的健康扶贫都取得了显著成效。

中国健康扶贫取得成效的主要经验在于构建起完善的农村贫困人

---

① 《2019年医疗保障事业发展统计快报》，中国政府网，http://www.gov.cn/guoqing/2020-03/30/content_5507506.htm，最后检索时间：2021年1月30日。

口医疗服务与保障机制，从制度上实现对贫困人群的健康保障，同时注重对政府、社会、企业等多方力量的运用，不仅通过减轻医疗负担实现看得起病，还通过产业扶贫、就业扶贫等增加了收入，从而摆脱贫困与疾病的恶性循环，这些都是其他国家在实施健康扶贫时可以借鉴的经验。

但是也应该看到，在脱贫攻坚已取得决定性胜利的同时，健康扶贫还面临着一些挑战。一是因病致贫、因病返贫的现象依然存在，这成为中国农村今后相对贫困的最主要因素，因此，需要从源头上建立长效防控机制防止因病致贫返贫。在巩固健康扶贫政策效果的同时，将健康扶贫政策逐步拓展到全体农户，这样既可保证健康政策的公平性，又可避免新的因病致贫和因病返贫的产生。二是由于历史文化等原因，深度贫困地区要彻底摆脱贫困与疾病的恶性循环还需要耐心，也需要实施更有针对性的措施。这些措施包括：加强深度贫困地区健康教育，提高群众的健康意识；对少数特困群众提供有针对性的特别救助和补助，例如对其看病的路费、交通费、慢性病防治费等进行补贴；全面推进地方病和重点疾病防治，做好重大传染病综合防治；加强基层卫生服务水平和人才培养。三是全面建成小康社会以后，中国的国民健康水平特别是农村居民的健康水平与发达国家依然存在差距，一些地区特别是深度贫困地区还会面临相对贫困问题，健康扶贫还应是解决相对贫困的重要手段。从这个意义上讲，中国应继续加大人力、财力、物力投入，深化健康卫生体制改革，构建完善的城乡一体化医疗服务与保障体系。同时，致力于提高农民收入，减少因家庭经济困难而引致的健康问题，并致力于改善住房、饮水、生活垃圾与污水处理等事关居民身体健康和心理健康的人居环境，将健康扶贫与健康中国行动计划紧密结合，共同建设一个健康中国。

A4. 中国的发展教育减贫

摘　要： 发展教育减贫在中国由来已久，并且取得了显著成就。自教育精准扶贫实施以来，教育扶贫政策和行动体系趋于完善，贫困地区教育供给明显增加、教育质量显著改善，农村贫困劳动力的文化素质和劳动技能提高、经济收入增加，贫困地区实现经济社会全面发展。教育扶贫实现了扩大教育规模、提高人力资本水平、减缓阶段性经济贫困的减贫效果。中国发展教育减贫实践所包含的中国经验，主要体现在基础教育发展战略的益贫性、多元主体参与的社会协同性、多阶段的攻坚性、涵盖教育过程的全面性等方面。面向未来，教育发展需要为农村地区提供更加公平优质的教育，帮助低收入人口实现可持续的高质量发展，并为乡村振兴提供必要的人力资本支持。

关键词： 教育减贫　精准扶贫　乡村教育

伴随着人类社会发展，人们逐渐认识到贫困不仅表现在收入和物质方面的缺乏，还表现在行为能力的缺失。教育的缺失就是行为能力剥夺的贫困表现之一，是比收入贫困更深层次的贫困。[1]发展教育减

---

① 〔印〕阿马蒂亚·森：《以自由看待发展》，任赜、于真译，中国人民大学出版社，2002。

贫首先体现为在贫困地区优先发展教育，带动受教育水平和就业能力的提升。国家专门针对教育贫困开展教育扶贫，对贫困人口提供教育资助和教育服务，使其掌握脱贫致富的知识和技能，提高当地人口的科学文化素质，促进当地的经济和文化发展，并最终摆脱贫困。发展教育减贫在中国由来已久，近年来在脱贫攻坚战中不断加大力度，完善政策体系，取得了显著的成就，也积累了具有中国特色的教育减贫经验可与世界分享。

一 中国发展教育减贫总体历程

自新中国成立以来，中国发展教育减贫总体上可以分为三个阶段。第一个阶段是新中国成立后到改革开放前的30年，国家逐步在农村地区发展最基本的基础教育体系，不断提高入学率、成人识字率，降低文盲率；第二个阶段是从改革开放到2012年，教育扶贫主要表现为农村扶贫开发政策体系下的专项教育扶贫，社会组织对教育扶贫起到了积极推动作用；第三个阶段是2013年精准扶贫思想提出以来，教育扶贫成为精准扶贫精准脱贫方略的"五个一批"脱贫路径之一，结合农村教育特点，逐渐形成了教育精准扶贫政策体系。

（一）基础教育发展阶段

新中国成立初期，基础教育发展极端落后，小学入学率仅有20%左右，成人文盲率达80%以上[①]，农村地区的入学率和成人文盲率更高。中国的教育扶贫措施和政策与农村教育的发展同步启动，推动农

[①] 《夯实千秋基业，聚力学有所教——新中国70年基础教育改革发展历程》，中华人民共和国教育部网站，http://www.moe.gov.cn/jyb_xwfb/s5147/201909/t20190926_401046.html，最后检索时间：2021年1月30日。

村地区教育全面、基础性大发展就是最大规模的教育扶贫。在农村地区，国家采用政府和集体共同分担教育经费的方式，基本形成了生产大队办小学、公社办中学、"区委会"办高中的农村教育格局，农村教育事业发展迅速。到1978年，全国小学学龄儿童入学率从20%提高到94%，初中毛入学率从3.1%提高到66.4%。[1]针对工农兵文盲率高的基本国情，国家开办工农速成中学、半工半读学校、业余学校、夜校等，在全国范围内兴起扫盲识字运动，文盲半文盲比例迅速下降。1982年第三次人口普查显示，15岁以上人口中文盲半文盲的比例为34.5%。[2]这一阶段，中国农村办学机构数量、中小学入学率、文盲下降率都实现质的突破，为农村贫困地区人口通过提高文化水平实现脱贫奠定了扎实的基础。

（二）专项教育扶贫阶段

改革开放以来，随着国家大规模有计划的农村扶贫行动的启动，教育扶贫作为扶贫计划中的重要部分，各项专项政策陆续出台，发展教育扶贫的理念与行动机制日益完善。1984年，国家出台《关于帮助贫困地区尽快改变面貌的通知》，该文件虽然没有涉及"教育扶贫"概念，但是认识到教育对减贫的作用，提出重视贫困地区教育、"增加智力投资"是解决贫困的重要路径。1994年颁布的《国家八七扶贫攻坚计划》明确将改变贫困地区落后的教育状况作为攻坚目标之一，既要基本普及初等教育和扫除青壮年文盲，又要积极开展成人职业技术教育和技术培训。2001年，国务院发布《中国农村扶贫开发纲要（2001-2010年）》，将贫困地区义务教育发展目标调高为实现九年义务教育，进一步提高适龄儿童入学率。2011年，国务院发

---

[1] 《2018年全国教育事业发展统计公报》，中华人民共和国教育部网站，http://www.moe.gov.cn/jyb_sjzl/sjzl_fztjgb/201907/t20190724_392041.html，最后检索时间：2021年1月30日。

[2] 齐艺莹、董辉：《1990年中国文盲半文盲人口状况分析》，《人口学刊》1993年第5期，第41~45页。

布《中国农村扶贫开发纲要（2011-2020年）》，教育成为"两不愁三保障"的保障目标之一，国家对贫困地区的教育发展提出了更高的要求。

这一阶段，教育扶贫的主要措施包括农村贫困地区基础教育普及、教育资助和社会捐助、农民扫盲和成人教育、农民科学技术培训等。基础教育普及方面，1995年，《教育法》规定设立教育专项资金，重点扶持边远贫困地区、少数民族地区实施义务教育；同年，"国家贫困地区义务教育工程"启动。到2000年底中央和地方共投入126亿元，[①]中国实现基本普及九年义务教育，保障了贫困地区和贫困人口接受基本的基础教育。成人扫盲方面，国家颁布《扫除文盲工作条例》，把扫盲教育纳入依法治教的轨道，到2012年15岁及以上人口中文盲率下降到5%以下。[②]农民科学技术培训方面，国家大力开展科技推广应用行动，如"星火计划""丰收计划""燎原计划"等，提升农民的科技应用能力。开展职业教育扶贫行动，1996年出台的《中华人民共和国职业教育法》特别规定要扶持少数民族地区、边远贫困地区职业教育的发展，国家大力实施"雨露计划"帮助贫困地区劳动力参加技能培训并实现就业脱贫。

在此期间，社会力量逐步进入中国的教育扶贫领域，成为发展教育减贫不可或缺的力量。1988年，美国滋根基金会开始在贵州雷山开展教育扶贫活动，并于1995年注册中国滋根乡村教育与发展促进会。1989年，中国青少年发展基金会成立，同期设立捐资助学的"希望工程"项目，济困助学逐渐走入正规化和制度化。到1995年，动员社会力量与地方共同投资建设希望小学2074所。[③]贫困地区培育了相当丰富的捐资助学社会机制，并形成了相当大的教育捐助规模。各类

---

① 司树杰、王文静、李兴洲主编《中国教育扶贫报告（2016）》，社会科学文献出版社，2016。
② 中华人民共和国国家统计局编《中国统计年鉴2013》，中国统计出版社，2013。
③ 付民主编《中国政府消除贫困行为》，湖北科学技术出版社，2000。

机构开展的教育扶贫项目包括捐建学校、捐款捐物改善贫困地区学校办学条件和学习条件、贫困生资助、家庭困难教师资助、贫困女童关爱、乡村教师支持、志愿支教等，这在很大程度上弥补了贫困地区教育资源的不足。

（三）教育精准扶贫阶段

2013年精准扶贫战略实施以来，教育扶贫成为精准扶贫战略体系中的基础组成部分，其自身的政策体系日趋完善。2013年教育部等七部委联合出台《关于实施教育扶贫工程的意见》，这是第一份集成性专项教育扶贫政策文件，涉及基础教育、职业教育、高等教育以及教育资助等；同年年底，国家推出全面改善贫困地区义务教育薄弱学校基本办学条件的措施，聚焦于西部农村贫困地区以及集中连片特困地区，兼顾其他国家扶贫开发工作重点地区、民族地区、边境地区等贫困地区，开展义务教育学校标准化建设。2014年，《国家贫困地区儿童发展规划（2014-2020年）》发布，同样聚焦于集中连片特困地区，支持内容从义务教育扩大到学前教育以及营养健康保障。2016年，《教育脱贫攻坚"十三五"规划》发布，提出教育精准扶贫概念，以义务教育保障为总目标，瞄准所有贫困地区和贫困学生，综合性采取提升基础教育水平、降低贫困家庭就学负担、加快发展职业教育、提高高等教育服务能力等措施，成为脱贫攻坚期教育扶贫的纲领性文件。[①] 教育扶贫顶层设计更加清晰，政策配套更加完善，实现了对全学段、全类型和全地区教育的覆盖，政策内容也更加强调"分类指导，精准施策"。教育扶贫不仅扶教育之贫，还通过教育扶能力之贫，扶文化和经济之贫，教育扶贫带来经济和社会全面发展。

---

① 檀学文:《中国教育扶贫进展》，载李培林、魏后凯、吴国宝主编《中国扶贫开发报告（2017）》，社会科学文献出版社，2017，第224~249页。

二 中国教育减贫取得的成就

新中国成立以来,尤其是精准扶贫阶段以来,教育减贫取得了显著的成效,既体现在政策制定领域,也体现在政策实施领域。政策制定领域主要体现在教育扶贫政策体系趋于完善,目标多维演进。政策实施领域则从行动上体现了政策目标的具体落实。总的来说,由于基础教育的发展以及教育扶贫行动,中国逐步实现了从扫除青壮年文盲到普及九年义务教育以及基本实现县域义务教育均衡发展,贫困家庭适龄儿童基本上没有了义务教育阶段失学辍学现象,农村学生营养状况明显改善,受教育年限显著增加,贫困家庭教育经济压力大大减轻,乡村教师生存和发展状况明显改善,贫困家庭劳动年龄人口文化素质和劳动技能普遍提高、经济收入增加,同时贫困地区经济社会得到发展。教育扶贫实现了扩大教育规模、提高人力资本水平、减缓阶段性经济贫困、促进地区经济社会发展等减贫效果。

(一)教育扶贫政策和行动体系趋于完善

在精准扶贫方略的指导下,集成近三十年教育扶贫经验,党的十八大以来中国的教育扶贫政策和行动体系趋于完善。2013~2015年,以《关于实施教育扶贫工程的意见》和《国家贫困地区儿童发展规划(2014-2020年)》为象征,教育扶贫政策呈现集成性和系统性特征,建立了跨部门工作协调机制,形成了完整的政策目标和保障机制。2016年12月正式出台的《教育脱贫攻坚"十三五"规划》在已有措施基础上,将扶持对象从集中连片特困地区以及西藏、四省藏区、新疆南疆三地州地区扩大到所有贫困地区和所有贫困人口,措施和目标对应于不同年龄段人群以及贫困地区教育总体发展水平和教育公共服务水平的提升,扶持措施更加丰富多元。

精准教育扶贫实施以来，日益丰富的教育扶贫政策可以划分为发展贫困地区农村教育的政策、对贫困家庭学生的教育资助政策、对贫困家庭学生的教育保障政策、对贫困地区义务教育阶段学生营养改善政策、关爱留守儿童和贫困学生政策等，另外则是针对义务教育阶段之后劳动年龄人口的职业教育和技能培训政策。

所有这些政策措施瞄准教育扶贫的四类目标：多上学，确保贫困家庭子女在义务教育阶段不失学辍学，增加上高中、职高数量；上好学，改善贫困地区办学条件和师资力量，增加贫困地区学生接受更好的高等教育机会；上得起，通过各类资助政策免除贫困家庭因上学造成的经济负担；促成长，促进在校贫困生健康成长，对贫困家庭劳动者提供扶智扶志教育。这四类目标对应着教育减贫的机制，也是教育减贫成效的评价指标，分别是贫困人口教育规模的扩大、人力资本的提高、综合素养的提高以及阶段性地减缓经济贫困（见图1）。

（二）贫困地区义务教育水平实现提升和跨越

从均衡发展和社会公平的角度看，中国整体义务教育水平的提升主要来自贫困落后地区的教育发展，全国性教育发展指标的改善和目标实现实际上见证着贫困地区义务教育水平的提升和跨越。1995~2011年，中国实现了基本扫除青壮年文盲和基本普及九年义务教育的"两基"目标，其中贫困地区普及义务教育实现了从六年向九年的提升。紧接着，2012年以来，中国大力开展县域义务教育均衡发展督导评估，督促各县努力缩小校际、城乡义务教育差距，推进义务教育学校标准化建设和薄弱学校改造，到2019年底已有95.3%的县达到了"基本均衡"水平，23个省份整体实现县域义务教育基本均衡发展。[①]

义务教育均衡发展推动贫困地区各项基础性工作，包括学校标准

---

① 《2019年全国义务教育均衡发展督导评估工作报告》，中华人民共和国教育部网站，http://www.moe.gov.cn/fbh/live/2020/51997/sfcl/202005/t20200519_456057.html，最后检索时间：2021年1月30日。

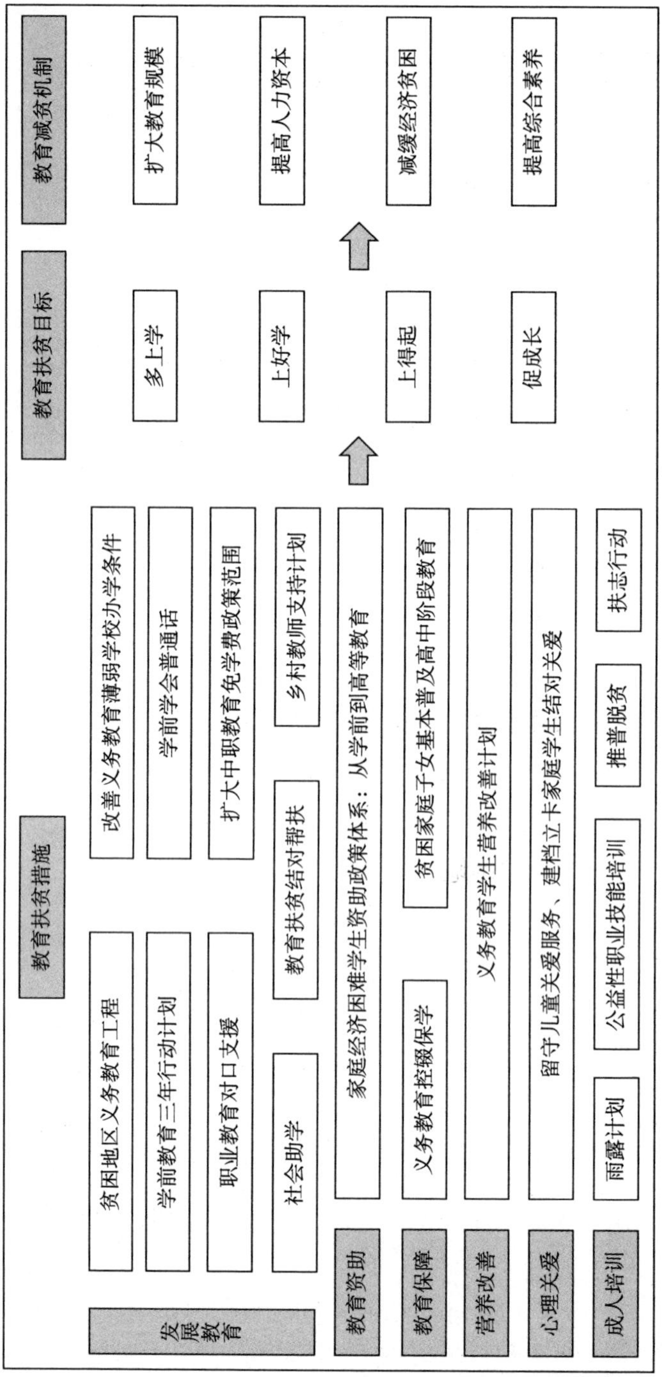

图 1　中国教育扶贫政策体系及其减贫机制

化建设、师资配备、薄弱学校改造等。2014~2018年开展了全面改善贫困地区义务教育薄弱学校基本办学条件工作，开展实施农村初中校舍改造、农村寄宿制学校建设、教学点数字教育资源全覆盖等一系列重大工程项目。2019年底，全国30.96万所义务教育学校（含教学点）办学条件基本上都达到规定的要求。[①]

（三）农村学生健康改善，受教育年限整体增加

教育扶贫特别关注农村学生健康，开展农村义务教育阶段学生营养改善计划、寄宿生生活补助、留守儿童关爱行动等，农村学生的营养不良状况明显改善，贫困生中留守儿童的身心健康水平提高。2019年，营养改善计划试点地区男、女生各年龄段的平均身高比2012年高1.5厘米和1.7厘米，平均体重多1.1千克和1.2千克，高于全国农村学生平均增长速度。[②]

教育扶贫提高了农村学生的受教育年限，平均受教育年限达到或超过15年。分教育阶段来看：学前教育阶段，中国通过学前教育三年行动计划，支持中西部农村地区、少数民族地区和边疆地区发展学前教育，一些地区如西藏自治区和贵州省基本普及三年学前教育；高中教育阶段，2012年起通过扩大中等职业教育免学费政策范围，农村学生和家庭经济困难学生获得了更多的职业教育资助和就学机会；高等教育阶段，通过专项计划每年向贫困地区定向招生，招生计划从2012年的1万名增加到2019年的近6.3万名，更多贫困家庭子女获得了优质教育资源。[③]

---

① 《国新办举行决战决胜教育脱贫攻坚 实现义务教育有保障新闻发布会》，国新网，2020年9月23日，http://www.scio.gov.cn/xwfbh/xwbfbh/wqfbh/42311/43774/index.htm，最后检索时间：2021年1月30日。
② 《农村义务教育学生营养改善计划成效显著》，中国教育新闻网，http://www.jyb.cn/rmtzcg/xwy/wzxw/202005/t20200521_328660.html，最后检索时间：2021年1月30日。
③ 魏有兴、杨佳惠：《后扶贫时期教育扶贫的目标转向与实践进路》，《南京农业大学学报》（社会科学版）2020年第6期，第97~104页。

（四）教育资助全覆盖，消除因贫失学现象

自 2006 年以来，中国逐步建立贫困家庭学生政府资助体系，资助来源以财政投入为主，学校和社会资金为重要补充，并逐步形成了"三个全覆盖"，从学前教育到高等教育各学段全覆盖，公办和民办学校全覆盖，家庭经济困难学生全覆盖，力争让贫困地区和贫困家庭学生"一个都不少"地接受教育。建档立卡贫困家庭学生可享受各类教育资助、学费和书费减免、营养改善计划资金、寄宿生生活补助、国家助学金、国家助学贷款等补贴或政策优惠。各省份在落实国家政策基础上制定省内全覆盖的教育资助体系，通常还进一步加大教育资助力度。对于基础教育阶段来说，贫困家庭子女都不存在因经济困难而无法上学的问题；再加上中等职业教育免试入学政策，贫困家庭子女完全具备了普及高中阶段教育的条件。

2012 年以来，中国教育资助金额和受资助人数双双增加。得益于包括财政、社会捐助、学校自身等多渠道资助的同步增长，中国教育资助金额从 2012 年的 1126 亿元增长至 2019 年的 2126 亿元，年均增幅达到 9.50%；资助学生从 8413.84 万人次增长至 2019 年的 1.06 亿人次，年均增长 3.3%（见图 2）。从 2012 年到 2019 年，中国学生

图 2　2012 年以来中国教育资助的演变

资料来源：教育部全国学生资助管理中心。

资助金额累计1.3亿元（不包括义务教育免除学杂费和免费教科书），累计资助学生（幼儿）7.3亿人次，人均资助金额从2012年的1338元增长到2018年的2007元。

（五）乡村教师生存和发展状况明显改善

教育大计，教师为本，加强贫困地区教师队伍建设是教育扶贫的重要组成部分。中国目前有1500多万名教师，其中330多万为乡村教师。为了全面改善乡村教师生存和发展状况，中国构建了乡村教师队伍建设的支持政策体系。2015年国务院办公厅发布《乡村教师支持计划（2015—2020年）》，使乡村教师支持成为一个专项政策，乡村教师队伍结构不断优化、质量快速提升。

自2015年以来，中国对贫困地区乡村教师支持政策主要包括：统一城乡教职工编制标准，为采取各类乡村教师补充、调配措施提供了制度保障；拓宽贫困地区乡村教师补充渠道，尤其是实施农村义务教育阶段学校教师特设岗位计划，招聘应届大学生到贫困地区任教，国家计划从2006年的1.3万人增加到2020年的10.5万人，2019年全国"特岗计划"招聘教师达95万人；[1]改善乡村教师待遇，建立贫困地区教师工资保障机制，提高生活补助，在工资、职称等方面实行倾斜政策，实行乡村教师荣誉制度；加强乡村教师培训，从2010年起，设立中小学教师国家级培训计划，对中西部农村义务教育教师开展"中西部农村骨干教师培训项目"，对农村校长开展"中小学校长国家级培训计划"，提升边远地区农村校长专业能力和管理水平；利用社会力量支持乡村教师队伍建设，比如开展有组织的义务支教，利用社会力量为乡村教师发展提供能力建设支持，资助家庭经济困难的乡村教师。中国教育发展基金会到2018年已直接资助中西部地区家

---

[1]《国新办举行决战决胜教育脱贫攻坚 实现义务教育有保障新闻发布会》，国新网，2020年9月23日，http://www.scio.gov.cn/xwfbh/xwbfbh/wqfbh/42311/43774/index.htm，最后检索时间：2021年1月30日。

庭经济特别困难教师 32 万人次。①

（六）农村贫困劳动力的文化素质和劳动技能提高

针对农村贫困劳动力文化素质偏低、劳动技能不足的现实，中国通过扫除青壮年文盲行动、义务教育完成后的中等职业教育、高等职业教育，以及针对已经离校务农或就业的贫困农村劳动力的继续教育、技能培训等，全面提高农村贫困劳动力的人力资本水平。

农村贫困家庭的成年人教育培训中，基本扫除青壮年文盲和发展职业教育扶贫都是非常重要的目标。20 世纪 80 年代中期，中国仍有超过 2 亿的人口处于文盲半文盲状态，经过 20 多年的努力，到 2011 年，中国全面实现了基本扫除青壮年文盲目标，为农村整体摆脱贫困奠定了教育基础。中国的职业教育更多地覆盖了贫困家庭子女，发展职业教育对于教育扶贫具有数量增长和结构优化双重意义。2014 年以来，中国职业教育进入大发展阶段，建成世界上规模最大的职业教育体系。截至 2018 年，全国建立 1.17 万所职业院校，在校生 2685.5 万人②。在劳动力市场表现方面，中职学校毕业生就业率常年保持在 95% 以上③。脱贫攻坚期，通过举办成人技能培训如"雨露计划"、"阳光工程"、农业劳动力转移培训、"两后生"职业技能培训和农民夜校等，更加全面地提高了贫困地区成人劳动力的科技文化素质和技能水平。

（七）教育扶贫带来贫困人口收入提高和贫困地区发展

教育扶贫在扶教育之贫的基础上，也实现了通过教育扶经济之

---

① 《中国教育发展基金会简介》，中国教育发展基金会网，https://www.cedf.org.cn/cedf/gywm/201904/20190423/1784831116.html，最后检索时间：2021 年 1 月 30 日。
② 《锻造大国工匠 奠基中国制造——新中国 70 年职业教育改革发展历程》，https://www.sohu.com/a/343884384_284449，最后检索时间：2021 年 1 月 30 日。
③ 《全国人民代表大会常务委员会执法检查组关于检查〈中华人民共和国职业教育法〉实施情况的报告》，全国人大网，http://www.npc.gov.cn/npc/c12491/201506/4b18e6d65e4548328075bb232bbccba4.shtml，最后检索时间：2021 年 1 月 30 日。

贫、扶文化之贫，激发了贫困人口的内生动力，阻断了贫困的代际传递，从而促进了贫困地区的经济文化发展，实现包容性增长。

贫困人口的健康、教育获得了显著改善，人力资本的提高带来了经济收入的提高。实证研究表明"三区三州"贫困地区教育经费对农民收入的弹性系数分别是中等收入和较高收入地区的4.1倍和7.6倍，且教育投入的弹性系数与确定性是所有脱贫举措中最高的，教育扶贫显著促进了农民增收。[1]此外，政府主导的定点扶贫、东西协作扶贫，以及多种形式的社会扶贫，都加大了对贫困地区的人才输入、培养、建设工作，增强发展内生动力，促进贫困地区经济、文化、社会等全面发展。[2]

三 中国发展教育减贫的经验

中国贫困地区农村教育在30多年时间里实现了从严重落后向普及九年义务教育、县域义务教育均衡发展、基本普及高中阶段教育、消除贫困家庭子女义务教育阶段失学辍学、成年劳动力人力资本显著提高。中国通过发展教育减贫积累了大量的成功经验，主要体现在基础教育发展战略的益贫性、多元主体参与的社会协同性、多阶段的攻坚性、涵盖教育过程的全面性等方面。

（一）实行具有强烈益贫性的基础教育发展战略

中国的基础教育发展战略从改革开放40多年的历史看，始终具有

---

[1] 彭妮娅：《教育扶贫成效如何？——基于全国省级面板数据的实证研究》，《清华大学教育研究》2019年第4期，第90~97页。
[2] 陈志钢、毕洁颖、吴国宝等：《中国扶贫现状与演进以及2020年后的扶贫愿景和战略重点》，《中国农村经济》2019年第1期，第2~116页。

强烈的益贫性，体现为三方面：一是中西部贫困地区教育事业发展得到中央财政、对口帮扶、社会助学等外部资源的大力支持；二是基础教育优先，从20世纪90年代中期到21世纪前10年致力于实现"两基"，从2012年到现在致力于实现义务教育均衡发展，其重点群体都是中西部地区的贫困县及贫困家庭；三是自20世纪90年代中期开始实施专项教育扶贫措施，到2013年对各类教育扶贫措施进行整合，2016年起开展教育脱贫攻坚，发起向贫困地区义务教育薄弱学校以及贫困家庭因贫失学辍学的总攻。因此，中国的教育扶贫长期以来嵌入国家的教育发展战略与政策之中，寓于国家的教育发展行动进程之中。

（二）多元主体协同推进教育减贫

中国形成了政府主导、社会力量协同推进的多元教育扶贫格局。"协同推进"首先体现在政府内部，教育精准扶贫政策大多跨政府多部门，发挥了各部门的工作优势，涵盖了不同贫困人群的教育需求，协作产生了良好的社会效益。社会力量成为政府之外投入教育扶贫的重要补充力量。中国教育扶贫领域的社会扶贫典型地体现在三个方面：一是以"希望工程"为代表和引领的社会性捐资助学，以后衍生出普通居民"一对一"助学、社会名人直接捐建学校或设立专项捐助等；二是以滋根等社会组织、志愿者为代表的直接扎根基层的实际助学活动，其总体规模虽然不大，但是有助于直接改善当地教育条件，发挥示范、拉动作用；三是有中国特色的教育扶贫协作，其规模、范围和层次不断扩大，成为贫困地区农村教育的有机组成力量。以职业教育为例，职业教育东西协作、省域内优质学校对口帮扶贫困地区薄弱学校，极大地促进了贫困地区职业教育的发展，也直接提高了贫困家庭子女职业教育入学率和就业率。

（三）针对教育落后开展多阶段的教育扶贫攻坚

虽然教育脱贫攻坚是2016年底启动的，但是中国的贫困农村基础教育发展以及教育扶贫从一开始就具有"攻坚"特征，并且经历了多阶段的攻坚战。八七扶贫攻坚计划是中国的第一轮扶贫攻坚，其教育发展目标是在贫困地区普及初等教育，这是第一轮教育扶贫攻坚；2004~2007年，国家开展西部地区"两基"攻坚计划，这可视为第二轮教育扶贫攻坚；2014年开始实施的全面改善贫困地区义务教育薄弱学校基本办学条件虽未冠以"攻坚"，实为"攻坚"，既有促进义务教育均衡发展的作用，又不无增加实现九年义务教育"成色"的意义。随后便是2016年以来的教育脱贫攻坚，将贫困落后地区薄弱、缺失的基础教育以及所有贫困家庭学生的义务教育和成年人的技能培训都纳入了"攻坚"的范围。因此，中国教育扶贫成就是二十多年来至少四轮攻坚战所累积取得的。

（四）逐步实现教育扶贫政策对教育过程的全覆盖

中国的教育扶贫政策以贫困家庭在校生为扶持对象，逐步覆盖教育的全过程。随着精准扶贫和建档立卡的实施，教育扶贫专项政策构建起从学前教育发展、义务教育普及、职业教育协作、特殊教育提升、民族教育开展、教师队伍支持、薄弱学校建设等全方位的政策支持体系，并且在每个体系中都体现了教育扶贫的全面性和精准性。以义务教育而言，教育扶贫措施包括：改善贫困农村地区的教育条件，使孩子们能够接受到合格的义务教育；家庭与学校距离遥远的学生可以寄宿；国家提供免费义务教育，学生享受营养餐补助和寄宿生生活费补助，有的地区还提供额外生活费补助；政府、学校和家庭共同承担找回失学、辍学学生的责任；贫困生初中毕业后被鼓励继续就读普通高中或中等职业学校。

四　教育减贫展望

中国的教育扶贫政策已经很好地完成了其阶段性任务，在贫困地区，教育从"无"到"有"，从"有"到"好"，提升了农村贫困劳动力的人力资本水平和回报率，实现了经济收入层面的脱贫，推动了地区经济社会的全面发展。面向2035年乡村振兴和基本实现社会主义现代化的发展目标，中国教育发展需要站在新阶段的起点上，全面展望未来，为农村地区提供更加公平优质的教育，帮助低收入人口实现可持续的高质量发展，为乡村振兴提供必要的人力资本支持。

（一）进一步为农村地区提供公平优质的教育

中国已有的教育减贫政策已经解决了农村地区一般性教育供给不足的难题，突破了教育设施、教师资源、家庭教育费用等门槛性限制，并将继续解决由城乡和地区差距所带来的教育差距问题。未来中国教育发展需要大力普及有质量的学前教育、实现优质均衡的义务教育、全面普及高中阶段教育、显著提升职业教育服务能力，更加强调实现优质教育资源配置，提升贫困地区教育质量，缩小城乡教育差距，从源头阻断贫困代际传递，实现城乡教育公平。

（二）帮助低收入人口实现可持续的高质量发展

中国教育减贫在已有的整体教育发展基础上，将更加追求实现个人的可持续高质量发展目标。大规模的教育投入后，中国教育减贫实现了保障贫困人口接受全面教育，并通过教育帮助贫困人口和贫困地区减贫脱贫的初级目标，未来将逐渐追求更高目标，即通过发展优质均衡的教育，为欠发达地区和低收入人口提供良好的教育发展支持，提升他们的人力资源潜能，赋予他们脱贫致富的内在力量，帮助他们获得同样的机会和条件，公平地参与经济社会发展，实现个人全面的自由发展。

（三）为乡村振兴提供必要的人力资本支持

人力资源是发展的第一资源，人力资本是乡村振兴的内在动力。乡村振兴的方方面面，包括产业、生态、文明、治理等，都需要对应的人力资本支撑。当前乡村人力资本偏弱，在消除绝对贫困后，落后的人力资本仍然将制约乡村振兴战略的整体推进。人力资本开发的关键在教育，教育减贫将聚焦乡村振兴长效机制，构建与乡村振兴相适应的乡村教育结构和完善的乡村教育体系，以提升乡村人力素质为突破口，将乡村振兴战略与教育减贫契合互融，培育农村优质人力资源，促进乡村全面振兴。

A5. 中国的易地扶贫搬迁

王　瑜

摘　要：易地扶贫搬迁是中国用以解决生态环境脆弱性高、基础设施与公共服务供给成本过高等地区贫困问题的综合扶贫措施。以搬迁为手段，以脱贫为目的，这决定了易地扶贫搬迁的性质超越传统移民安置议题中自愿性移民抑或非自愿性移民的二元论框架。自20世纪80年代以来，以搬迁为手段促进减贫，是一个渐进成熟的政策演进过程。脱贫攻坚以来，中国形成了易地扶贫搬迁的系统实施经验。基于官方发布的数据和搬迁户层面的追踪调查数据评估表明，目前，搬迁户已经基本完成平稳搬出，住房安全得到有效保障，在配套扶持措施下，基本生活需求和基本公共服务需求得到基本满足，脱贫成效稳定。当然，生计适应是一个长期过程，需要配套政策持续稳定扶持。对于其他发展中国家的生态脆弱型贫困而言，尤其是当基础设施和公共服务分散供给成本过高时，易地扶贫搬迁是可资借鉴的方案。

关键词：易地扶贫搬迁　政策演进　精准扶贫

易地扶贫搬迁是针对生态环境脆弱、基础设施与公共服务严重滞后且供给成本过高的贫困区域的综合扶贫举措，其政策目标通过搬迁安置，从根本上改善这些区域内贫困人口的生产生活条件和长期发展机会。易地扶贫搬迁以扶贫为目的，实施移民搬迁与安置，并为搬迁对象提供包括基础设施、公共服务和就业帮扶等一揽子配套扶持政策，这在世界扶贫史和移民史上都是绝无仅有的，也开创了具有中国特色的系统性的移民扶贫新经验。

一 中国易地扶贫搬迁的基本背景

自20世纪80年代开始，政府有组织的移民扶贫路径已有较丰富的地方性探索，进入21世纪以来，易地扶贫搬迁从国家层面的试点探索逐步铺开至进入全面攻坚。其政策演进过程实质上反映了贫困人口结构的变化，特别是脱贫攻坚时期，剩余贫困人口居住区域与生态脆弱地区、地质灾害高发地区和地方病多发区等地区的高度重合，传统扶贫手段难以奏效，必须通过搬迁"挪穷窝"，通过一系列配套扶持措施"拔穷根"。

（一）以脱贫为导向的移民搬迁政策演进

自20世纪80年代政府在"三西"地区实施有组织的移民扶贫至今，近四十年的移民扶贫[①]（易地扶贫搬迁）政策演进，呈现出不同时期的社会经济发展阶段和扶贫形势的变化，以及扶贫搬迁政策在不同阶段的经验继承和特征差异。贫困人口与区域生态脆弱等问题的叠加，意味着传统扶贫手段难以奏效。

整体而言，伴随农村生产力水平的提升和区域性扶贫开发政策的推进，剩余农村贫困人口主要分布在自然资源贫瘠、生态环境恶劣、

[①] 扶贫搬迁在"十五"时期主要是以地方性探索为主的移民扶贫，在"十五"时期以后主要是以国家层面政策主导的"易地扶贫搬迁"。

人口严重超载的地区，而移民扶贫也随之而从局部地区的创举变为多地扶贫实践手段，并在21世纪以来从国家层面的试点探索逐步铺开至进入全面攻坚（在"十五"以后正式称为"易地扶贫搬迁"）。随着国家财政能力的提升，移民扶贫的资金来源更加体现出中央财政的引导性作用。与此同时，在新型城镇化推进、乡村振兴战略实施的背景下和城乡融合发展的趋势下，移民安置方式逐步呈现农业安置与非农安置并举、移民安置与城镇建设融合、移民扶持与"三产"融合发展结合等特征。

20世纪八九十年代，中国形成了有组织的移民扶贫路径的开创与地方性探索。首先是20世纪80年代，"三西"扶贫开发开创了政府有组织的移民扶贫路径。当时的扶贫移民，即从干旱的定西和西海固山区迁移部分人口至河西地区、河套和沿黄两岸水、土、光、热资源丰富地区开发荒地，使移出的贫民户获得较好的生存条件，稳定解决温饱问题，而留下的在以定西为代表的干旱、半干旱地区的农民，其生存空间得到改善，温饱问题甚至饮水问题得到解决。20世纪90年代，中央引导、地方实践，移民扶贫成为多省区扶贫手段。1994年，《国家八七扶贫攻坚计划》将"对极少数生存和发展条件特别困难的村庄和农户，实行开发式移民"作为扶贫开发的基本途径之一。随后，除了早先的甘肃、宁夏之外，中西部多个省区也制定和出台了扶贫移民相关政策。

21世纪以来，从"十五"到"十二五"时期，易地扶贫搬迁从国家层面试点走向推广。2001年以来，国家按照"先行试点、逐步扩大"的原则，在内蒙古、贵州、云南、宁夏4省（自治区）开展易地扶贫搬迁试点，随后又陆续扩大到全国17个省（自治区、直辖市）。国家发展和改革委员会设立了中央预算内投资专项支持易地扶贫搬迁，并逐步增加资金支持总量和人均补助标准，形成了稳定的资金投入渠道，对居住在生存环境恶劣、"一方水土养不活一方人"地区的贫困人口组织实施了易地扶贫搬迁。2001年，《中国农村扶贫开发纲要（2001-2010年）》在扶贫开发的内容和途径中明确了"稳步推进自愿移民搬迁"。同年，《国家计委关于易地扶贫搬迁试点工程的实施意见》发布，决定利用国债资金在西部地区开展易地扶贫搬迁试点工作，在解决部分贫困群众脱贫和恢复改善迁出地生态环境的同时，积极探索、总结开展易地扶贫搬迁工作的主要形式、基本特点、主要方法和经验教训，为今后的推广打好基础。2007年，国家发改委印发《易地扶贫搬迁"十一五"规划》，该文件明确：易地扶贫搬迁亦称生态移民，旨在达到消除贫困和改善生态双重目标；实施范围为西部农村贫困地区，重点是西部地区国家扶贫开发工作重点县。2012年，国家发改委发布《易地扶贫搬迁"十二五"规划》，其实施范围为中西部地区（不含新疆和西藏），重点是集中连片特殊困难地区，并首次明确：按照"中央统筹、省负总责、县抓落实"的要求组织实施易地扶贫搬迁。截至2015年，国家累计安排易地扶贫搬迁中央补助投资363亿元，搬迁贫困群众680万余人。

脱贫攻坚战精准扶贫以来，易地扶贫搬迁走向全面攻坚阶段。面向全面建成小康社会，生活在"一方水土养不活一方人"地区人口的贫困问题是"短板"中的"短板"。在扶贫对象精准识别工作的基础上，根据全国扶贫开发信息系统数据，2015年全国还有约1000万建档立卡贫困人口（按2011年2300元不变价的贫困标准）仍生活在"一方水土养不活一方人"的地区。基于这一现实情况，党中央、国务院决定用5年时间，将1000万贫困群众搬迁移民，彻底摆脱恶劣的生存环境和艰苦的生产生活条件，从根本上解决约1000万建档立卡贫困人口的稳定脱贫问题。

（二）搬迁原因：生计改善与生态保护并举

在生存条件不足、生态环境脆弱交织，且基础设施与公共服务供给成本过高的贫困地区，易地扶贫搬迁是脱贫的必由之路。通过对生活在不适宜人类生存地区的贫困人口实施搬迁，从而消除贫困和改善生态，是易地扶贫搬迁的双重目标。

资源贫瘠、人口超载、生态恶化，在部分贫困人口聚集区域呈现恶性循环态势。同时，历经20世纪八九十年代的工业化与城镇化发展以及扶贫开发的支持，有条件、有能力搬迁的人口大多已经迁出，而尚未搬迁的贫困人口恰恰是生存环境更恶劣、资源禀赋条件更差、贫困程度更深的剩余贫困人口，集中表现出"一方水土养不活一方人"的地域性特征。

脱贫攻坚精准扶贫阶段，通过对扶贫对象精准识别和建档立卡，基本摸清全国贫困人口分布、致贫原因、脱贫需求等信息，其中需要实施易地扶贫搬迁的建档立卡贫困人口约981万人，同时，各地计划同步搬迁约647万人，计划搬迁总规模达到1628万人。[①] 该时期，"一方水土养不活一方人"地区主要集中在青藏高原地区、西北黄土高原地区、西南石漠化地区、东部酸壤地区和部分高寒地区以及自然灾害严重地区。按照居住地贫困县类型分类，搬迁对象主要集中在国家扶贫开发重点地区，其中集中连片特殊困难地区县和国家扶贫开发工作重点县内需要搬迁的农村人口占72%；省级扶贫开发工作重点县内需要搬迁的农村人口占12%；其他地区占16%。按照环境条件分类看，政策迁出区范围与中国生态脆弱地区、地质灾害高发地区和地方病多发区等地区高度重合。

根据《全国"十三五"易地扶贫搬迁规划》中的数据（见表1），在建档立卡搬迁人口（981万人）中，位于公共服务严重滞后且建设成本过高地区的占34.7%（340万人），位于资源承载力严重不足地区的占32.2%（316万人），位于国家禁止或限制开发地区和地质灾害频发易发地区的分别占16.0%（157万人）和10.8%（106万人）；在搬迁人口总规模（1628万人）中，位于前述四类地区的搬迁规模分

---

① 同时，各地计划同步搬迁约647万人。以上资料来源于《全国"十三五"易地扶贫搬迁规划》，为国务院扶贫办结合建档立卡"回头看"工作、截至2016年5月底通过扶贫开发建档立卡信息系统核定的建档立卡搬迁人口规模。

别占 36.4%、28.4%、15.8% 和 12.9%。这些地区资源环境承载能力弱，水、电、路等基础设施和教育、医疗、文化等公共服务设施落后，群众出行难、用电难、吃水难、上学难、看病难的现象普遍存在，就地脱贫发展无望，增收渠道不畅，传统扶贫手段难以奏效，易地搬迁是系统阻断贫困的扶贫方案。

表1 "十三五"时期不同原因搬迁人口分布

迁出区类型	搬迁人口总规模（建档立卡搬迁人口+同步搬迁）		建档立卡搬迁人口	
	人数（万人）	比重（%）	人数（万人）	比重（%）
公共服务严重滞后且建设成本过高地区	593	36.4	340	34.7
资源承载力严重不足地区	462	28.4	316	32.2
国家禁止或限制开发地区	257	15.8	157	16.0
地质灾害频发易发地区	210	12.9	106	10.8
其他地区	93	5.7	54	5.5
地方病高发地区	13	0.8	8	0.8
合计	1628	100.0	981	100.0

资料来源：2016年《全国"十三五"易地扶贫搬迁规划》。

（三）搬迁性质：政府主导的准自愿扶贫移民

易地扶贫搬迁以易地搬迁为手段，以稳定脱贫为目的，这决定了易地扶贫搬迁的性质超越传统移民安置议题中附属于其他建设项目而实施的移民安置及相关的自愿性抑或非自愿性的二元论框架。同时，即便是在二元论框架下，依然有大量研究认为中国的扶贫移民是自愿移民或者准自愿移民。

谈及移民安置，就不可避免地要谈及近几十年来在发展中国家广受关注的非自愿移民议题。依循世界银行等国际机构以及中外学者的共识，非自愿移民安置一般是指因公共工程建设或公共利益之需，项目影响人被征用土地或被限制使用纳入保护区域的自然资源而搬迁安置。[①] 非自愿移民安置及移民后续的经济与社会困境自20世纪80年代以来引起了持续和广泛的关注，包括中国在内的大量发展中国家均存在因大规模经济建设、水利等公共设施建设而形成的非自愿移民。

世界各地以及中国历史上已经发生过的非自愿移民造成贫困等后果，值得在各类搬迁中重视和防范。不过，特别需要指出的是，易地扶贫搬迁是以扶贫为核心目的的一系列政策安排，其性质超越传统移民安置议题中的自愿移民安置抑或非自愿移民安置的二元论框架，其根本差异在于：易地扶贫搬迁的政策出发点是从根本上解决居住在"一方水土养不活一方人"地区贫困人口的脱贫和发展问题，并通过一系列系统的、有力的政策措施来保障目标的实现，即"搬迁是手段，脱贫是目的"，而非以实施其他发展项目为目的所形成的移民安置。

同时，与发展中国家（包括中国在内）因各类建设工程实施导致的强制搬迁不同，在易地扶贫搬迁过程中，鲜少发生强制搬迁。相关研究指出，对易地扶贫搬迁高"自愿性"具有贡献的重要基础是地方官员和潜在搬迁户的利益目标相融。[②] 一方面，地方政府官员与搬迁者并非工程项目或生态恢复项目中的那种对抗关系，尤其是易地扶贫搬迁从资金使用到配套服务供给与设施建设都受到上级政府严格监管，搬迁户的补贴资金也直接进入个人银行账户，这就意味着地方官员从易地扶贫搬迁中寻租的可能性很低。另一方面，干部目标责任制下，县级和乡镇层级的一把手不仅要对搬迁率负责，更要对搬迁后的稳定性负责，只有提升搬迁的自愿性和满意度才能降低搬迁者回迁到

[①] World Bank, *Involuntary Resettlement Sourcebook: Planning and Implementation in Development Projects* (Washington, DC: World Bank, 2004).
[②] L. Xue, M. Y. Wang, and T. Xue, "'Voluntary' Poverty Alleviation Resettlement in China", *Development and Change*, 44(2013): pp.1159-1180.

旧居所的发生率。也即"中央统筹、省负总责、市县抓落实"的工作机制确保了搬迁资金来源有保障、具体工作有落实、官员激励约束机制与搬迁群众利益相融,从而在很大程度上提升了易地扶贫搬迁的成效。

此外,即便在二元论框架下,依然有大量研究认为中国的扶贫移民是自愿移民或者准自愿移民。扶贫移民是为解决或缓解人口与资源环境尖锐矛盾和促进贫困人口发展而组织的自愿性移民,[①] 在20世纪70年代已有成功的案例,并从1982年开始把它作为大规模缓解贫困的手段,也被称为"中国政府组织的农村自愿移民"[②] 或"有组织的自愿移民"。[③] 关于自愿性的质疑主要表现在知情程度上,村民们对重新安置的详细信息的了解和预见有所不足,或缺乏足够时间考虑,从而影响了自愿性的水平。[④] 脱贫攻坚以来,随着扶贫移民规模日趋扩大,搬迁后短期内的安置和扶持措施也未必充分,部分人的搬迁意愿不高或存在顾虑,故而也有学者称之为"准自愿移民"。[⑤]

二 精准扶贫阶段易地扶贫搬迁实施概况

中国共产党第十八次全国代表大会之后,中国政府制定实施了一系列力度更大、强度更高的政策措施。2015年,脱贫进入精准扶贫阶

[①] 陆汉文、覃志敏:《我国扶贫移民政策的演变与发展趋势》,《贵州社会科学》2015年第5期,第164~168页。
[②] 白南生、卢迈:《中国农村扶贫开发移民:方法和经验》,《管理世界》2000年第3期,第161~169页。
[③] 唐丽霞、林志斌、李小云:《谁迁移了——自愿移民的搬迁对象特征和原因分析》,《农业经济问题》2005年第4期,第38~43页。
[④] Lok., and M. Wang, "How Voluntary is Poverty Alleviation Resettlement in China?", *Habitat International*, 73 (2005): pp.34-42.
[⑤] 檀学文:《中国移民扶贫70年变迁研究》,《中国农村经济》2019年第8期,第2~19页。

段。遵循精准扶贫、精准脱贫的基本方略，易地扶贫搬迁作为脱贫攻坚的"头号工程"，进一步在扶贫体制机制上大力创新，以确保搬迁人口"搬得出""稳得住""能致富"。2015年，国家发展和改革委员会、国务院扶贫办等五部门联合印发《"十三五"时期易地扶贫搬迁工作方案》，2016年，国家发改委印发《全国"十三五"易地扶贫搬迁规划》。

（一）易地扶贫搬迁的实施概况

脱贫攻坚阶段与"十三五"时期基本重合，该阶段易地扶贫搬迁的迁出区范围涉及全国22个省（区、市）约1400个县（市、区），主要为自然条件严酷、生存环境恶劣、发展条件严重欠缺且建档立卡贫困人口相对集中的农村贫困地区，搬迁对象为上述范围内需要实施易地扶贫搬迁的建档立卡贫困人口约981万人，同时，各地计划同步搬迁约647万人。

对标全面建成小康社会的目标，"十三五"时期的易地扶贫搬迁目标是，到2020年实现约1000万建档立卡贫困人口的搬迁安置，同时实现：（1）搬迁对象住房安全得到有效保障；（2）安全饮水、出行、用电、通信等基本生活需求得到基本满足；（3）享有便利可及的教育、医疗等基本公共服务；（4）迁出区生态环境明显改善；（5）安置区特色产业加快发展；（6）搬迁对象有稳定的收入渠道，生活水平明显改善，全部实现稳定脱贫。

基于过去30多年移民扶贫经验和15年易地扶贫搬迁经验的工作基础，"十三五"时期易地扶贫搬迁形成了完善的政策体系，并取得决定性的进展和成效。尽管新冠肺炎疫情对安置住房和配套设施的施工带来了冲击，但是随着统筹推进疫情防控和脱贫攻坚工作取得明显成效，疫情对易地扶贫搬迁安置区建设的不利影响逐步消除。截至2020年8月中旬，"十三五"易地扶贫搬迁住房建设任务和配套设施工程已全部完成，建档立卡贫困户基本实现全部入住，"搬得出"的问题已得到全面解决。

（二）易地扶贫搬迁追踪调研数据评估

除了全国"搬得出"的问题得到解决，基于搬迁户层面的8省16县易地扶贫搬迁专题追踪调研数据[①]（2016~2019）显示，截至2019年调研时点，易地扶贫搬迁"稳得住"的局面基本形成，"能脱贫"的趋势稳定向好。

1."稳得住"的局面基本形成

其一，整体搬迁、集中安置为主，有利于形成高福祉、低生态环境依存度的搬迁安置模式。在搬迁方式上，样本中已搬迁户有将近四成是自然村（村民小组）整体搬迁，在安置方式上，超过七成为集中安置方式。其中，集中安置方式中，行政村内就近安置的方式和县城、小城镇或工业园区安置的方式各占四成以上，另外，建设移民新村安置的也达到14.2%。按照既有研究所揭示的经验，安置方式、安置模式与搬迁安置群体福利水平、生态系统依存度之间存在不同的关联关系[②]，而整体搬迁为主、集中安置为主的方式是有利于形成高福祉、低生态环境依存度的搬迁安置模式。当然，搬迁方式和安置方式的选择，实际上都以迁出区域和安置区的具体条件为考量，因而必然呈现出明显的地区差异。

其二，易地扶贫搬迁提升了广大贫困地区群众的住房质量安全和

[①] 该项专题调研是由中国人民大学中国扶贫研究院组织开展的追踪调研。调研区域位于湖北、湖南、广西、四川、贵州、云南、陕西、甘肃8省（自治区）16县，覆盖武陵山片区、滇桂黔石漠化片区、秦巴山片区、乌蒙山片区、六盘山片区5个片区的15个片区县以及1个片区外国家级扶贫工作重点县。

[②] Li, C., B. Kang, L. Wang, S. Li, M. Feldman, and J. Li, "Does China's Anti-Poverty Relocation and Settlement Program Benefit Ecosystem Services: Evidence from A Household Perspective", *Sustainability*, 11(2019): p. 600; Li, C., M. Guo, S. Li, and M. Feldman, "The Impact of the Anti-Poverty Relocation and Settlement Program on Rural Households' Well-Being and Ecosystem Dependence: Evidence from Western China", *Society & Natural Resources*, DOI: 10.1080/08941920.2020.1728455.

居住条件。从调查数据看，易地扶贫搬迁户的住房结构在搬迁后大为改观。搬迁前，受调查的搬迁户中，76.6% 居住于土木结构的房屋中，7.8% 居住的是石头房，0.2% 居住的是茅草房；而搬迁后，96.7% 住房为砖混结构，其余为砖木结构，彻底消除了居住在石头房和茅草房中的情形。在改善搬迁户住房条件的同时，易地扶贫搬迁也大幅改善了相应的基础设施和公共服务，并通过合理的搬迁安置模式和持续而强有力的后续帮扶政策稳定了易地扶贫搬迁的成果。从专题调查数据看，易地扶贫搬迁后，搬迁户居住的海拔普遍降低，搬迁户样本的居住点平均海拔从搬迁前的 982 米下降到搬迁后的 772 米，尤其是居住在 2400 米以上的比例从搬迁前的 13.6% 减少至搬迁后的 0%。通常情形下，搬迁户从山顶、山坡等位置搬迁安置到较平坦区域有助于集中提供基础设施和公共服务供给，并且随着时间的推移，基础设施和公共服务方面的供给保障在提升"稳得住"方面会具有越来越突出的作用。

其三，搬迁安置后较高的满意度、适应度和幸福感，表征了搬迁安置的稳定性，也对后续支持工作提供了思路。从追踪调查的满意度来看，相比于 2017 年，易地扶贫搬迁户在 2019 年的总体满意度有很大提升，在具体内容上，所有维度的满意度都有所提高，特别是一直以来备受群众关切的幼儿园、小学、初中学校、诊所、医院这些重要方面，搬迁满意度有很大的提高，表明搬迁户在搬迁后逐步享受到这些公共服务带来的益处，搬迁的满意度提升。从适应状况看，相比于 2017 年调查时的状况，2019 年样本中的建档立卡贫困户中的搬迁户总体适应状况有所改善，无论是村民之间熟悉程度、互相帮助程度还是对未来发展状况的评价都有所提高。同时，从已搬迁户的适应情况看，超过九成的搬迁户对搬迁后的生活有较好的适应，其中非常适应的占 57.7%，比较适应的占 35.9%，比较不适应和非常不适应的分别仅占 0.9% 和 0.2%。进一步地，从是否已搬迁以及搬迁时间先后来看易地扶贫搬迁户的主观幸福感（见图1），可以发现易地扶贫搬迁与搬迁户幸福感的提升有明显关联。首先，在整体水平上，三条线的相对位置表明，随着时间推移，已搬迁户的主观幸福感高于目前尚未搬迁户，越早搬出的搬迁户其幸福感水平越高（2017年搬迁户的主观幸福感高于2018年搬迁户）。其次，从每条线的趋势来看，已搬迁户主观幸福感的提升幅度高于目前尚未搬迁户，越早搬出的搬迁户其幸福感的提升幅度越大（2017年搬迁户的主观幸福感上扬幅度高于2018年搬迁户）。当然，不同搬迁状态的易地扶贫搬迁户的差别，并非仅仅是由搬迁本身带来的，而且是易地扶贫搬迁作为一揽子配套帮扶措施所产生的效果。

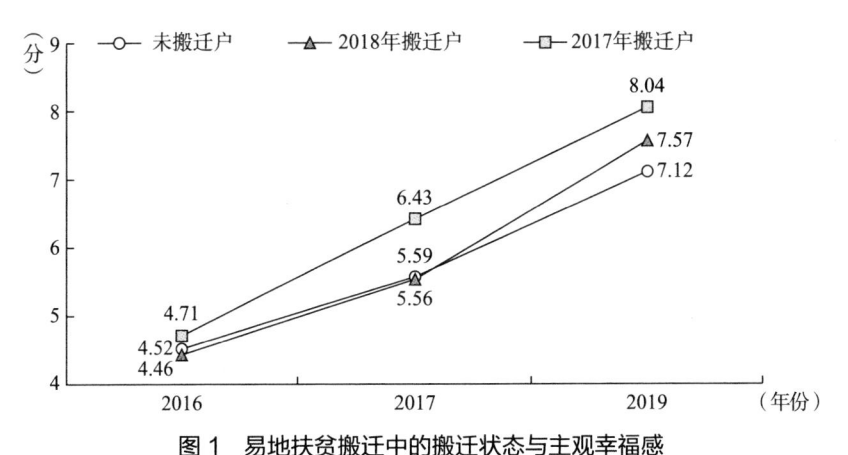

图1 易地扶贫搬迁中的搬迁状态与主观幸福感

注：主观幸福感评分从0~10分，表示从非常不幸福到非常幸福的自评打分。
资料来源：易地扶贫搬迁专题调研数据(2019)。

2."能脱贫"的趋势稳定向好

脱贫是搬迁的目的，而搬迁后的生计适应阶段往往决定"能脱贫"的前景。2019年专题调研追踪的搬迁户中，多数已有1~2年的搬迁后生活，可以作为评估考察的重要参考。同时，搬迁户在这个阶段遇到的主要困难也应该作为后续完善扶持政策的关注点。

其一，搬迁对象的就业趋势向好，提振了搬迁后"能脱贫"的信心。在专题追踪调查数据中，2019年和2016年分别调查了易地扶贫搬迁户在上一年份的就业状况。结果显示（见图2），从整体就业率来看，已搬迁户的就业率高于未搬迁户（两条线的相对位置）。从就业率的变化趋势来看，从2015年到2018年，搬迁对象的就业率都提高了，且已搬迁户的就业率提高幅度（26个百分点）大于未搬迁户（19个百分点）。已搬迁户和未搬迁户在初始阶段（2015年）的就业率已经存在高下差异，可能存在容易搬者先搬、搬迁意愿强者先搬的现象，以至于已搬迁户的资源禀赋条件、就业能力系统性地优于未搬迁户，但尽管如此，扶贫搬迁依然提升了他们获得机会的空间。

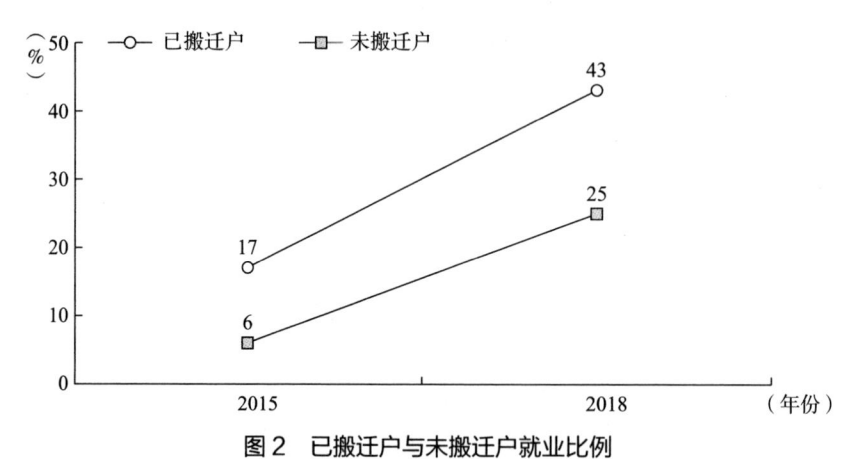

图2　已搬迁户与未搬迁户就业比例

资料来源：易地扶贫搬迁专题调研数据（2016年、2019年）。

其二，生产带动和就业带动增强，提升了搬迁户的生产发展能力。从已搬迁建档立卡户产业扶贫带动情况看，从2017年到2018年，靠资产性收入为主的旅游带动增收减少，但种植业、养殖业、林果业和加工业的产业扶贫带动的收入都增加了，其中养殖业、林果业和加工业有较大幅度的增收，特别是养殖业和林果业中的产业带动增收以生产带动为主，加工业中的产业带动增收主要来自就业带动，这些变化在一定程度上体现了扶持措施转向更加注重提升贫困户劳动参与的方向（见图3）。

图3 已搬迁建档立卡户的产业扶贫带动情况

资料来源：易地扶贫搬迁专题调研数据（2019年）。

其三，搬迁户收入水平和收入结构明显改善。从调查数据来看，2015年（搬迁前）到2018年（搬迁后），已搬迁户的人均可支配收入为原来的2.1倍（不考虑物价因素）。其中，工资性收入为原来的2.9倍，在收入中的占比从1/3提高到接近一半；转移性收入占比略有下降，在收入中约占1/4（见图4）。

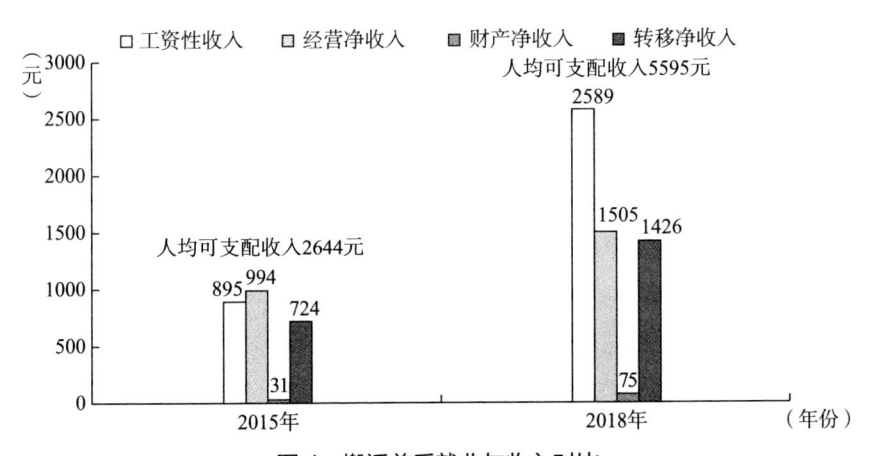

图4 搬迁前后就业与收入对比

注：2015年的收入口径为人均纯收入，2018年收入口径为人均可支配收入，均按当年物价。

资料来源：易地扶贫搬迁专题调研数据（2016年、2019年）。

3. 持续发展是后续政策重点

近年来，贫困户能力和内生动力不足是脱贫攻坚中的一项难点问题。从调查数据中的就业率情况、产业扶贫带动的结构、搬迁前后的收入水平和结构变化来看，目前易地扶贫搬迁户的整体脱贫趋势向好，后续需要关注搬迁户的重点困难领域，重点解决搬迁后的持续发展问题。

从样本数据看，2019年调查显示，已搬迁户在基础设施、生活适应方面的困难较小，所面临的突出困难主要是与生计模式转换相关的方面，包括：农业生产便利性下降、支出成本增长、生计来源保障不稳定。在调查中，应答比例超过10%、排在前三位的主要困难是耕地太远与生产不便（17.6%）、日常支出增加（15.6%）、收入来源没有保障（13.9%）（见图5）。这些困难通常对应着不同的搬迁安置方式，由于大多数搬迁户长期依赖土地和种植、养殖业，并以种植、养殖支持大量的自给性消费，村内就地的集中安置通常会带来耕作距离的拉长和生产的不便，而城镇化集中安置等方式，则通常会使搬迁户面临从自给性

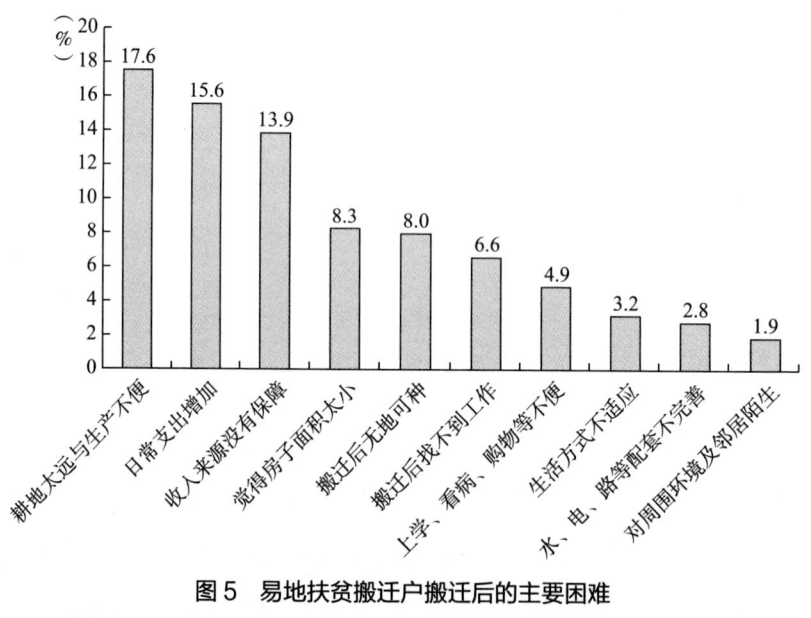

图5 易地扶贫搬迁户搬迁后的主要困难

资料来源：易地扶贫搬迁专题调研数据（2019年）。

消费转向商品性消费而带来的日常支出增加，以及脱离耕地后的生计适应成本提升。

三 中国易地扶贫搬迁的经验

（一）结合贫困地区实际，精准识别搬迁对象

易地扶贫搬迁对象的识别通过贫困人口和易地扶贫搬迁贫困人口同步识别认定，将居住在"一方水土养不活一方人"的地方且自愿搬迁的建档立卡贫困人口，按规定程序确定为易地扶贫搬迁建档立卡贫困人口，整户识别，整户搬迁。与此同时，结合地区实际，各地对部分生活在同一村庄但缺乏发展空间、返贫风险高的非贫困户实施同步搬迁，并与贫困户共享基础设施和公共服务设施。特别是，注重长期目标和短期目标结合，综合考虑贫困地区现有资源条件和安置容量，稳步推进同步搬迁，防止为了整体搬迁目的而导致的错搬漏搬情形。

（二）遵循城乡发展规律，合理选择安置模式

易地扶贫搬迁不仅是减贫过程，更是区域内部人口区域布局优化的过程，该过程与城乡社会变迁、城镇化趋势相吻合。优化欠发达地区的人口布局结构，有助于提升经济社会的集聚发展。"十三五"易地扶贫搬迁按照群众自愿、应搬尽搬的原则，结合新型城镇化和新农村建设，采取了集中安置为主、集中安置与分散安置相结合的方式，各地因地制宜选择适宜的安置模式。在选择具体安置区时，遵循城乡统筹、布局优化、集约用地、规模适度的原则，注重与当地土地利用总体规划、城乡建设总体规划的衔接，主要利用存量建设用地、荒山和荒地。集中安置区选址以有利于脱贫为原则，尽量选择特色资源优势突出、开发利用潜力较大的地区，主要是交通较为便利、基础设施

和公共服务设施较为完善、产业发展较好的中心村、小城镇、产业园区。例如，河南、安徽等劳动力外出务工大省将安置区选择在县城、园区、乡镇、乡村旅游点附近，努力为搬迁群众就近就业提供便利条件。宁夏回族自治区依托引黄灌溉工程，为南部干旱地区的搬迁群众提供一定面积的水浇地进行有土安置。贵州省充分考虑"八山一水一分田"的地理特征，结合工业园区用工需求，将石漠化地区贫困群众安置到城镇或产业园区。

（三）中央预算内投资撬动，多渠道筹资保障

按照《全国"十三五"易地扶贫搬迁规划》，"十三五"时期易地扶贫搬迁总投资9463亿元，其中，建档立卡搬迁人口住房和安置区建设投资占62.6%，同步搬迁人口住房建设投资占27.9%，土地整治和生态修复等其他投资占9.5%。该时期，中央预算内资金对易地扶贫搬迁的支持力度大幅增加，中央预算内人均建房补助标准大幅提高。2016~2019年，中央财政投入易地扶贫搬迁支持资金800亿元，中央财政年均投入额达到"十二五"时期的4.33倍。在大幅增加易地扶贫搬迁中央预算内投资规模、提高人均建房补助标准的基础上，积极拓宽筹资渠道，充分发挥800亿元中央预算内投资的撬动作用，带动专项建设基金、中长期低息贷款、地方政府债务资金、群众自筹资金等各类资金支持易地扶贫搬迁。针对部分地区地方政府存在的隐性债务问题隐患，在确保易地扶贫搬迁人均筹资标准不变的前提下，国家发展和改革委员会配合财政部将贷款融资统一规范调整为地方政府发债融资，确保资金不断档、工程项目有序推进。

（四）强化工程管理监督，确保移居工程质量

移居工程质量是提升搬迁对象搬迁意愿和满意度的重要因素。在易地扶贫搬迁过程中，一方面是加强选址勘察与工程建设安全监管。通过安置区及周边的地质勘察，规避潜在灾害风险，鼓励采取"统一

规划、统一建设""统一规划、自行建设"等方式施工建设。在工程实施过程中，注重引导搬迁群众全流程参与安置房设计、工程招标施工、材料采购、质量监管，有效保障搬迁群众的知情权和参与权。另一方面是建立监管巡查机制，监督搬迁政策执行不走偏。围绕易地扶贫搬迁关键环节和政策"红线"，2017年建立每两个月一次的易地扶贫搬迁常态化稽查机制，2018年进一步建立常态化事中事后监管巡查机制，通过常规性监管巡查和机动式监管巡查等方式，实现对22个有搬迁任务的省份监管巡查全覆盖。此外，还建立了工作进展定期调度机制，督促工程项目建设有序落实，并及时激励先进树典型，督促落后抓整改，全面保障工程进度和质量。

（五）严格控制搬迁成本，减轻贫困群众负担

一方面，按照严格执行保障基本需求的住房建设标准来控制搬迁成本，另一方面，通过控制自筹资金额度来避免搬迁户因搬迁而举债。按照国家《"十三五"时期易地扶贫搬迁工作方案》中"保障基本、安全适用"的原则要求，建档立卡搬迁人口住房建设面积严格执行不超过25平方米／人的标准，户均自筹低于1万元。此要求旨在抑制贫困群众因建大房的冲动而举债搬迁或建设面积差距大等现象。

（六）统筹安置帮扶措施，支持移民生计适应

统筹安置帮扶措施，形成系统化的后续支持体系，是有助于搬迁户实现全方位生计适应的重要经验。从全国来看，在后续扶持政策方面，2019年7月，国家发改委联合10部门印发《关于进一步加大易地扶贫搬迁后续扶持工作力度的指导意见》，已经明确后续扶持的总体要求、主要目标、重点任务和支持政策。2020年3月，国家发改委联合12部门印发了《关于印发2020年易地扶贫搬迁后续扶持若干政策措施的通知》，从完善安置区配套基础设施和公共服务设施、加强安置区产业培育和就业帮扶、加强安置社区管理、保障搬迁群众合

法权益、保障搬迁群众合法权益、加强统筹指导和监督检查等方面共出台 25 项具体政策措施。这些政策措施对稳定帮扶效果，推动易地扶贫搬迁后续扶持工作与推进新型城镇化、乡村振兴战略有机衔接具有积极导向作用，也是扶贫搬迁脱贫成果成效化的核心经验。

四 易地扶贫搬迁展望

以易地扶贫搬迁的系统方案来应对贫困地区生计困境与生态脆弱等复杂的贫困问题，是中国扶贫经验的重要组成部分。对于其他发展中国家的生态脆弱型贫困而言，尤其是当基础设施和公共服务分散供给成本过高时，易地扶贫搬迁是一种可选择的方案。

伴随建档立卡贫困搬迁群众基本实现全部入住，"十三五"易地扶贫搬迁已达到了阶段性的政策目标。与此同时，搬迁对象的生计适应是一个长期过程，最终脱贫效果的稳定性和后续发展能力的培育还需政策持续发力。根据搬迁户的发展需求，后期工作重点是针对不同安置方式，立足不同类型安置区的资源禀赋，推动工作重心从搬迁安置过程转向促进搬迁群众生计模式适应和改善、保障脱贫稳定性、提升长期发展能力。

第一，将易地扶贫搬迁户纳入贫困人口动态监测帮扶的重点对象，在生计适应周期内持续进行搬迁后的跟踪监测。一方面，要着重将易地扶贫搬迁户的生计恢复能力作为成效评估的重要方面；另一方面，要建立和完善搬迁安置群体与地方政府的双向沟通机制，确保搬迁安置群体得到基本生计保障，并获得具有针对性的支持政策，有效适应搬迁后生产方式转变、生活成本提高等生计模式变动。

第二，稳定易地扶贫搬迁任务较重地区的政策支持力度。在下达中央预算内投资计划时，对搬迁任务较重地区的配套教育、医疗设施等方面给予政策倾斜支持。做好易地扶贫搬迁后续扶持政策与基本公共服务均等化目标的衔接，通过深化医疗卫生、教育等领域中央与地方财政事权和支出责任划分改革等方式逐步系统化地实现对移民的公共服务普惠支持，特别是注重完善和强化产业、就业、教育等对搬迁群众满意度、脱贫稳定性和生计可持续等方面具有重要影响的扶持政策，形成易地搬迁减贫成果长效化的基础。

第三，将搬迁群众长短期发展能力与同期的重大发展战略相结合，提升搬迁群众的主体能力和主体作用。易地扶贫搬迁的实施过程具有很强的政府主导性，需要特别注意避免搬迁对象在经历超常规的政府资源投入和扶持举措后对政府形成政策依赖。在重而急的集中、大规模搬迁之后，需及时转变后续帮扶思路，转向缓而持久的能力提升和权利保障方面。一是短期通过就业培训和产业带动稳定搬迁安置群体的生计，长期通过教育改善和健康水平的提升形成长效发展的人力资本基础。二是将搬迁群众发展与改革赋权、赋能相结合，及时推动后续扶持工作与新型城镇化、乡村振兴战略有机衔接，通过扩展发展权利，提升机会和能力，来激发内生发展动力，促进搬迁人口融入新的发展阶段。除了关注经济适应能力，也要进一步完善搬迁社区的社会治理，通过优化社区服务形式和创新社区治理模式，提升搬迁群众的生活便捷度和社区融入度。

A6. 中国的生态扶贫

摘　要： 改革开放后，中国通过工业化模式，在短时期内使逾7亿人口摆脱贫困，取得了世界历史上的发展奇迹。中国经济发展史，很大程度上就是一部减贫史。但是，由于工业革命后以工业化国家为代表建立的这种传统工业化模式不可持续，人类必须向生态文明新发展模式深刻转变。相应地，建立在传统工业化模式基础之上的扶贫模式，也必然要随之转变，而生态扶贫就成为未来扶贫的重要方向之一。生态扶贫的实质，就是充分认识生态环境的价值，并以市场及其他非市场方式，通过满足人们对优美生态环境的需求，将贫困地区的"绿水青山"转化为"金山银山"，以此促进贫困地区发展。党的十八大之后，在生态文明和新发展理念下，中国生态扶贫不断完善，逐步探索出了一条行之有效的生态扶贫模式。中国生态扶贫方面的探索，不仅对中国经济转型具有重要意义，对其他发展中国家走可持续发展道路也具有重要借鉴意义。

关键词： 生态扶贫　绿色发展　国际含义

1978年改革开放以来，中国从一个人均GDP只有156美元的贫穷国家，到2019年成为人均GDP超过1万美元的全球第二大经济体，在 2020 年实现全部人口脱贫和全面实现小康社会目标。在很大程度上，中国经济发展史就是一部反贫困史。同时，也应该看到，像其他先发工业化国家一样，中国过去经济发展走的也是一条不可持续的传统工业化道路。这种增长模式建立在"高环境污染、高物质资源消耗、高碳排放"的基础之上。由于不可持续的危机，包括发达国家在内的所有国家，均需从根本上改变发展方式，转变成新的绿色发展方式。这正是中国提出生态文明和新发展理念，并坚定不移地推动发展方式转型的根本原因。

当传统发展模式因为不可持续而必须转型时，建立在此基础之上的扶贫思路和模式，也必须做出相应调整。建立在生态文明和新发展理念基础上的绿色发展，就成为扶贫的重要方向。基于绿色发展的扶贫模式，即为生态扶贫或绿色扶贫。生态扶贫的实质，就是充分认识"绿水青山"的价值，并以市场及其他非市场方式，通过满足人们对优美生态环境的需求，将贫困地区的"绿水青山"转化为"金山银山"。"绿水青山"的功能，是提供高价值的生态环境服务。[1] 这些价值包括农产品产出功能（比如提供食物、纤维、油料等）、生态调节功能（比如授粉、调节气候、净化水源等）、文化服务功能（比如愉悦、审美、体验等），以及生态支撑功能（比如维持地球生命所需的养分循环）。

但是，在传统工业化模式下，只有那些可交易性强的生态服务（比如农产品产出功能）才容易市场化，而生态调节、文化服务以及生态支撑三类生态环境服务，则由于难以直接交易，不仅难以通过市场转化成"金山银山"，而且很大程度上还遭到传统工业化模式的破坏。反过来，大自然又对人类进行惩罚。因此，将"绿水青山"转化成"金山银山"，就必须对传统工业化模式进行系统而深刻的转变，

---

[1] "Ecosystem Services and Green Growth"，https://openknowledge.worldbank.org/bitstream/handle/10986/12084/wps6233.pdf;sequence=1，最后检索时间：2021年1月30日。

包括发展理念、发展内容、发展方式、资源概念、体制机制和政策的系统性转变，以形成"人与自然"和谐共生的关系。

绿色发展是一种发展理念和发展范式的根本性变革。这些变化使得贫困地区过去面临的很多传统发展约束被突破，新的机遇正在浮现。①广义的生态扶贫，是指通过发展方式的根本转变，让贫困地区以新的绿色方式发展经济，以实现减贫目标。狭义的生态扶贫，是指为贫困地区的生态环境保护活动提供补偿。中国的扶贫经验，应在绿色发展的大背景下进行探索和思考，并揭示其对其他发展中国家的含义。由于篇幅所限，本文在发展方式转变的大背景下，侧重从狭义的生态扶贫视角，对中国生态扶贫的经验进行初步总结，并揭示其对其他发展中国家的普遍意义。

一 中国生态扶贫的历程

生态扶贫的实质是关于环境与发展的关系问题，核心是将"绿水青山"转化成"金山银山"。中国生态扶贫政策的演变，背后是发展理念和发展战略的变化。其中的核心，是关于环境与发展之间关系的认识论变化。尤其是，党的十八大之后关于环境与发展之间关系认识上有了突破，生态扶贫也取得了历史性进展。

（一）生态扶贫政策背后的国家发展战略

生态扶贫政策背后，是国家发展战略的变化。这背后的决定因素，是关于环境与发展关系的认识。在关于环境与发展之间关系的认识论上，新中国成立以来，经过了几个曲折的转变过程：从最早认为

---

① 张永生：《绿色转型如何成为贫困地区发展的新杠杆》，载宋立刚、〔澳〕郜若素、蔡昉主编《深化改革与中国经济长期发展》，社会科学文献出版社，2015。

社会主义国家没有环境问题,到后来发现社会主义国家也有环境问题,但认为社会主义的优越性可以解决环境问题;在经历了经济高速发展带来的环境恶化后,认识到传统发展模式同环境难以两全的困境;为了解决传统发展模式带来的严重生态环境问题,党的十七大提出生态文明概念,强调以"全面、协调、可持续"的科学发展观,实现环境与发展的兼容。这是认识论上的巨大进步,为之后新发展理念的提出和生态文明内涵的丰富,以及"五位一体"总体布局奠定了坚实的基础。[1]

党的十八大之后,中国关于环境与发展关系的认识有了新的突破,生态文明有了新的内涵。"绿水青山就是金山银山"理念意味着,环境与发展之间的关系,从之前的努力做到相互兼容,进一步提升到可以相互促进。不仅生态文明概念被赋予新的内涵,而且生态文明建设成为"五位一体"总体布局的重要内容写入宪法和党章,其法律地位被提到前所未有的高度。2015年10月,习近平总书记在党的十八届五中全会上,进一步提出了新发展理念,绿色发展成为其核心内容。认识论的重大突破,带来行动上的重大变化。党的十八大之后,中国环境保护力度空前加大,并在环境和发展两方面都取得显著成效。[2]

生态文明新内涵的核心,就是"绿水青山就是金山银山"理念。这意味着,发展背后的价值观念发生了重大转变,不再过于强调以传统的物质财富为核心内容的GDP。环境保护和经济发展之间的关系,就从过去的相互对立转变为相互促进。随着发展观念或价值观念的改变,良好的自然生态环境本身,亦成为发展必不可少的内容。这就同传统工业化模式有着根本区别,从而为解决传统发展模式不可持续的问题提供了出路。党的十九大报告及十九届五中全会报告更是提出,

---

[1] 张永生:《生态文明建设和体制改革》,载谢伏瞻主编《中国改革开放:实践历程与理论探索》,中国社会科学出版社,2020。

[2] 张永生:《生态文明建设和体制改革》,载谢伏瞻主编《中国改革开放:实践历程与理论探索》,中国社会科学出版社,2020。

中国要建设的现代化，是"人与自然和谐共生的现代化"。

（二）生态扶贫的基本政策思路

生态扶贫的核心，就是"绿水青山"如何转化成"金山银山"。下面几个基本途径，构成生态扶贫政策的基本逻辑框架。

一是通过有效的体制机制和政策设计，将无形的生态服务直接转化为有形的收入。这些体制机制和政策设计，本质上是一种迂回的生态服务"交易"关系，即政府向生态服务的受益者征税（费），然后通过各种方式（比如生态补偿制度、生态修复工程、碳汇收入等），支付给生态服务的提供者。比如，上游如果严格保护生态环境，则下游的损失就会大大减少，或者产出会增加。但是，上游提供的生态保护服务不像普通商品一样可以在市场上直接出售，从而其提供的生态服务就很难直接从市场上获得收益。这样，上游就会以牺牲生态环境的发展方式获取短期收益，下游也会因此受损。本来可以上下游"双赢"的格局，就变成一个"双输"的格局。此时，政府如果介入，通过中央或者跨地区的转移支付，以各种形式对上游进行补偿，就可以形成上下游"双赢"的格局。

二是基于良好的生态环境催生新的内容，即形成新的绿色供给，比如生态旅游、体验、文化、有机食品等。由于新的供给取决于新的需求，这个又涉及深层的价值体系、生活方式和消费内容的转变。正如从传统农业社会到工业社会需要价值观念和生活方式的巨大转变一样，从不可持续的传统工业社会到生态文明新发展范式，也需要人们价值观念和生活方式的巨大转变，从而为新的供给创造市场需求。[1]

三是那些难以市场化的生态环境，虽难以直接增加 GDP，却可以提高人们的福祉，而这正是发展的根本目的（比如，优美的生态环境

---

[1] 张永生：《论生态文明不等于绿色工业文明》，载潘家华、高世楫、李庆瑞、王金南、武德凯主编《美丽中国：新中国 70 年 70 人论生态文明建设》，中国环境出版集团，2019。

可以提高生活品质）。这个背后，涉及对发展绩效和贫困概念的重新定义和测度。

中国的生态扶贫政策，主要从这三条主线展开和演进。在政府职能部门实际工作层面，生态扶贫的着力点，更多的是在狭义的第一层面，即通过各种生态补偿和各种生态工程项目进行扶贫。

（三）生态扶贫政策沿革

虽然"生态扶贫"这一名词的正式提出是在2015年，但如果将生态扶贫理解为将"绿水青山"转化为"金山银山"的话，则中国在这方面的探索有更长历史。20世纪80年代起，保护环境就成为基本国策，中国就开始了大规模的生态建设工程，包括防护林体系建设、水土流失治理、荒漠化防治、退耕还林还草、天然林保护、退牧还草、"三江源"生态保护等一系列生态工程。当时虽未冠以生态扶贫之名，却有生态扶贫之实。2005年，十六届五中全会首次提出要按照"谁开发谁保护、谁受益谁补偿"的原则，加快建立生态补偿机制。党的十七大将生态补偿机制上升为制度要求，强调建立健全资源有偿使用制度和生态环境补偿机制。

党的十八大之后，生态文明和新发展理念上升为国家战略高度，"脱贫攻坚"和"污染防治"成为"三大攻坚战"内容。由于"生态扶贫"同时具有生态环境保护和扶贫的含义，在"三大攻坚战"中三居其二，这一工作也就得到国家前所未有的重视，政策力度空前加大。2015年10月，中共十八届五中全会通过的《中共中央关于制定国民经济和社会发展第十三个五年规划的建议》，提出了生态扶贫概念，即"对'一方水土养不起一方人'的实施扶贫搬迁，对生态特别重要和脆弱的实行生态保护扶贫"。至此，生态扶贫进入了一个新的历史阶段。

2015年11月27~28日，中央扶贫开发工作会议在北京召开。习近平总书记在讲话中强调，消除贫困、改善民生、逐步实现共同富裕，是社会主义的本质要求，是中国共产党的重要使命。习近平在讲话中明确指出，要"生态补偿脱贫一批。在生存条件差但生态系统重要、需要保护修复的地区，可以结合生态环境保护和治理，探索一条生态脱贫的新路子"。

2015年11月29日，在《中共中央国务院关于打赢脱贫攻坚战的决定》中，明确提出要"坚持保护生态，实现绿色发展。牢固树立绿水青山就是金山银山的理念，把生态保护放在优先位置，扶贫开发不能以牺牲生态为代价，探索生态脱贫新路子，让贫困人口从生态建设与修复中得到更多实惠"。

（四）中国《生态扶贫工作方案》

2018年，为贯彻落实《中共中央国务院关于打赢脱贫攻坚战的决定》《"十三五"脱贫攻坚规划》精神，切实做好生态扶贫工作，国家发展改革委、国家林业局、财政部、水利部、农业部、国务院扶贫办共同制定了《生态扶贫工作方案》。① 这是明确以"生态扶贫"之名进行的工作。主要内容如下。

1. 生态扶贫工作目标

到2020年，贫困人口通过参与生态保护、生态修复工程建设和发展生态产业，收入水平明显提升，生产生活条件明显改善。贫困地区生态环境有效改善，生态产品供给能力增强，生态保护补偿水平与经济社会发展状况相适应，可持续发展能力进一步提升。

2. 生态扶贫受益渠道

第一，通过参与生态工程建设获取劳务报酬。

第二，通过生态公益性岗位就业得到稳定的工资性收入。

第三，通过生态产业发展增加经营性收入和财产性收入。在加强保护的前提下，充分利用贫困地区生态资源优势，发展生态旅游、特

---

① 《生态扶贫工作方案》，中国政府网，http://www.gov.cn/xinwen/2018-01/24/content_5260157.htm，最后检索时间：2021年1月30日。

色林产业、特色种养业等生态产业。

第四，通过生态保护补偿等政策增加转移性收入。如退耕还林还草补助、草原生态保护等补助。

3. 生态扶贫主要举措

一是重大生态工程建设，包括退耕还林还草工程、退牧还草工程、青海三江源生态保护和建设二期工程、京津风沙源治理工程、天然林资源保护工程、三北等防护林体系建设工程、水土保持重点工程、石漠化综合治理工程、沙化土地封禁保护区建设工程、湿地保护与恢复工程、农牧交错带已垦草原综合治理工程。

二是生态保护补偿，包括生态功能区转移支付、森林生态效益补偿补助机制、新一轮草原生态保护补助奖励政策、生态综合补偿试点。

三是发展生态产业，包括生态旅游业、特色林产业、特色种养业。

四是其他支持方式，包括生态搬迁试点、资源利用试点、生态脱贫样本推广、规范生态管护岗位、碳交易补偿、植树造林项目等。

（五）中国生态补偿制度

虽然生态补偿制度的部分内容已在《生态扶贫工作方案》中得到具体体现，但是生态补偿制度不限于狭义的生态扶贫。党的十八大之后，生态补偿制度成为生态文明建设的重要内容，国家建立了较完善的生态补偿体制机制和政策体系，包括《关于健全生态保护补偿机制的意见》《关于加快建立流域上下游横向生态保护补偿机制的指导意见》《建立市场化、多元化生态保护补偿机制行动计划》《关于建立健全长江经济带生态补偿与保护长效机制的指导意见》《生态综合补偿试点方案》《长江保护法（草案）》等重要政策文件。党的十九大提出，要建立市场化、多元化生态补偿机制。在关于坚持和完善社会主义制度里程碑式的中共十九届四中全会上，"落实生态补偿"被作为生态文明制度建设的重要内容。

目前的生态补偿政策主要包括森林、草原、湿地、海洋、耕地、流域、矿山环境治理与生态修复等七大领域，以及限制开发区域和禁止开发区域两大重点区域的生态补偿。据统计，2019年，中国生态补偿财政资金投入已近2000亿元，森林生态效益补偿实现国家级生态公益林全覆盖，草原生态保护补助奖励政策覆盖13个主要草原牧区省（自治区），享受国家重点生态功能区转移支付县域数量已达819个。由于生态补偿很多具有跨省流域的特点，目前有很多跨省流域的生态补偿试点，包括新安江、九洲江、汀江－韩江、东江、引滦入津、赤水河、密云水库上游潮白河以及长江经济带等多个跨省流域上下游横向生态补偿试点。[1]

与此同时，市场化多元化生态补偿机制也在积极探索。如南水北调中线水源区积极开展具有生态补偿性质的对口协作，浙江金华与磐安率先实践异地开发的补偿模式，新安江流域引入社会资本参与生态补偿项目，茅台集团自2014年起计划连续十年累计出资5亿元参与赤水河流域水环境补偿，三峡集团正在长江大保护中发挥主体平台作用并探索市场化补偿路径。[2]

二 中国生态扶贫的成效

生态扶贫不仅产生了直接的生态环境保护、经济增长和扶贫效果，而且为欠发达地区创造了大量新发展机遇。随着发展理念、发展范式及技术条件的历史性变化（包括移动互联网、大数据、高速公路和铁路网、快速物流等），贫困地区发展的优劣势在一定程度上正发生改变。长期阻碍落后地区发展的一些传统约束（比如地理条件、市

---

[1] 刘桂环：《探索中国特色生态补偿制度体系》，《中国环境报》2019年12月17日，第3版。
[2] 刘桂环：《探索中国特色生态补偿制度体系》，《中国环境报》2019年12月17日，第3版。

场、资本、教育、医疗、人才等瓶颈），均在一定程度上被打破，或者说大大减轻。贫困地区有可能在新发展理念和绿色发展方式下，走出一条跨越式发展的新路子。[①]

（一）《生态扶贫工作方案》总体完成情况

根据2019年全国生态扶贫工作会议公布的信息，按照《中共中央国务院关于打赢脱贫攻坚战三年行动的指导意见》和《生态扶贫工作方案》确定的目标，生态扶贫各项任务已完成90%以上。按照这个进度，2020年可以如期完成《生态扶贫工作方案》目标。会议公布的生态扶贫目标完成情况如下。[②]

一是增加了生态公益性岗位就业，提高了贫困人口的收入。生态扶贫选聘了百万生态护林员队伍。2016年以来，已累计安排中央资金140亿元，安排省级财政资金27亿元，在贫困地区选聘100万建档立卡贫困人口担任生态护林员。

二是建立了生态扶贫的专业合作组织体系。2016年以来，中央层面共安排贫困地区林草资金1500多亿元，全国新组建了2.1万个生态扶贫专业合作社，吸纳120万贫困人口参与生态保护工程建设。

三是推动了特色绿色产业健康发展。2018年，中西部22个省份林业产业总产值达到4.4万亿元，同比增长12.8%。贫困地区油茶种植面积扩大到5500万亩，建设林下经济示范基地370家，依托森林旅游实现增收的贫困户达35万户，年户均增收3500元。

四是支撑保障能力持续提升。深入开展林草科技扶贫，创建"科技+企业+贫困户"扶贫模式，建立各类示范基地1316个，举办培

[①] World Bank, Development Research Center of the State Council, P.R.China (WB/DRC), *Seizing the Opportunity of Green Development in China* (Washington D.C.:World Bank Publication, 2012).

[②] 《全国生态扶贫工作会议在广西罗城召开》，国家林业和草原局网站，http://www.forestry.gov.cn/main/72/20190930/105518897112424.html，最后检索时间：2021年1月30日。

训班 7000 多期，培训乡土专家和林农 80 多万人次，实施科技扶贫项目 626 项。

（二）生态扶贫如何发挥作用

下面以两个具体的案例，说明生态扶贫等项目如何运作，以及当地农民如何从这些项目中获得收入。

——北京生态涵养区案例。[①] 北京划定的"生态涵养区"是首都的重要生态屏障和水源保护地，面积共约 1.1 万平方公里，约占北京全市面积的 2/3，涵盖了北京约 80% 的林木资源、60% 的水资源、65% 的湿地、95% 的生态保护红线划定范围。为了保护北京生态涵养区，让保护环境成为当地重要的收入来源，北京审议制定了《北京市生态涵养区生态保护和绿色发展条例（草案）》，以健全多元化生态保护补偿机制，对专项补偿、综合补偿、发展补偿、横向补偿等方面均做了较为全面的规定。财政对 7 个生态涵养区的转移支付资金，每年达 30 亿元。

据统计，目前北京郊区有 4 万多农民成为山区生态林管护员，其中低收入农户达 7000 人，人均每月增加收入 638 元。全市每年投入生态公益林促进发展机制资金 7.5 亿元，127 万山区农民人均直接收益 356 元，其中包括 4.04 万山区低收入农户，超 8 万人受益，217 个低收入村实现人均年增收 1160 元。平原生态林养护招用本地农村劳动力不低于 60%、规模化苗圃招用本地农村劳动力不低于 50%、山区营林招用本地农村劳动力不低于 80%……2019 年，仅新一轮百万亩造林绿化工程就吸纳 1.9 万名京郊农民就业增收，平原生态林养护、森林健康经营、规模化苗圃建设等共吸纳本地农民 4.2 万人就业增收，其中低收入农户 1000 余人。

[①] 贺勇：《北京立法加强生态涵养区建设，健全生态补偿机制——让看山护林保水的人增收》，《人民日报》2020 年 10 月 14 日，第 14 版。

——宁夏生态移民例子。[①] 20世纪80年代以来，宁夏政府有计划地实施了78.58万人的搬迁移民工作。其中，第一阶段从1983年到2000年，主要为了解决自然条件恶劣地区的群众生存和发展问题，以扶贫为主要目的；第二阶段从2001年到2010年，结合国家退耕还林政策，实施了将异地扶贫和生态保护相结合的生态移民政策；第三阶段为"十二五"中南部山区35万人的移民规划工程。生态移民一方面恢复搬出地的生态环境，另一方面为搬迁人口创造合适的就业机会。总体而言，移民搬迁保护生态环境的各类好处，大于为搬迁付出的代价。宁夏生态移民已经成为国际社会认可的中国西部地区适应气候变化的成功案例。

（三）贫困地区的发展机遇被重新认识

生态扶贫的实质，是保护好"绿水青山"，并将其转化为"金山银山"。因此，生态扶贫最大的成效之一，是发展观念转变带来对贫困地区发展优势的重新认识，从而为贫困地区通过绿色转型加快发展开辟了一条新道路。这种好处，不只是针对个别贫困人群，而且为落后地区整体发展带来新机遇。虽然贫困地区的这些"绿水青山"一直就存在，但在传统工业化模式下，由于经济发展的投入主要基于物质资源，这些无形的生态环境资源不仅不被视为一种资源，反而因为走传统工业化道路而被破坏。只有在"绿水青山就是金山银山"的新发展理念下，"绿水青山"才被视为"新"的资源。

贫困地区虽然在经济维度上属于贫困，但在农业资源、生态环境及地方文化等方面，却往往十分"富裕"。在过去农业时代，这些地方很多是相对"富庶之地"。随着工业时代来临，其无形资源在工业生产中没有优势，这些地区也不可避免地成为工业时代的落伍者。但是，随着绿色发展理念的兴起、数字时代的来临、快速交通网络的普

---

① 马忠玉主编《宁夏应对全球气候变化战略研究》，黄河出版传媒集团阳光出版社，2012。

及，以及中国发展水平和综合实力的大幅提升，这些"绿水青山"优势就有望成为经济增长新的来源。

——生态环境优势为亲环境经济活动创造条件。《中国农村扶贫开发纲要（2011—2020年）》确定的11个集中连片贫困地区，同生态环境脆弱地区高度重合。中国绝大部分的贫困地区，在主体功能区中均划分为限制开发区。根据郑新业等的研究[1]，贫困县与生态功能区有90.05%的重叠，贫困县的县城所在地与生态功能区有79.93%的重叠，而县城是贫困县工业发展的主要地方。这意味着，一方面，由于主体功能区的政策限制，这些地区在政策上不能再走传统工业化道路；另一方面，贫困县有得天独厚的"绿水青山"和地方文化禀赋，可以转化成发展的优势。

——可再生能源优势不断积累。分布式可再生能源可以为欠发达地区的农户提供稳定的收入来源，而中国太阳能和风能等绿色资源，也主要分布在相对贫困的地区。随着新能源技术的快速发展，成本正快速下降。根据联合国《2011年可再生能源报告》，2050年，新能源有望满足全球近八成的能源需求，在经济上变得可行。尤其是，习近平主席2020年10月22日在第七十五届联合国大会一般性辩论上宣布了中国努力争取2060年前实现碳中和的目标[2]，这会进一步加快可再生能源的发展，为贫困地区发展带来新机遇。

——生态农业带来新发展机遇。基于良好的生态环境优势，贫困地区可以发展高价值的生态农业。农业不再是一个落后的概念。现在基于良好生态环境和用现代企业组织的现代农业，可以成为非常赚钱的行业。由图1和图2所示，中国贫困地区是重要的农产品产区。其中，肉类产量约占全国的1/4，粮食总产量约占全国的1/5。[3] 如果贫

---

[1] Zheng and Ma, "China's Challenge in Facing Ecological Poverty Trap", manuscript, 2020.
[2] 《习近平在第七十五届联合国大会一般性辩论上的讲话》，新华网，http://www.xinhuanet.com/politics/leaders/2020-09/22/c_1126527652.htm，最后检索时间：2021年1月30日。
[3] 刘世锦、张永生等：《中国绿色转型2050》，国合会政策报告，2017。

困地区利用其生态环境优势实现绿色农业转型,则农产品附加值会大幅上升。

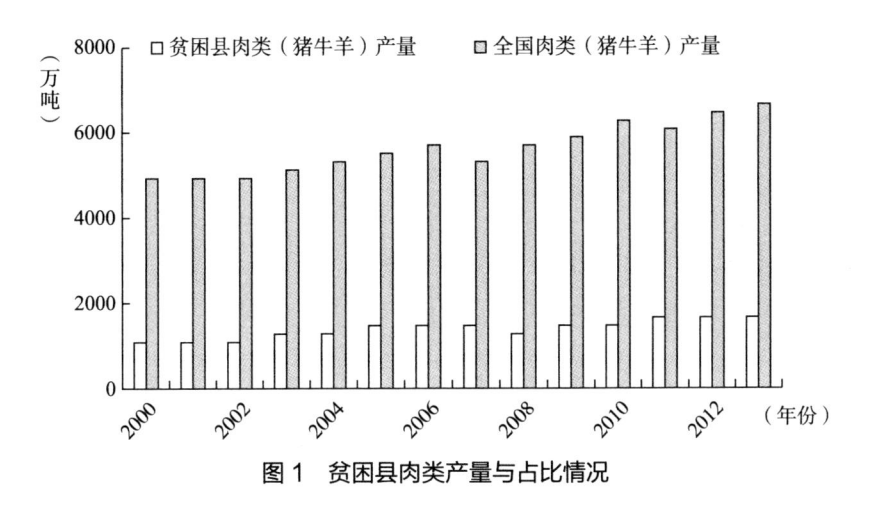

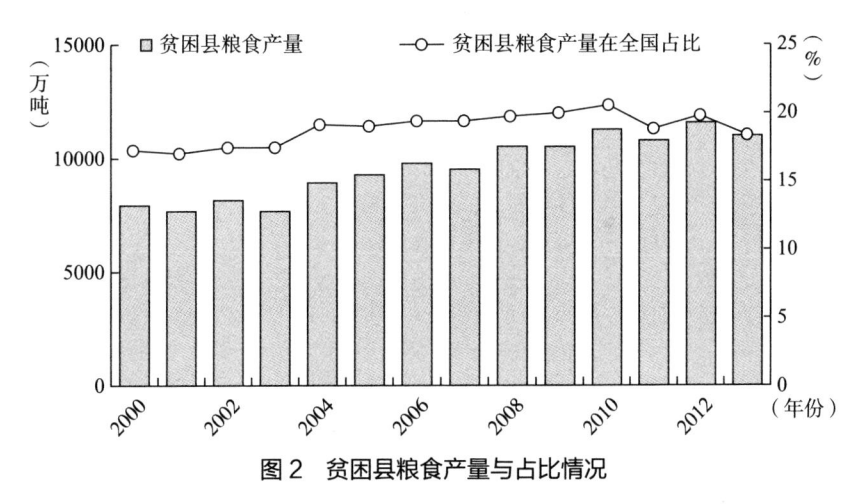

图1 贫困县肉类产量与占比情况

图2 贫困县粮食产量与占比情况

(四)好的环境如何催生新经济?

前面提到的《生态扶贫工作方案》实施成效,更多地集中在用各种方式对提供生态服务的贫困户进行直接补偿,而其中的"特色产业"同保护生态环境催生的新经济有关。这些经济活动比较分散,标准和口径难以统一,很难用统计数据来测度其效果。下面用具体例子进行说明。

1. 碳汇收入例子[①]

广东省韶关市上洞村的林业碳普惠项目,是"林业碳汇+精准扶贫"的一个典型例子。韶关市是广东扶贫任务较重的地级市之一。同时,韶关又是全国重点林区,森林资源丰富,得益于长期有效的保护,全市森林覆盖率达 75.05%,有林地面积 1911 万亩、活立木蓄积量 9054 万立方米。到 2020 年年中,韶关市筛选出条件成熟的 64 个省定贫困村和 1 个少数民族村,成功开发林业碳普惠项目。目前,第一批已获得省发改委备案签发,共计 307805 吨,并完成交易,交易额为 502.34 万元,资金全部到位。预计全部成交后将为 65 个村带来收入 1700 多万元。

2. 生态农业转型例子[②]

2016 年开始,湖北省石首市在 28 平方公里范围的团山寺镇开展绿色发展试验示范,旨在通过绿色转型加快传统农区的发展。

在生态农业方面,他们采用鸭-蛙-稻立体化种养方法,不使用农药化肥,从传统化学农业成功转型为生态农业,并复兴了本地品种。2020 年已发展到 2 万亩,成为中国最大的连片鸭-蛙-稻基地。在乡村生态环境改善的同时,生态有机农业转型大幅提高农产品价值,农民收入明显增加。与此同时,他们充分挖掘丰富的地方乡土文化,用生态理念将农村居民区改造成高品质的乡村生态社区。示范区因为绿色示范声名鹊起,从过去寂寂无闻的偏僻落后山村,先后获得"省级绿色示范村""全国乡村治理示范村""国家森林乡村""湖北省旅游名村""全国乡村旅游重点村"等名誉称号,多批次发展中国家官员赴该地考察学习。

[①] 《广东韶关:"林业碳汇"助农民增收》,国家林业和草原局网站,http://www.forestry.gov.cn/main/72/20180817/165029510448982.html,最后检索时间:2021 年 1 月 30 日。
[②] 该案例是作者在"重新定义发展"概念下发起的绿色发展试验,旨在帮助欠发达地区通过绿色转型实现蛙跳式发展。

三 中国生态扶贫的经验及其国际含义

(一) 主要经验

第一,最为关键的新发展理念。发展理念决定发展格局。绿色发展是发展范式的根本转变,是一个非连续的跳跃或"创造性毁灭",而不是一个渐变的过程。这种转变面临一个"鸡生蛋、蛋生鸡"的两难困境。也即,如果没有足够的绿色成功证据,则风险厌恶的决策者就不会采取有力的行动;如果不采取有力的行动,则证据就不会出现。此时,领导人的远见卓识和愿景就起着关键的作用。在"绿水青山就是金山银山"理念下,生态环境保护和经济发展相互促进的愿景,就为打破这种两难冲突提供了保证,大规模的生态扶贫实践才成为可能。

第二,以人民为中心的发展理念。一是"不忘初心",发展的根本目的或初心是增进民众福祉,而不是商业利益至上。传统发展模式的一个重要问题,就是在一定程度上,发展的目的和手段本末倒置。GDP 只是发展的手段,人民福祉的提高才是发展的根本目的,而良好的生态环境则是普惠的民生福祉。二是在乎低收入者的福祉,而不是少数利益集团的利益,中国才会进行如此大力度的脱贫攻坚战。

第三,政府强大的执行能力。政府的推动,相当于提供一种转型必需的公共产品。在推动绿色转型方面,中国政府强大的动员能力,成为其独特的优势。中国各种精准扶贫措施的落地,正是因为有政府强大的执行力。

第四,有效的市场机制。在生态扶贫中,"市场发挥着决定性作用"。生态补偿制度本质上是一种生态服务的交易关系。很多基于良好生态环境和文化的新兴产品和服务,难以用传统工业时代的商业模式和企业组织模式实现其价值，需要依靠创新型商业模式。这就需要大量创新，而充满活力的市场机制就成为关键。

（二）有效的政策框架体系

生态扶贫或绿色发展要成为促进贫困地区发展的杠杆，基本思路是将其良好的自然生态环境转化为财富。它包括以下"三个支柱＋五大政策框架"。[①]

三个支柱包括：一是对自然生态环境进行严格保护，自然生态环境是贫困地区经济发展的立足之本，是最为稀缺的资源；二是加快绿色基础设施建设，主要是互联网、快速交通和物流体系等；三是建立有效的财富转化机制。

五大政策框架主要包括如下内容。

一是政府用新模式直接为贫困地区提供优质的公共资源和服务。即基于互联网等现代技术手段，通过远程利用的方式，将外部最优质的教育、医疗、生产性服务、人才等资源，作为公共产品直接提供给贫困地区，从而在短期内突破贫困地区发展面临的瓶颈。

二是推进深层次的市场化改革，为贫困地区引入外部市场力量创造条件。尤其是，通过土地制度改革，吸引城市资本和人才向贫困地区流动。贫困地区不可能完全依靠自身相对低素质的人口实现经济起飞，必须消除城乡壁垒，促进要素在城乡间双向自由流动。

三是为严格的环境保护政策建立起基于市场的政策实现机制。包括进一步完善生态补偿制度，建立包括排放权交易在内的多元化减排政策体系。

四是能力建设和促进绿色产业发展，包括一系列的财税体制和政策设计等内容。目前，影响贫困地区走绿色发展道路的一个重要原因，是财税制度上的缺陷。在这种制度下，地方政府有激励引进一些

[①] 张永生：《绿色转型如何成为贫困地区发展的新杠杆》，载宋立刚、（澳）郜若素、蔡昉主编《深化改革与中国经济长期发展》，社会科学文献出版社，2015。

有污染但产值高的工业项目，从而快速获得税收，提高地方进行公共服务的能力。

五是进行地区试验。自下而上的改革是中国改革成功的一个重要经验。由于绿色发展是一个新事物，在顶层设计的框架下，充分发挥基层的创造性，进行地区试验，将为生态扶贫提供丰富的实践。

（三）中国生态扶贫的国际含义

中国探索的生态扶贫模式，不只是源于中国自己的具体问题，更是源于全球面临的不可持续的普遍问题。因此，中国的生态扶贫探索就不仅对中国自身有意义，对其他发展中国家减贫和现代化亦有重要意义。虽然由于国情不同，中国狭义的生态扶贫具体措施不一定适用于其他发展中国家，但中国广义的生态扶贫（即绿色发展），对其他发展中国家通过经济发展摆脱贫困尤其有帮助。

目前全球范围的南北地区差距和贫困问题，同工业革命后以工业化国家为代表建立的传统工业化模式的弊端密切相关。由于这种模式建立在"高资源消耗、高污染、高排放"的基础之上，不可能实现全球共享繁荣，必然会形成所谓"核心国家－外围国家"的南北发展差距。其中，以发达工业化国家为代表的少数核心国家居于全球分工链条的顶端，而发展中国家则居于分工链条的下游，成为低附加价值的原材料提供基地和工业产品初加工基地，难以摆脱贫困陷阱。

生态文明下的新发展范式，可以帮助落后地区走出一条蛙跳式发展道路。所谓蛙跳式发展，有两重含义。一是在如何实现现代化（how）的问题上，发展中国家不再走工业化国家"先污染、后治理"的传统工业化老路；二是在发展内容上（what）上，需要对现代化的内容进行重新反思，以发展出新的内容。现在对贫穷的定义，主要是按照收入水平。发展中国家虽然在收入方面落后，但其文化、生态环境、社会等方面并不贫穷，在一些方面甚至比发达国家更先进。比如，如果一个有着健康饮食模式的所谓"落后"国家，将发达国家的垃圾食品和饮食结构等视为现代化的标志，反而将其自身的健康饮食模式转变为所谓现代饮食模式，就会陷入现代化的误区。

一旦发展观念发生转变，则相应的发展内容和方式、消费的内容和方式、交易的内容和方式、商业模式、资源的概念、城镇化模式、居住方式等，均将发生根本性变化。这些变化使得贫困地区过去面临的很多传统发展约束被突破，新的机遇就会浮现。因此，中国的绿色发展及在此基础上形成的生态扶贫模式，对于其他发展中国家而言，就非常有意义。

四　结语与展望

改革开放后，中国通过快速而大规模的工业化，在短时期内使7亿多人摆脱贫困，取得了世界历史上的发展奇迹。但是，由于工业革命后以工业化国家为代表建立的这种传统工业化模式不可持续，人类必须向可持续生态文明新发展模式深刻转变。相应地，建立在传统工业化模式基础之上的扶贫模式，也必然要随之转变，而生态扶贫就成为未来扶贫的重要方向之一。

党的十八大之后，随着生态文明思想与新发展理念的提出，中国生态环境保护取得突破性进展，生态扶贫不断完善，逐步探索出了一条行之有效的生态扶贫模式。生态扶贫的实质，就是充分认识生态环境的价值，并以市场及其他非市场方式，通过满足人们对优美生态环境的需求，将贫困地区的"绿水青山"转化为"金山银山"。中国生态扶贫方面的探索，不仅对中国经济转型具有重要意义，对其他发展中国家走可持续发展道路也具有重要意义。这种探索，也是实现联合国可持续发展目标（SDGs）和人类命运共同体的根本之道。

B

中国减贫国际合作篇

B1. 中国减贫中的国际援助与合作

摘　要： 接受国际发展援助是中国改革开放政策的重要内容之一。与联合国和世界银行等多/双边国际组织开展减贫合作是中国接受国际发展援助工作的重要组成部分。这些国际组织的援助不仅体现在资金投入，同时帮助中国学习和借鉴了国际先进的农村发展和扶贫的理念、方式方法。这些国际经验经过中国的本土化实践和推广，对中国农村扶贫开发的理论、政策和制度建设产生了积极影响，有力地推动了中国扶贫开发机制的创新。同时，中国的减贫成就为国际减贫事业做出了重要贡献，中国的减贫经验在南南合作和"一带一路"国际合作中被其他发展中国家所借鉴。未来中国可与国际多/双边组织开展国际减贫合作，为国际减贫事业和建立人类命运共同体做出贡献。

关键词： 减贫事业　国际合作　国际多/双边发展援助　南南合作　国际减贫

新中国成立70年来，尤其自改革开放以来，中国的扶贫事业取得了巨大成就，这主要是中国政府和人民奋斗的成果，同时众多国际多/双边发展援助机构、非政府组织以及许多国家政府与个人也发挥了积极作用,其中联合国各发展系统和世界银行等国际金融机构的贡献尤为突出。本文将主要通过对联合国发展系统和世界银行对华扶贫援助项目的分析,来说明国际多/双边援助在中国扶贫事业中的角色和贡献。

一 中国接受国际发展援助的历史背景和指导思想

(一)历史背景

新中国成立以后,中国长期奉行独立自主的和平外交政策。但随着中国工业化基础和现代经济体系的初步建立,中国要想获得进一步发展,有必要获得国际资金和先进技术的支持。20 世纪七八十年代,国际形势也发生了重大变化,世界各国的工作重心多开始转向本国的经济发展,"东西矛盾"逐步缓和,世界经济"一体化"趋势不断增强,国际产业分工的调整和转移给发展中国家带来了新的发展机遇,为中国走向世界、全面开放提供了良好机遇,创造了和平的国际环境。[1]

20 世纪 70 年代末,中国国内外形势的变化为改革开放创造了条件。中国于 1971 年恢复了在联合国的成员席位,与其开始了在发展领域的合作。1979 年 6 月,中国政府在邓小平"中国的发展离不开世界"思想的指导下,与联合国开发计划署(以下简称"开发署")签订标准基本援助协定,决定接受其援助。由此中国同联合国进入全面合作的新时期,中国也拉开了与国际发展援助机构合作的序幕。1980 年中国恢复了在世界银行(以下简称"世行")的合法席位,并于次年开始接受世行的贷款。自此,接受国际发展援助成为中国改革开放政策的重要组成部分。

---

[1] 潘忠:《国际多边发展援助与中国的发展——以联合国开发计划署援助为例》,经济科学出版社,2008,第 66~67 页。

（二）指导思想

独立自主是中国对外交往的基本原则。根据这一原则，中国对接受国际发展援助采取的基本方针是"以我为主"，强调以中国政府为主体。中国政府1999年制定的《关于接受外国政府、国际组织无偿援助项目的管理办法（试行）》规定：接受外国政府和国际组织的援助必须以国家的法律、法令和法规为依据，以不损害国家和人民的利益为准则、以国家的外交政策和对外关系的总方针为指导思想；制定接受援助的方针和计划的依据是国家的国民经济及社会发展计划和国务院批准的经济建设及技术发展重点领域以及经济、社会体制改革的方向，以确保援助活动为中国经济和社会发展服务，为促进技术进步做出贡献。

二 中国与联合国发展系统和世界银行扶贫合作的发展历程

40多年来，联合国发展系统和世行等机构根据中国不同阶段的国家扶贫战略和需要，与中国开展了相应的扶贫援助项目，推进了中国扶贫进程。

（一）农村经济体制改革扶贫阶段（1978~1985）

改革开放初期，中国通过农村经济体制改革使农村绝对贫困人口大幅减少。但在土地贫瘠的中西部地区，由于农业生产落后、农民增收困难，贫困问题没有得到有效改善。这一时期，联合国发展系统和世行开始对华开展提高人口素质和推动农业生产发展的援助活动。例如，联合国人口基金（以下简称人口基金）开展的第一个对华援助国别方案（1980~1984）就是帮助中国政府运用现代手段开展第一次全国人口普查，提高避孕产品的生产能力和质量，解决母婴死亡率过高的问题；国际农业发展基金（以下简称农发基金）于1981年开展了"北方牧业与畜牧发展"项目；世界粮食计划署（以下简称粮食署）分别于1981年和1982年在宁夏开展"林草侵蚀防治"与"发展灌溉农业"项目，于1984年在甘肃开展"灌溉农业"项目、在青海开展"低产田灌溉发展"项目。

在这一时期，世行对华农村和农业发展项目主要包括三期农村教育科研项目、华北平原农业项目、黑龙江农垦项目、农村卫生和医学教育项目、两期农村信贷项目、化肥和种子项目、农村供水项目等。

（二）大规模开发式扶贫阶段（1986~1993）

1986年中国国务院扶贫开发领导小组（当时称国务院贫困地区经济开发领导小组，1993年12月28日改用现名）成立后，中国开始采用开发式扶贫方针，由救济式扶贫转为提高贫困人群和贫困地区的自我发展能力，旨在通过改善贫困地区落后的基础设施和生存生产条件等方式扶贫。

在此期间，人口基金在中国西部贫困地区实施的扶贫项目主要体现在通过计生和妇幼保健教育培训、提高贫困妇女地位等方面。粮食署自1987年起开展了一系列的改善农业生产条件的扶贫项目，包括贵州低产田改造项目，甘肃景泰县及青海乌兰县的灌溉农业项目，湖南湘西、湖北鄂西、广西三个县、河北涉县和内蒙古三个旗的农业综合开发项目，宁夏三县环境扶贫项目。在此期间开展的扶贫项目涉及多个主题，包括贫困地区干旱和盐碱化土地防治、病虫害防治、黄土高原水果种植储存、粮食仓储和存放、医疗卫生和环境保护、农业生产、教育改革与能力提升、医疗体系改革和疾病防治、促进社会发展、少数民族地区发展、妇女发展、环境治理、社会保障与职业培训，等等。①

1992年，世行和国务院扶贫开发领导小组共同完成了《中国90年代扶贫战略》，为世行参与中国未来扶贫工作构筑了一个多年项目框架。是年，世行在华启动实施"贫困省教育发展项目"，对六个贫困省份提供为期十年的支持，主要目标是提高贫困地区识字率、入学率和学校效率；支持教育体制改革和加强教育服务总体规划与管理，提高落后地区的教育水平。

（三）八七扶贫攻坚计划阶段（1994~2000）

在1994年中国政府出台《国家八七扶贫攻坚计划》后，人口基金在32个特困县开展计划生育、妇幼保健、人口发展服务，引进小额信贷，以促进社区发展，提高妇女经济能力和性别平等意识；开发署在贫困县开展了参与式小额信贷扶贫示范项目、推动可持续农业发展与粮食安全项目、提升初等教育项目、妇女扶贫项目等；粮食署开展了农业综合开发、少数民族农业和社会综合开发、贫困山区的农业综合开发及妇幼保健等援助活动。

这个时期世行开展的扶贫项目有六项，包括：贫困及少数民族地区基础教育项目、西南扶贫项目、山西扶贫项目、秦巴山区扶贫项目、甘肃和内蒙古扶贫项目、贫困地区林业发展项目。

（四）综合性扶贫开发阶段（2001~2012）

2001~2020年，中国同联合国共同制定4期《联合国对华发展援助框架》（见表1），其中与扶贫密切相关的项目涵盖了10个主题，包括提高基本社会服务的质量，确保人们更能够平等地获得这些服务；减少感染艾滋病引发的负担；加强食物安全和营养供应，特别是在家庭层面；增加就业渠道，扩大就业机会；加强社会保障体系建设，包

---

① 中国国际经济技术交流中心：《21年与21世纪：联合国开发计划署与中国合作情况回顾》，内部研究报告，2000，第11~15页。

括城乡医疗保险、失业保险、残疾保险和养老保险；加强环境管理，特别是西部地区的管理能力；通过帮助政府制定相关的社会和经济政策，促进增长与平等；通过加强参与性协调、监督和评估的能力与机制，更加注重社会发展；改进自然资源的管理，确保环境可持续性；降低艾滋病、肺结核和疟疾的感染率与发病率，为感染者提供照顾和援助。

表1 联合国发布的4期对华发展援助框架（2001~2020）

序号	年度	主要扶贫领域
1	2001~2005	增进基本社会服务；艾滋病防治；食物安全与营养供应；扩大就业；社保体系建设（城乡医疗、就业、残疾及养老保险）；环境管理
2	2006~2010	帮助政府制定经济增长和社会平等政策；能力建设与参与式社会发展；环保与自然资源管理，可持续发展；艾滋病、肺结核和疟疾防治
3	2011~2015	发展绿色、低碳经济；缩减贫富及城乡基本服务差距；关注人口问题，改进性别比例失调和性别不平等、教育和医疗不平衡；生态环保
4	2016~2020	完善社会保障体系；支持中国完善国家政策、立法和监管框架，促进公平发展；环境减贫；全球事务参与，南南合作与减贫经验传播

资料来源：根据联合国已发布的4期《对华发展援助框架》整理。

这个时期世行对华的扶贫项目有十多个，主要包括贫困监测统计能力建设、湖北贫困地区水电发展、贫困农村水利改革、贫困农村社区发展、贫困与不平等区域研究能力、贫困农村社区可持续发展、贫困农村地区可持续发展[①]、贫困片区产业扶贫试点示范、广西贫困片区农村扶贫试点示范等。

另外，2006~2010年，世行和英国国际发展部合作，在四川、云南、广西三省区实施了中国贫困农村社区发展项目，帮助18个国家扶贫开发工作重点县约140万农村贫困人口探索和推广了参与式扶贫模式。

---

① 全球环境基金委托项目。

（五）精准扶贫和精准脱贫阶段（2013~2020）

2013年以后，在中国精准扶贫和精准脱贫阶段，联合国相继实施了第三期和第四期对华发展援助框架，项目内容较契合中国政府的脱贫攻坚战略（见表1）。

这个时期，世行对华的扶贫项目有5个，包括：贫困片区产业扶贫试点示范项目、广西贫困片区农村扶贫试点示范项目、广东省欠发达地区义务教育均衡优质标准化发展示范项目、陕西省贫困地区农村社区发展项目、以结果为导向的广西扶贫项目。

三 联合国发展系统及世界银行减贫合作的重点领域及项目投入

在中国，国际援助项目的管理渠道比较多，有关项目数量和金额难以得到全面统计。但国际援助对中国扶贫事业的贡献是不可否认的。仅1995年以来，中国就与50多个国际多／双边援助机构开展了富有成效的合作，先后在260个贫困县实施110多个大型综合扶贫、试验试点示范、能力建设和扶贫政策管理研究等方面的扶贫合作项目，利用国外优惠贷款、无偿援助资金近20亿美元（折合人民币约122亿元），加上国内配套资金，总资金投入超过了219亿元人民币，使项目区两千多万贫困群众直接受益，帮助他们摆脱了贫困，提高了自我发展的能力[①]。

---

① 中国国际扶贫中心：《深化国际金融组织减贫合作的情况、机遇和建议》，内部研究报告，2015。

（一）项目重点领域及资金投入

1. 联合国发展系统对华扶贫项目

40多年来，联合国发展系统对华援助的扶贫项目涉及领域广泛，包括产业、教育、医疗卫生、金融、科技、就业、文化、区域开发、生态保护和绿色发展、政策制定和能力建设、灾后重建等。

从各扶贫领域的项目数量分布看，产业扶贫项目居首位。开发署对华援助的扶贫项目共有198个，其中产业扶贫项目有123个，占62.12%；其次是生态保护扶贫项目，有24个，占12.12%（见表2）。粮食署对华扶贫项目共有72个，除1个营养项目外，全部是产业扶贫项目（见表3）。联合国工业发展组织（以下简称工发组织）对华援助的扶贫项目共18个，其中产业扶贫项目为8个，占比为44.44%（见表4）。农发基金对华扶贫项目共54个，其中农业综合开发和产业扶贫项目共44个，占比为81.48%（见表5）。[1]

从各扶贫领域的项目资金分布看，总体上，产业扶贫项目的资金投入量是最大的。中国与开发署合作的扶贫项目资金总额约为5.15亿美元，其中产业扶贫项目金额占比最大，为34.02%；其次是生态保护扶贫，为22.96%；分列第三、第四位的分别是区域开发、政策和能力建设两个领域，其项目金额占比分别是10.46%和10.16%。粮食署援助的扶贫项目总金额约为9.86亿美元，其中产业扶贫项目金额占99.88%。工发组织的扶贫项目总额为0.29亿美元，其中产业扶贫项目金额占31.10%，居第二位，列首位的则是生态保护与绿色发展扶贫项目，占比为63.49%。农发基金援助的扶贫项目资金分为赠款与贷款两部分，其中赠款共计约1074万美元，用于农业综合开发和产业扶贫两类项目的金额合计占比为48.92%；贷款总额为10.09亿美元，全部投入了农业综合开发项目。

---

[1] 中华人民共和国商务部、联合国驻华系统：《回顾与展望——中国与联合国减贫合作四十年案例集》，中国商务出版社，2019，第123~130页。

表2　中国与联合国开发计划署合作扶贫项目汇总（1979~2019）

扶贫领域	项目数量 数量（个）	项目数量 占比（%）	项目总金额 金额（万美元）	项目总金额 占比（%）	其中：中国政府投入 金额（万元人民币）	其中：中国政府投入 占比（%）	联合国机构赠款 金额（万美元）	联合国机构赠款 占比（%）
产业	123	62.12	17511.50	34.02	27501.21	36.13	11511.58	31.80
生态保护	24	12.12	11815.91	22.96	1720.62	2.26	11549.65	31.90
教育	5	2.53	5069.54	9.85	9447.43	12.41	2234.53	6.17
区域开发	14	7.07	5384.26	10.46	10021.05	13.17	2782.12	7.68
卫生	6	3.03	619.01	1.20	20.63	0.03	613.47	1.69
金融	5	2.53	2976.25	5.78	1452.00	1.91	2801.10	7.74
文化	3	1.52	291.41	0.57	100.00	0.13	275.57	0.76
政策和能力建设	7	3.54	5228.57	10.16	21477.30	28.22	2479.00	6.85
科技	6	3.03	1381.69	2.68	891.79	1.17	1203.84	3.33
就业	1	0.51	330.96	0.64	950.00	1.25	216.09	0.60
综合	4	2.02	858.59	1.67	2530.00	3.32	538.03	1.49
合计	198	100	51467.69	100	76112.03	100	36204.98	100

资料来源：中华人民共和国商务部、联合国驻华系统：《回顾与展望——中国与联合国减贫合作四十年案例集》，中国商务出版社，2019。

表3　中国与世界粮食计划署合作扶贫项目汇总（1979~2019）

扶贫领域	项目数量 数量（个）	项目数量 占比（%）	项目总金额 金额（万美元）	项目总金额 占比（%）	其中：联合国机构赠款 金额（万美元）	其中：联合国机构赠款 占比（%）
产业	71	98.61	98473.03	99.88	81143.00	100
营养	1	1.39	119.13	0.12	—	—
合计	72	100	98592.16	100	81143.00	100

资料来源：中华人民共和国商务部、联合国驻华系统：《回顾与展望——中国与联合国减贫合作四十年案例集》，中国商务出版社，2019。

表4　中国与联合国工业发展组织合作扶贫项目汇总（1979~2019）

扶贫领域	项目数量 数量（个）	占比（%）	项目总金额 金额（万美元）	占比（%）	其中：联合国机构赠款 金额（万美元）	占比（%）
产业	8	44.44	905.18	31.10	656.18	40.04
生态保护与绿色发展	3	16.67	1848.18	63.49	850.88	51.91
卫生	3	16.67	120.50	4.14	94.80	5.78
政策和能力建设	2	11.11	4.67	0.16	4.67	0.28
科技	1	5.56	28.38	0.97	28.38	1.73
综合	1	5.56	4.10	0.14	4.09	0.25
合计	18	100	2911.01	100	1639.00	100

资料来源：中华人民共和国商务部、联合国驻华系统：《回顾与展望——中国与联合国减贫合作四十年案例集》，中国商务出版社，2019。

表5　中国与国际农业发展基金合作扶贫项目汇总（1979~2019）

扶贫领域	项目数量 数量（个）	占比（%）	联合国机构赠款 金额（万美元）	占比（%）	联合国机构贷款 金额（万美元）	占比（%）
农业综合开发	42	77.78	356.46	33.19	100910.81	100
产业扶贫	2	3.70	169.00	15.73		
农业专题研究	7	12.96	119.90	11.16		
农业与环境保护	2	3.70	278.72	25.95		
灾后重建	1	1.85	149.98	13.96		
合计	54	100	1074.06	100	100910.81	100

资料来源：中华人民共和国商务部、联合国驻华系统：《回顾与展望——中国与联合国减贫合作四十年案例集》，中国商务出版社，2019。

2. 世界银行对华扶贫合作领域与项目

1980~2020年，世行对中国的贷款援助项目共有549个，涉及经济和社会发展的众多领域，其中有22个是专门的扶贫项目，占比为4.00%。但是，其他领域的许多项目也与扶贫密切相关，这类项目包括农村公共服务与基础设施项目 121 个，农村市场建设项目 25 个，农村政策与机构建设项目 18 个，农村非农业收入人口项目 17 个，社会性别项目 7 个，其他农村发展项目 41 个（见表 6）。

从 1980 年至今的 40 年里，世行对华全部援助项目的承诺总金额为 665.79 亿美元。其中，22 个扶贫项目的承诺金额仅为 24.55 亿美元，占总项目承诺金额的 3.69%，大部分项目资金被投入能够长期促进扶贫的关键领域，例如，农村公共服务与基础设施项目的总承诺金额为 171.00 亿美元，占比为 25.68%；农村政策与机构建设项目的总承诺金额约为 56.00 亿美元，占比为 8.41%；农村市场建设项目的总承诺金额约为 36.20 亿美元，占比为 5.44%；其他农村发展项目总承诺金额为 55.21 亿美元，占比为 8.29%（见表 6）。

表 6　世界银行对华援助项目中有关扶贫项目的概况（1980~2020）

项目领域	项目数量		项目承诺总金额	
	数量（个）	占比（%）	金额（百万美元）	占比（%）
全部项目	549	100	66579.00	100
其中与扶贫有关的项目领域*				
农村公共服务与基础设施	121	22.04	17100.21	25.68
农村市场建设	25	4.55	3619.77	5.44
扶贫	22	4.00	2455.00	3.69
农村政策与机构建设	18	3.28	5599.87	8.41
农村非农业收入人口	17	3.10	2041.71	3.07
社会性别	7	1.28	897.50	1.35
其他农村发展	41	7.47	5521.29	8.29

资料来源：根据世界银行网站数据整理。
＊存在同一项目被同时统计在不同项目领域中的情况。

（二）项目资金的多方来源

联合国发展系统各机构对华援助的扶贫项目，在实践中不仅有联合国各家机构之间的紧密协作，有的还得到了其他国际组织或政府的资金支持，并利用各自专长，实现优势互补。例如，1997~2002 年的"青海海东地区农业综合开发项目"投资总额为 3570.63 万美元，其中粮食署投资 1265.10 万美元，主要用于基础设施建设、技术培训和扫盲活动，农发基金投资 521.90 万美元，主要用于贫困农户农业生产、畜牧业发展等。①在艾滋病防治领域，联合国各家机构利用各自优势，开展不同的项目，共同合作助力艾滋病防治工作，其中联合国儿童基金会共投入预防母婴传播项目约 6500 万元人民币，重点支持国家级专家团队的建设、指南和国家工作方案的开发、试点的建设和交流与分享；世界卫生组织投入约 400 万元人民币的经费，支持中国预防母婴传播的拓展和交流；联合国艾滋病规划署（以下简称"艾滋病署"）投入约 40 万元人民币，支持凉山地区预防母婴传播的能力建设。②人口基金对华援助第五周期得到了芬兰、卢森堡、西班牙、瑞典、瑞士、英国等双边援助机构以及艾滋病署项目加速基金、联合国消除针对妇女暴力信托基金和联合国中央应急基金等基金的资助。③

在中国与联合国发展系统和世行等国际援助机构合作的扶贫项目中，中国各级政府配套了大量资金，一些项目资金投入超过国际机构投资额数倍之多，确保了项目的深入开展。例如，在开发署的 198 个扶贫项目中，中国政府共投入约 7.61 亿元人民币，约占项目资金总额的 29.66%；从 1979 年至 2005 年，中国政府对粮食署的援华项目提供了 12 亿美元的配套资金④；从 1980 年至 2009 年，中国政府对与

---

① 中华人民共和国商务部、联合国驻华系统：《回顾与展望——中国与联合国减贫合作四十年案例集》，中国商务出版社，2019，第 33~40 页。

② 中华人民共和国商务部、联合国驻华系统：《回顾与展望——中国与联合国减贫合作四十年案例集》，中国商务出版社，2019，第 123~130 页。

③ 中华人民共和国商务部、联合国人口基金：《中国和联合国人口基金：为人口与发展合作的 30 年历程》，联合国人口基金驻华代表处，2010。

④ 《联合国在华四十周年系列专题报道》世界粮食计划署在中国的角色转变折射出中国的可喜发展历程》，联合国新闻，https://news.un.org/zh/story/2019/04/1030931，最后检索时间：2021 年 1 月 30 日。

人口基金合作的全部项目投入了约1946万美元;[①]在粮食署和农发基金支持的"青海海东地区农业综合开发项目"中,中国政府配套资金1762.4万美元,另外群众投劳折资21.23万美元。[②]

从事扶贫事业的国际非政府组织有世界宣明会、国际行动、国际计划、国际小母牛、国际行动援助,等等。长期致力于扶贫的中国非政府组织也很多,如中国扶贫基金会、中国人口福利基金会、中国妇女发展基金会、中国青少年发展基金会、壹基金、南都基金会、友成企业家扶贫基金会,等等;跨国企业财团参与中国扶贫事业的有丹麦绫致基金、德国拜耳公司、美国嘉吉公司、德国阿迪达斯公司、美国花旗集团基金会等;对中国扶贫事业做出贡献的还有许多个人,他们捐款捐物,用于建设学校和医院、改善营养、发展小额信贷等。

(三)知识和技术投入

在资金支持之外,联合国发展系统及世行等国际组织对华扶贫援助的核心内容之一是知识转移和技术援助。这些国际机构利用其遍布全球的专业技术组织网络,为援华项目提供了大量各领域的优秀专家和专业机构。他们一般作为项目的技术专家或分包机构,将国际先进的发展理念、经验、知识和技术引入中国,并根据中国情况与中国同行研究解决方案,对提升中国各扶贫领域的专业能力、优化扶贫体制机制和提高扶贫效果发挥了重要作用,这也是联合国等国际组织对华援助扶贫开发项目的核心价值所在。例如,自1992年开始,世行和中国国务院扶贫开发领导小组共同开展了多项研究和多次研讨,向中国引进了世行的扶贫理念与战略,加深了中国扶贫部门对贫困的理解,创新了中国的扶贫治理路径。这些理念包括:从概念上,贫困是

---

① 中华人民共和国商务部、联合国人口基金:《中国和联合国人口基金:为人口与发展合作的30年历程》,联合国人口基金驻华代表处,2010。
② 中华人民共和国商务部、联合国驻华系统:《回顾与展望——中国与联合国减贫合作四十年案例集》,中国商务出版社,2019,第123~130页。

一个超越收入的多方面、复杂的、动态的、当地的概念；贫困人口缺乏资产、机会和自我发展能力；扶贫项目最大的失败是缺乏瞄准机制；扶贫要有可持续性，包括环境、经济、社会和机构的可持续，等等。这些战略包括，扶贫开发的过程是不断为贫困群体提供机会的过程，通过刺激经济增长，为穷人扩大经济机会，让市场更好地为穷人服务，为穷人增加资本（土地、教育等）；同时，扶贫开发的过程是不断为贫困群体赋权的过程，增强穷人决策能力，消除性别、种族、民族歧视以及社会不平等；扶贫开发要不断为贫困群体建立安全网，减少穷人的脆弱性，增强抵御疾病、经济震荡、失业、不幸以及自然灾害打击的能力[1]。

四 中国与国际组织扶贫合作的成效

中国与国际多/双边援助机构等国际组织的扶贫合作，不仅为中国的扶贫事业做出了贡献，也为全球的减贫事业做出了重要贡献。中国扶贫的国际合作经验也可以为其他发展中国家提供借鉴。

（一）对中国扶贫事业的贡献

中国与国际组织的扶贫合作不仅增加了扶贫资金投入，有效地缓解了贫困地区的贫困程度，同时学习和借鉴了国际先进的农村发展和扶贫的理念、方式方法，并经过本土化实践和推广，对中国农村扶贫开发的理论、政策和制度建设产生了积极影响，有力地推动了中国扶贫开发机制的创新。具体而言，国际合作对中国的扶贫事业产生了以下七方面的影响。

---

[1] 曹文道：《世行与中国扶贫26年：成就与经验》，未刊稿，2020。

第一，扶贫国际合作推动了中国扶贫战略的重要转变。与国际组织的合作有力地推动了中国扶贫战略从救济式扶贫向开发式扶贫的战略转变。例如，20世纪90年代初，中国与世行合作进行了"90年代扶贫战略""战胜农村贫困"等农村扶贫战略研究，提出了社会服务与生产开发并重、基础设施和能力建设并重等完善开发式扶贫的政策建议，对形成中国八七扶贫攻坚计划和新世纪的两个中国农村扶贫开发纲要等扶贫战略文件均发挥了积极的作用，为中国开展大规模开发式扶贫提供了支撑。

第二，扶贫国际合作促进了中国扶贫政策和制度体系的完善。与国际组织多方位的合作推动了中国扶贫政策和制度体系从区域经济发展带动扶贫转向到村到户、整村推进等更加精准的扶贫制度设计，完善了包括贫困监测等在内的扶贫政策体系。例如，在与世行等国际组织开展的合作项目中探索试验的"整村推进"扶贫模式，成为写入中国《2001—2010年农村扶贫开发纲要》中的主要扶贫模式之一；从90年代开发署、联合国儿童基金会和世行等机构援助项目开展试点的小额信贷扶贫模式已经成为国家开发式扶贫的主要政策之一，并且在开发署等机构援助项目的支持下，中国普惠金融政策体系逐步形成；以国际合作扶贫项目外部独立评估监测为基础，建立了全国贫困监测体系，目前贫困监测已覆盖所有国家扶贫工作重点县和片区县。

第三，扶贫国际合作推动了中国扶贫工作方法的变革。中国在结合国情的基础上引入了国际先进的扶贫理念和方法，促进了科学的扶贫管理制度和方法的形成，并在全国示范推广。例如，"以村级规划为平台建立农户广泛参与机制"、社区主导发展（CDD）等方法，在扶贫整村推进、贫困村灾后恢复重建、全国彩票公益金村级扶贫项目和世行第五期扶贫项目所涉及的12000多个贫困村采用，大幅度提高了扶贫效率，受到贫困地区的欢迎，被实践证明是有效的扶贫方法。

第四，众多扶贫国际合作项目在一定程度上弥补了中国扶贫资源不足的问题，改善了贫困地区的基础设施和其他软硬件，为当地扶贫与经济社会发展提供了基本条件。

第五，扶贫国际合作项目覆盖地域广泛，涵盖了除港澳台以外的中国所有省、自治区和直辖市，重点在中西部深度贫困地区，面向最贫困人群，扶贫目标针对性强。

第六，通过请进来、走出去，扶贫国际合作项目帮助中国培养了大批应对贫困问题的专业人才，提升了中国贫困治理能力，也促进了大量贫困人口的思想和观念的转变，为他们摆脱贫困打开思路，增强了他们脱贫的信心和能力。

第七，扶贫国际合作对中国提前完成联合国千年发展目标和落实2030年可持续发展议程都起到了重要的推动作用。

（二）对国际减贫事业的贡献

新中国成立70年来，尤其自改革开放以来，中国通过加快建设，深化改革和大规模扶贫开发，贫困人口大幅减少，成为全球最早实现联合国千年发展目标中减贫目标的发展中国家。开发署前署长海伦·克拉克说："中国最贫困人口的脱贫规模举世瞩目，速度之快绝无仅有！"[①] 国际发展援助机构对华扶贫合作为中国的扶贫事业做出了重要贡献。中国的扶贫成就加速了世界减贫进程，为全球减贫事业做出了巨大贡献。本研究主报告已将其归纳为创造全球减贫奇迹和加速全球减贫进程、提高全球人类发展水平、为全球贫困治理提供中国方案和中国力量等方面。其中，在国际减贫合作方面，中国是全球最早实现千年发展目标中减贫目标的发展中国家，在致力于消除自身贫困的同时，还积极开展南南合作，支持和帮助广大发展中国家特别是最不发达国家消除贫困。除了主报告中提供的数据资料，过去70年，中国累计向近170个国家和国际组织提供援助资金4000多亿

[①]《专访：中国在促进人类发展方面贡献巨大——访联合国开发计划署署长海伦·克拉克》，新华网，http://www.xinhuanet.com//2017-03/22/c_1120676271.htm，最后检索时间：2021年1月30日。

元，实施各类援外项目5000多个，派遣60多万援助人员，为发展中国家培训各类人员1200多万人次，为120多个发展中国家消除贫困提供帮助。[①]

五 中国与国际组织开展扶贫合作的基本经验与前景

（一）基本经验

中国扶贫成就的根本原因在于中国的社会主义制度和中国共产党的核心领导，在于中国社会各界和全体人民的共同努力。但国际社会的支持也弥足珍贵，其中就包括联合国发展系统和世行等国际多/双边援助机构以及国际非政府组织、企业和友好人士。

中国国际扶贫合作40多年最重要的经验可以概括为"有予有取、以我为主、彼此尊重、坚定承诺、有力支持、高效运行、合力推进、综合施策"八个方面。

第一，有予有取。中国自恢复在联合国的合法席位，即向联合国发展系统捐款，用于其发展援助活动。即使在中国接受联合国援助之后，中国仍然坚持向联合国发展系统捐款，并向其驻华机构提供经费支持，在合作项目中分摊项目经费，提供项目执行的配套资金。

第二，以我为主。在国际扶贫合作中，中国始终坚持独立自主的方针，根据自身的发展目标和优先发展领域确定合作重点和合作战略，为合作项目能够符合中国发展需要、切实发挥作用打下了坚实基础。

第三，彼此尊重。中国在国际扶贫合作中与各合作方彼此尊重和

[①] 《中国减贫经验值得借鉴》，人民网，http://world.people.com.cn/n1/2019/0906/c1002-31339556.html，最后检索时间：2021年1月30日。

理解，为建立良好而牢固的伙伴关系奠定了基础。

第四，坚定承诺。消除绝对贫困、实现共同富裕是中国共产党与政府对中国人民做出的庄严承诺，也为中国与国际组织扶贫合作的成功提供了重要的政治保障。

第五，有力支持。中国政府把与国际组织的扶贫合作项目视为中国经济社会发展的重要助推器，给予了高度重视，优先在组织、资金和人力资源等方面提供有力的支持。

第六，高效运行。中国政府在改革开放中形成的高效行政运行体制是中国与国际组织扶贫合作成功的重要组织基础。

第七，合力推进。在国际扶贫合作中，中国调动和整合了国内外社会各界的扶贫资源，形成巨大合力，并充分激发贫困地区和贫困人口发展的内生动力，成为中国与国际组织扶贫合作成功的重要动力来源。

第八，综合施策。致贫原因的多维性决定了扶贫手段的综合性。中国利用国际多/双边各类援助机构各自的专业优势，在不同领域内开展合作，但又以本国国民经济和社会发展规划以及扶贫规划为引领，消除各方面的致贫因素。这是中国与国际组织扶贫合作成功的重要原则和策略。

（二）合作前景

中国接受国际发展援助的40多年来，逐渐从一个受援国变为一个国际上积极的南南合作参与者。2020年中国已消除绝对贫困，但相对贫困群体将长期存在，城市贫困问题亦将凸显，多维贫困将受到更多重视。所以，2020年后中国仍将面对解决发展不平衡不充分的艰巨任务，仍然需要国际多/双边及各类发展援助机构的合作与支持。

与此同时，中国作为快速发展的发展中大国，有责任和义务帮助其他发展中国家的发展。时任联合国驻华协调员罗世礼表示，联合国机构在过去的40多年当中，见证并参与了中国深远的经济发展与社会转型过程，中国已经从一个专业知识和技术的净进口国发展成为提供发展解决方案和技术的大出口国，联合国越来越多的工作是如何在国际上与中国合作，以及联合国如何支持中国在南南合作中发挥作用。[①]

中国国家主席习近平提出，要推进开放、包容、普惠、平衡、共赢的经济全球化，着力加快全球减贫进程，着力加强减贫发展合作，着力实现多元自主可持续发展，着力改善国际发展环境，创造全人类共同发展的良好条件，共同推动世界各国发展繁荣，建立人类命运共同体。[②]可见，未来中国将与联合国和世行等国际组织加强协调合作，在"一带一路"倡议框架下开展更多减贫领域的南南合作和三方合作，为国际发展做出更大的贡献。

[①] 《【联合国在华四十周年系列专题报道】驻华系统协调员罗世礼畅谈中国巨大成就和联合国提供的支持与协作》，联合国新闻，https://news.un.org/zh/story/2019/03/1029282，最后检索时间：2021年1月30日。
[②] 中共中央党史和文献研究院编《习近平扶贫论述摘编》，中央文献出版社，2018，第147~164页。

B2. 中国的对外减贫援助与合作

摘　要：中国在大力推进国内减贫事业的同时，也不断探索国际减贫援助与合作的新路径。改革开放以来，从减贫国际合作的历史脉络来看，中国在减贫方面的国际合作经历了三个阶段，现阶段的减贫合作方式主要包括援助基础设施建设、加强农业技术合作、培养减贫专业人才等。中国对外减贫合作已覆盖以非洲、亚洲和拉美地区为主的众多发展中国家和诸多国际组织，其中，对非援助与合作、对东盟援助与合作以及与国际组织的合作取得了明显的成效。中国对外减贫援助与合作强调尊重对方选择和互利共赢，合作方式渐趋多样化，合作的机制化程度也不断提高。新时期，中国减贫国际合作仍面临着不少挑战，需要进一步创新减贫合作方式，拓展减贫合作领域。

关键词：减贫　对外援助　国际合作

贫困仍是当今世界面临的全球性挑战，联合国可持续发展目标（Sustainable Development Goals，SDGs）将"消除一切形式的贫困"作为首要目标，足见消除贫困在人类发展进程中的重要性。消除贫困既需要广大欠发达国家的努力，也需要国际社会的协同合作。正如习近平主席在2020年新年贺词中所说："我们愿同世界各国人民携起手来,积极共建'一带一路',推动构建人类命运共同体,为创造人类美好未来而不懈努力。"作为负责任的大国,中国在致力于消除自身贫困的同时,也积极开展国际减贫援助与合作,建立以合作共赢为核心的新型国际减贫伙伴关系,在国际减贫事业中分享自身发展经验、提供中国方案和贡献中国力量,支持和帮助广大发展中国家特别是最不发达国家消除贫困。

中国的减贫成就举世瞩目,为世界减贫事业做出了重大贡献,也为全球贫困治理贡献了"中国经验"。在此背景下,如何将中国的减贫经验分享给其他发展中国家,并帮助广大发展中国家实现联合国可持续发展目标,成为国际社会关注的热点话题之一。特别是2015年以来,中国政府一方面在国内实施精准扶贫方略,承诺到2020年农村贫困人口全部脱贫;另一方面通过参与联合国框架下的国际援助与发展合作,特别是加强与撒哈拉以南的非洲、东南亚、拉丁美洲等区域内发展中国家的减贫合作,结合共建"一带一路"倡议等多种平台和途径分享中国的减贫经验。本报告对中国参与国际减贫援助与合作的总体情况、发展历程以及最新进展进行梳理,以期更加清晰地呈现中国在国际减贫事业中的独特形象。

一 中国对外减贫援助与合作的发展历程

改革开放40多年以来,中国减贫取得的成就举世公认。从减贫国际合作的历史脉络来看,中国在减贫方面的国际合作经历了三个阶段:从1979年到2004年,中国减贫国际合作主要是学习和借鉴国际经验,将国际上好的做法整合到中国的减贫实践中;从2004年到2015年,这一时期中国的减贫成就受到国际关注,中国开始同世界其他国家交流和分享减贫经验;党的十八大以来,特别是2015年以来,中国开始积极贡献减贫方案，助力其他发展中国家的减贫与发展。

（一）2004年之前——以学习和转化为主

1979年，中国与联合国开发计划署（UNDP）签订了标准基本援助协定。这标志着中国开始接受国际发展援助，中国减贫实践也有了一个学习国际经验的平台，从而在引进了资金、技术和经验的同时也丰富了减贫理论。根据UNDP在1997年编写的参与中国扶贫、粮食安全和妇女三类项目的国际组织名录，有50多个各类国际组织从不同角度参与了中国的减贫活动。在中国自身经济实力还不是太强的情况下，国际组织的援助，包括官方无偿援助、软贷款等，对弥补中国资金的不足发挥了重要的作用。例如，世界银行自1995年起在中国实施扶贫贷款项目，已完成的五期扶贫项目的投入总规模达到7.7亿美元，几乎覆盖了中国西部的每一个省份，对于中国来说是很大的资金支持。

国际对华援助在一定程度上补充了中国政府投入，加快了扶贫工作的进程。在引进资金的同时，中国一方面借鉴了很多国际减贫的理论和方法，另一方面也积极将国际社会先进的减贫经验、理念和方法应用到中国反贫困实践中。例如，中国构建了基于人均消费的绝对贫困标准和相对贫困标准，1985年开始制定官方贫困线，采用的是食物贫困线和通过恩格尔系数法测算的非食物贫困线之和的方法。又如，中国目前在扶贫工作中广泛使用的参与式扶贫，是世界银行和亚洲开发银行力推的减贫方式。

（二）2004~2015年——以交流和分享为主

在向国际社会借鉴和学习减贫经验、理论的过程中，中国的减贫理论、减贫模式也逐步形成，在全球减贫事业中贡献了政府主导大规模减贫的经验。2004年5月，世界银行主办、中国政府承办的上海全球扶贫大会成功召开。大会期间，中国向世界分享了中国经验，中国的发展和减贫经验受到广泛关注和重视。这标志着中国在减贫领域的国际合作向交流和分享转变。

中国与国际社会在减贫领域的交流和分享方式主要是共建减贫交流合作平台，举办减贫援外培训班，对发展中国家开展减贫项目援助等。例如，从2007年开始，中国和联合国驻华系统在每年10月17日"国际消除贫困日"联合举办"减贫与发展高层论坛"，探讨国际减贫的形势和问题。除举办高层次减贫论坛、会议等活动外，在中国政府援外培训的框架下，中国同国际机构合作举办减贫援外培训班，主要对发展中国家的政府官员进行业务培训，使其了解中国的减贫经验和行动。成立于2004年的中国国际扶贫中心在"交流扶贫经验、推进减贫进程、组织应用研究、促进政策优化、加强国际交往、推动国际合作"方面发挥着重要作用，通过举办一系列减贫培训活动，将中国的整村推进、劳动力转移就业培训、扶贫移民搬迁、产业化扶贫、退耕还林还草、小流域综合治理、连片开发减贫等扶贫开发项目经验与国际社会进行交流、分享。

（三）2015年至今——以经验传播和实践为主

2015年以来，中国政府提出了"确保到2020年，中国现行标准下农村贫困人口全部实现脱贫"的目标，并实行精准扶贫基本方略。五年来，精准扶贫工作取得了显著成效。同时，中国实施的基础设施建设、产业扶贫、金融扶贫、教育扶贫、健康扶贫、易地搬迁、社会保障兜底等"中国式扶贫"做法丰富了全球减贫公共产品，为全球减贫事业贡献了中国智慧和中国力量，中国经验的传播和实践也更加受到国际社会的重视。

在减贫国际援助与合作方面，中国国家主席习近平提出要"切实落实好正确的义利观，做好对外援助工作，真正做到弘义融利"，支持和帮助发展中国家特别是最不发达国家减贫，构建人类命运共同体。这一理念成为中国减贫国际合作的重要指导，结合"一带一路"

倡议，逐步探索中国与欧亚内陆各国、东南亚、南亚至非洲大陆各发展中国家的合作开发新模式。自习近平主席提出构建人类命运共同体理念以及"一带一路"倡议以来，中国持续关注对外减贫援助与合作，采取多种措施从多领域支持其他国家和地区推进减贫事业，主要方式包括援助基础设施建设、加强农业技术合作、培养减贫专业人才等。

首先，中国对外减贫援助与合作十分重视发挥基础设施建设的作用。[①]基础设施作为典型的正外部性公共产品对拉动私人投资有很好的促进作用，进而创造就业岗位和促进收入的提升，推动投资环境的改善，使得减贫进入良性循环状态。从减贫效果出发，中国政府多关注与民生相关的基础设施建设。以非洲为例，中方目前已在非洲援建了500多个基础设施项目，包括公路、铁路、机场、水电设施等经济基础设施，以及各类办公大楼、学校、医院等社会公共基础设施。这些基础设施建设改善了非洲当地人民的生产和生活条件，为减贫事业的推进打下了坚实的基础。2017年，在"一带一路"国际合作高峰论坛上，习近平主席宣布一系列合作举措，在国际减贫领域，中国在三年内向参与"一带一路"建设的发展中国家和国际组织提供600亿元人民币的援助资金，建设更多民生项目，其中包括诸多基础设施建设项目。

其次，针对各国资源禀赋优势，加强农业技术示范与合作。大部分发展中国家农业生产资源丰富，农业人口众多且发展潜力巨大，但技术、资金等限制导致潜力并没有得到充分发挥。而中国作为农业大国在农业生产各环节拥有丰富的发展经验，加之近年来乡村振兴战略的实施，中国政府在交流平台搭建、农业技术推广、减贫示范等方面积极探索合作，促进受援国农业发展，进一步实现减贫目标。中国开展的农业技术示范项目可以帮助农民更好地种植农作物，提升作物品

---

① 张原：《"中国式扶贫"可输出吗——中国对发展中国家援助及投资的减贫效应研究》，《武汉大学学报》（哲学社会科学版）2019年第3期，第185~200页。

质，在获得农业产业经济效益的同时实现收入增加。中国凭借地缘和技术优势，致力于非洲、东南亚地区农业技术示范与推广，针对当地情况，从各领域出发开展合作，帮助建立现代农业产业。例如，通过澜湄合作专项基金支持国务院扶贫办实施"澜湄减贫能力提升"等减贫项目，支持柬埔寨实施"农村经济发展减贫"、支持缅甸实施"通过交流建立澜湄国家农村发展与减贫联盟"、支持老挝实施"社区导向发展减贫地区论坛"等减贫项目。中国广西壮族自治区在湄公河流域设立了中国（广西）－东盟农作物优良品种试验站项目，为相关国家引进农作物试验试种300多个，筛选适合当地种植的品种和提纯复壮品种共30个、累计示范推广面积超过6万亩。

最后，大力开展与发展中国家的经验交流及人才培养。在总结前期减贫国际合作经验的基础上，中国政府采取了向受援国派遣专家和技术人员、邀请受援国人员参加高级别培训班、提供来华奖学金等多种方式促进受援国人力资本得到提升。以中国国际扶贫中心为例，自2005年成立以来，截至2017年底，共举办了121期国际减贫研修班，其中，有来自52个非洲国家的1916名政府官员与扶贫工作者参加了专题减贫培训。仅在2017年，就有来自36个非洲国家的307名政府官员和扶贫工作者参与了中国国际扶贫中心举办的减贫研修班。这些以减贫为主题的研修班，通过理论讲解、经验介绍、案例分析、实地考察和参与式讨论等方式，有力地推动了各国之间的发展经验分享。

二 中国对外减贫援助与合作的进展与成效

实践证明，中国对外减贫援助与合作有效地支持和帮助了发展中国家减贫事业发展。目前，中国对外减贫合作已覆盖了以非洲、亚洲和拉美地区为主的全球众多发展中国家，同时借助于联合国系统为主的国际组织平台，积极开展南南合作，诸多举措取得了明显的成效。

（一）对非援助与合作

长期以来，中非合作关切双方发展需求，合作领域和层次不断扩展与提升，合作程度不断加深，致力于携手构建更加紧密的中非命运共同体。2000年，"中非合作论坛"应运而生，开启了中非合作新篇章。2006年，中国政府发布的《中国对非洲政策文件》及之后的《中非合作论坛北京峰会宣言》，均强调要加强中非在减贫领域的合作，把中非减贫合作逐渐推向深入。2014年5月，中国与非盟签订的《中国和非洲联盟加强中非减贫合作纲要》提出，利用"中非减贫与发展会议"机制开展双方减贫合作，迄今已召开五届会议，共同为中非和世界民生福祉的改善做出了贡献。上述机制有效地增强了中国与非洲国家在发展和减贫事宜上的沟通与协调，确保双方的合作规划落到实处。中国国家主席习近平在2015年12月中非合作论坛约翰内斯堡峰会开幕式上提出的中非"十大合作计划"集中体现了这一要义。值得一提的是，自"一带一路"倡议提出以来，中国对非洲的农业合作政策更加关注非洲的贫困问题，积极向非洲国家提供农业基础设施、适用于小农户的农业生产技术等公共产品援助，推动对非洲国家的农业相关投资。在中非诸多合作领域当中，减贫领域的合作始终受到双方共同关注，是中非合作的典范。

目前，中国在非洲共实施了100多个农业减贫与援助项目，对非农业援助的内容也更加注重实际效果，采取的方式包括援建农场，援建农业技术实验站、推广站和农业技术示范中心，以及派遣农业技术专家等。例如，中国已与埃及、埃塞俄比亚、南非等十多个非洲国家签署农渔业合作协议或谅解备忘录；中国每年与非洲国家互派20多个农业技术交流团组，与几内亚比绍、塞内加尔、摩洛哥等11个非洲国家开展渔业合作，为当地提供了数千个就业机会。2006年中非合作论坛北京峰会后，中国与非洲国家进一步加强"粮食安全特别计划"框架下的"南南合作"。

在中非减贫合作中，中国政府还十分重视帮助非洲国家开发人力资源，提升劳动力素质与技能。一方面，中国政府通过多种途径向非洲派遣专家和技术人员，帮助非洲减贫人员提升相关技能，使非洲拥有更多具备一技之长的适用人才，推动其人口资源优势转化为发展优势。另一方面，2005年至今，以中国国际扶贫中心为代表的中国政府部门举办了诸多减贫人才高级培训班，邀请非洲国家的减贫工作人员来华交流和培训。这些以减贫为主题的研修班，通过理论讲解、经验介绍、案例分析、实地考察和参与式讨论等方式，有力地推动了中非国家之间的发展经验分享。

（二）对东盟援助与合作

作为亚洲地区发展中国家的典型代表，中国十分重视与亚洲国家的减贫合作。自2003年与东盟宣布建立战略伙伴关系以来，中国积极在各领域与东盟国家开展合作，重点向东盟低收入国家提供经济技术援助，支持东盟缩小内部发展差距。澜湄合作是中国与湄公河五国共同发起和建设的新型次区域合作平台，旨在深化六国睦邻友好合作，构建澜湄国家命运共同体，为推进南南合作、落实联合国2030年可持续发展议程做出新贡献。为促进中国与东亚国家共享减贫理念和经验，不断深化中国和周边国家减贫交流合作，双方建立了一系列机制化合作平台，包括"国家减贫与发展高层论坛""中国－东盟社会发展与减贫论坛"等。中国国务院扶贫办牵头成立了澜湄合作减贫联合工作组，组织实施了东亚减贫示范合作技术援助项目等多种形式的澜湄减贫合作活动。中国国际扶贫中心也举办了多期减贫发展培训班，招收大量澜湄国家学员。

2014年中国提议实施"东亚减贫合作倡议"，提供1亿元人民币开展乡村减贫推进计划，建立东亚减贫合作示范点。按照项目设计，云南省国际扶贫与发展中心、广西外资扶贫项目管理中心、四川省扶贫和移民工作局项目中心分别承担缅甸、老挝和柬埔寨的减贫示范合作技术援助项目。东亚减贫示范合作技术援助项目已在缅甸、老挝和柬埔寨6个项目村落地，援助主要内容包括改善村内基础设施和公共服务设施，开展产业发展项目和能力建设活动等。减贫示范项目的实施切实改善了当地村民的生产生活条件，增强了村庄的发展活力。2017年11月，中缅签署中国援助缅甸减贫示范合作项目实施协议。2018年2月，项目正式启动，在内比都莱韦镇敏彬村和达贡镇埃羌达村建设道路、供水、学校、卫生所等基础设施，惠及1481户共计7820位村民。在基础设施建成后，开展社区环境治理以及提供专业培训等项目，帮扶村庄发展种植、养殖等产业。农业种植上引进高品质和丰产、稳产的粮食作物与经济作物良种，提高产量。畜牧业方面，建立村级畜牧繁殖与疫病防控示范户，引进优质种公猪，为畜牧饲养户提供肉质好、生长快的牲畜幼崽，并帮助进行畜圈修建，对100户养殖户修建标准化圈舍，推广牲畜的家庭人工饲料喂养，增加副业收入。开展150户农户庭院经济示范，实现多重创收。结合埃羌达村有家庭手工织布的传统，其将帮助村民成立纺织合作社发展手工业。

2017年中国援老挝减贫示范合作项目确定，将老挝万象市桑通县班索村和琅勃拉邦省琅勃拉邦县象龙村两个村庄作为示范村庄建设。中国援老项目共17个，其中班索村9个，象龙村8个，[①] 重点是桥梁、村内道路、入户供水、活动中心、卫生室、学校师生宿舍、太阳能路灯等基础设施和公共设施完善项目，通过项目建设，改善了当地社区生产生活条件，增强了社区自我发展能力，构建社区尤其是贫困人口多样化的增收途径，为东亚国家减贫和改善民生提供示范和样本。2013年，中国广西农业职业技术学院承担起在老挝金花村建设中国－老挝合作农作物优良品种试验站的重要任务。从2013年到2018

---

① 《广西援建的老挝琅勃拉邦象龙村人饮工程顺利竣工》，广西壮族自治区人民政府门户网站，http://fun.gxzf.gov.cn/phplindex.php?c=artide&a=detail&id=2045182，最后检索时间：2021年3月6日。

年，试验站试种了160多个农作物品种，从中筛选出适合老挝种植推广的农作物优良品种48个，示范推广农作物面积2833公顷，培训农业技术人员超过1000人次。[①] 2019年，试验站又在金花村启动了中国-老挝减贫合作社区示范项目有机蔬菜种植区，通过与企业合作，成功开展了大棚有机蔬菜种植示范，该示范项目大幅提高了参与农户的收入。

2017年12月21日，中国援助柬埔寨减贫示范合作项目启动仪式在柬埔寨干丹省斯瓦安普乡举行，项目计划用3年的时间与柬埔寨干丹省莫穆坎普区斯瓦安普乡谢提尔普洛斯村和斯瓦安普村两个项目示范村合作，预计将有886个家庭共3900多人直接获益。项目目标是通过中柬双方紧密合作，引入中国的"整村推进"和精准扶贫的成功经验，因地制宜，因贫施策，以治理致贫因素和发展需求为导向开展社区减贫活动。项目建设涵盖基础设施、产业发展、技术培训等内容：开展农村道路、供水等基础设施建设，改善当地安全饮水等生产生活条件；建立农村卫生室、学习中心等公共服务设施，满足当地群众基本需求；扶持村民发展种植、养殖等产业，派遣专家对村民进行技术培训等工作。以政府主导、群众参与的实施方式，改善社区生产生活条件，增强社区自我发展能力，探索农户增收途径。在社区建设方面，项目组已经建成一栋总面积为400平方米的社区活动中心，用于会议、培训或开展其他活动。2019年9月5日，农村饮水工程也在安普乡正式开工，工程包括新建水源工程、净水工程（水厂）、输水和配水管网工程（含入户管网及水表）及其附属工程建设等，将解决安普乡两个村800户3840人的饮水问题。针对贫困群体，目前已改建100户贫困户厕所；完成82户贫困户电力接入；为村民发放500个灶台和1000个省柴灶。斯瓦安普乡减贫示范合作项目还在建设中，

[①] 《中国-老挝合作农作物优良品种试验站帮老挝发展现代农业》，广西壮族自治区人民政府门户网站，http://www.gxzf.gov.cn/gxydm/20190917-766739.shtml，最后检索时间：2021年3月6日。

但已经取得了一定的阶段性成果，得到了当地政府和村民的肯定。

上述合作项目的成功为中国与亚洲国家开展减贫援助与合作打下了坚实的基础，也促使中国经验在发展情况较为相似的亚洲国家推广。

（三）与国际组织开展减贫合作

为推进全球减贫事业发展，中国政府同国际组织开展了更加广泛的合作，共建减贫交流合作平台，共享减贫经验。中国政府与联合国发展系统援助机构、世界银行、亚洲开发银行等国际组织之间的减贫合作取得了丰硕成果。

自 2004 年上海全球扶贫大会成功召开以来，中国政府与世界银行等国际组织建立起多类型的减贫交流平台，促进减贫经验交流与减贫国际合作。2004 年 7 月，中国政府与联合国开发计划署在北京启动了"促进 21 世纪南南合作"项目，2010 年签署了关于分享中国经验的战略协议，期望将中国成功的减贫经验分享给更多国家，并为此后中国在南南合作框架下更好地开展减贫国际合作奠定了基础。2009 年 11 月，为与亚洲开发银行成员交流中国减贫经验，推动南南知识合作，中国政府与亚行合作建立了"中国－亚行知识共享平台"，围绕亚太地区发展中国家共同关心的减贫问题开展经验交流。2012 年，中国财政部与世界银行联合成立"世界银行－中国发展实践知识中心"。为促进全球范围内的减贫领域知识分享，世界银行、联合国粮农组织、国际农业发展基金、世界粮食计划署、亚洲开发银行、中国国际扶贫中心和中国互联网新闻中心于 2018 年 5 月联合发起，面向全球关心扶贫的组织和个人征集原创优秀减贫案例。如今，中国与世界银行、联合国粮农组织、亚洲开发银行等机构共同建立了"减贫合作伙伴机制"，进一步创新和深化了全球减贫伙伴关系。

特别值得关注的是，在与国际组织的减贫合作中，中国积极支持联合国消除贫困的相关工作，基于南南合作框架，借助联合国发展系统援助平台与联合国发展系统援助机构开展了诸多合作，全力推进与其他国家的国际减贫合作，合作成效显著，更成为国际减贫合作的典范。

中国"南南合作援助基金"是2015年9月中国国家主席习近平在联合国发展峰会上宣布设立的，首期提供20亿美元，2017年，中国又增资10亿美元，支持发展中国家落实可持续发展议程。在"南南合作援助基金"框架下，中国和国际组织、社会组织、智库等开展合作，把人道主义援助、农业发展与粮食安全、卫生健康、扶贫、教育培训、可持续工业发展、生态环保、贸易促进、贸易投资便利化等作为优先领域，主要实施小微型民生项目，支持发展中国家民生事业。"南南合作援助基金"在30多个发展中国家实施80余个项目，其中，中国在基金框架下与多个联合国发展系统援助机构开展南南合作。2017年"南南合作援助基金"和世界粮食计划署和联合国开发计划署合作执行了第一个基金对巴基斯坦的援助项目，项目主旨是帮助巴遭受战乱和自然灾害影响的联邦部落地区和俾路支省改善民生，历时四个月，帮助巴联邦部落地区约8100个家庭进行重返家园后的生活安置，并为俾路支省423所学校提供教学设施及学习用具，惠及近24万当地民众。该项目于2018年顺利完成，标志着"南南合作援助基金"这种新型的中国对外援助方式进入了实质性的运行阶段。"南南合作援助基金"与联合国儿童基金会合作在非洲提供援助，在刚果（金）、埃塞俄比亚、肯尼亚、尼日尔、尼日利亚、塞拉利昂、苏丹和津巴布韦8国开展促进孕产妇、新生儿和儿童健康项目，向因"伊代"气旋受灾的莫桑比克、马拉维和津巴布韦提供人道主义援助。2021年，"南南合作援助基金"将和联合国难民署合作向阿富汗受冲突影响的脆弱群体提供应急避难物资和教育支持，包括帐篷、水桶、毛毯、书包等物资，项目预计将帮助6万多名难民、境内流离失所者、返乡者和东道社区居民。联合国难民署还将在"南南合作援助基金"的支持下，向肯尼亚、南苏丹和坦桑尼亚的医疗机构分发口罩、防护服、手套、护目镜和胶靴等个人防护用品以应对新冠肺炎疫情。预计约有

100万难民和寻求庇护者，以及国内流离失所者、东道社区和卫生工作者将从项目中受益。

习近平主席2015年出席联合国成立70周年峰会系列活动时宣布设立中国－联合国和平与发展基金，这是中国首次通过设立基金支持联合国工作，搭建了中国与联合国务实合作的新平台。5年来，中国政府累计向该基金注资1亿美元，择优支持了和平与安全和发展领域的95个项目，惠及亚洲、非洲、拉丁美洲、大洋洲等100多个国家和地区，有力地支持了联合国重大议程，推动了非洲和平与安全和发展事业，推动了发展成果的共享。基金项目紧密围绕维持和平、预防性外交、反恐、减贫、难民和移民、落实联合国2030年可持续发展议程等开展，为联合国维和、反恐、能源、农业、基建、教育等领域工作提供支持。基金始终把非洲和平与安全和发展作为资助重点，基金资助的10个同非洲和平与安全直接相关的项目，如维和人员安全和能力建设项目、联合国马里稳定团项目、阿富汗青少年难民谋生能力等项目使数千人次受益。基金非常注重发展成果的共享和"中国方案"的分享。2017年中国－联合国和平与发展基金菌草技术项目在该基金支持下设立，目前，菌草技术已经以培训、教育、合作与援助等方式传播至106个国家。该项目是基金重点关注和推进的重要项目。这一项目紧扣发展中国家普遍关心的消除贫困、减少饥饿、可再生能源利用、促进就业和应对气候变化等问题，是中国结合非洲、亚洲国家具体国情和需要积极贡献的"中国方案"，将帮助非洲、亚洲等发展中国家破解发展难题，落实可持续发展目标，推进全球发展事业。2020年9月，习近平主席在第七十五届联合国大会一般性辩论上宣布，中国－联合国和平与发展基金将在2025年到期后延期5年。

2008年和2014年，中国政府先后宣布向粮农组织捐赠两期信托基金共计8000万美元，专门用于支持粮农组织框架下的农业南南合作，涉及农业、减贫、水产养殖、政策、销售和粮食价值链等专业领域。自中国-FAO南南合作信托基金设立以来，共约350名中国专家和技术人员被直接派往非洲和亚洲的12个发展中国家，与亚非地区的农民分享知识与技术，在谷物生产、畜牧业、园艺、渔业、水产养殖业以及水土管理与保护等多个领域提高了农业生产率和可持续发展水平。此外，还有来自100多个国家的1000名学员参加了40多场能力建设活动，农村地区有7万多名基层直接受益人和数十万名间接受益人。合作基金项目涵盖广泛的领域，包括提高农业产量和生产率、构建可持续粮食体系、发展热带与旱作农业、提高灾害和风险抵御力等。[1]鉴于前期合作取得的良好成果，为更好地推动全球南南合作向更高水平、更深层次发展，2020年9月22日，习近平主席在第七十五届联合国大会一般性辩论上宣布中国将设立规模5000万美元的第三期中国-FAO南南合作信托基金，中国-FAO南南合作信托基金资金总额将达1.3亿美元。第三期项目的实施将进一步促进发展中国家间农业创新和经验分享，为实现2030年可持续发展目标，确保人人享有粮食安全和营养做出积极贡献，同时也成为中国基于国际组织开展减贫国际合作的又一有力举措。

除了与粮农组织开展不断深入的减贫合作外，中国与国际农发基金在南南合作框架下的合作也取得了不错的进展。2018年，中国政府捐资1000万美元，在国际农发基金率先设立首个会员国"南南及三方合作专项基金"，用于支持发展中国家相互合作和学习，共同挖掘分享乡村扶贫经验、知识、技能和资源，早日实现乡村脱贫和可持续发展。两年来，"IFAD-中国南南及三方合作专项基金"先后分两批，资助实施17个项目，在30多个国家开展多方位南南合作。合作伙伴既有政府和公营部门，也有国际及区域性组织，还有民间团体和私营企业，甚至一些发达国家组织机构也表达了参与专项基金项目的愿望。这种合作伙伴的多样性，充分反映了国际社会对南南合作及其有

---

[1] 《中国设立第三期中国-FAO南南合作信托基金》，中国常驻联合国粮农机构代表处网站，http://www.cnafun.moa.gov.cn/news/ldcxw/202009/t20200925_6353306.html，最后检索时间：2021年1月30日。

效性的普遍认可。通过专项基金搭台，项目国家与中方相关单位交流分享了农业价值链、农村青年发展、绿色经济、乡村可持续开发、涉农实用技术运用等方面的经验与知识，既为合作伙伴今后进一步开展更深层次的合作奠定了基础，也为发展中国家之间增进减贫领域合作交流提供了可供借鉴的范本。

三 中国对外减贫援助与合作的经验

2015年，联合国开发计划署对中国的减贫经验进行了总结，中国减贫获得显著成效的主要原因包括：坚持以经济增长为根本动力，通过以发展导向型的政府为领导核心来制定国家层面的减贫目标并付诸实施，以多种方式调动各类资源用于减贫实践，同时加大对基础设施和社会项目的投入。[①]而中国的成功经验也在对外减贫援助与合作中得到实践，中国坚持合作共赢的理念，不断优化减贫国际合作环境，通过"一带一路"倡议等多类型合作平台积极推动减贫实践。

（一）减贫国际合作的范围不断扩大

在合作区域方面，中国的减贫国际援助与合作既注重与周边国家的合作，同时也关注贫困问题严重的撒哈拉以南非洲和拉丁美洲地区。相较于新中国成立初期中国对外援助与减贫合作十分注重社会主义阵营国家间的合作而言，现阶段中国在减贫国际合作方面注重合作国的实际需求，更加关注广大发展中国家的切实需求。由此，中国对外减贫合作的范围不断扩大，特别是"一带一路"倡议提出以来，更

---

① "Report on China's Implementation of the Millennium Development Goals (2000-2015)", https://www.cn.undp.org/content/china/en/home/library/mdg/mdgs-report-2015-.html, 最后检索时间：2021年1月30日。

加注重与沿线国家间的发展合作,更加注重践行多边主义,从而使得减贫国际合作的区域范围不断扩大。

(二)减贫国际合作的理念更加包容

众所周知,中国减贫取得的巨大成就与社会主义制度存在密切关系,中国政府在不同时期采取的"救急式扶贫""放权搞活""以工代赈""开发式扶贫""精准扶贫"等扶贫工作方针,都离不开自上而下高效的行政体制。[①]在国际减贫合作中,中国尊重合作国的社会制度和文化形态,尊重对方选择,强调互利共赢,并根据受援国的实际贫困状态因地制宜地制定减贫援助政策,从而创造出良好的减贫国际合作环境。作为中国政府开展对外减贫合作的窗口和平台,中国国际扶贫中心在向世界传播中国减贫与发展经验方面做出了大量的贡献,但该中心也一再强调,中国经验不可能在任何其他地区简单复制和嫁接,而且学不学、学什么、怎么学的权力都由别国自主决定。在减贫项目选择上广泛听取当地群众意见,与当地各级扶贫机构进行交流,基于实际建设环境和贫困状况开展减贫工作。尤其是一些村级减贫项目,不仅关注短期减贫更注重可持续综合发展,以中国精准扶贫"整村推进"的工作经验为基础,全面考虑当地农户所需,实现内部基础设施、非常重要的民生项目及产业发展项目协同长期可持续发展。

(三)减贫国际合作的方式愈加多样

基础设施建设、人力资源开发、产业扶贫等模式的推广,不仅验证了中国经验的良好效果,更推动了合作国的减贫事业发展。在国际减贫合作中,中国采用援助和投资相结合的方式推动发展中国家基础设施建设,同时鼓励落后地区在引入减贫资金的同时培养自主发展能

[①] 白增博:《新中国70年扶贫开发基本历程、经验启示与取向选择》,《改革》2019年第12期,第76~86页;侯波:《中国扶贫减贫事业70年:历史回顾、基本经验和世界意义》,《经济研究参考》2019年第9期,第5~13页。

力，引导融资模式从"输血式"资金援助向"造血式"投资开发转变。①民生相关基础设施项目改善了当地的经济社会发展条件，充分利用当地发展资源与优势产业，结合当地的发展诉求与瓶颈问题，为合作国的进一步发展打下基础。同时，在减贫合作中注重培养本土人才和技术力量，多类型减贫培训班、研讨班以及高级别论坛的举办，促使中国的发展经验在世界范围内得到传播，也使得东西方文化和制度得到有效融合，从而促使合作国走上自力更生、独立发展的道路。减贫事业的成功最终取决于经济的发展，中国的减贫合作注重在合作国发展优势产业，特别是注重提升其农业生产能力，力求通过投资、贸易、援助项目等多种方式带动合作国经济发展。

（四）减贫国际合作的机制化路径逐渐形成

以中国国际扶贫中心为代表的专业化减贫国际合作机构，主导开展了诸多减贫论坛、高级培训班、研讨班等活动，正在促使中国的减贫经验更好地走向世界。同时，与联合国粮农组织、国际农发基金、世界银行等合作建立信托基金、减贫合作机制，促使中国更好地利用国际组织资源开展减贫国际合作，发挥国际组织的特殊作用，也使得国际组织能够更好地利用中国的发展资源。在不断的探索和实践中，中国减贫国际合作的机制化路径正在形成。

四 结语与展望

作为全球减贫事业的重要部分，中国近几十年来的减贫实践和成果已得到国际社会的广泛认可。2020年3月6日，习近平总书记在决战决胜脱贫攻坚座谈会上的重要讲话中指出，中国减贫方案和减贫成就得到国际社会普遍认可。联合国秘书长古特雷斯表示，精准扶贫

---

① 张原：《"中国式扶贫"可输出吗——中国对发展中国家援助及投资的减贫效应研究》，《武汉大学学报》（哲学社会科学版）2019年第3期，第185~200页。

方略是帮助贫困人口脱贫、实现2030年可持续发展议程设定的宏伟目标的唯一途径，中国的经验可以为其他发展中国家提供有益借鉴。在共建"一带一路"国际合作中，许多发展中国家希望分享中国减贫经验。中国通过政策对话、技术合作和项目合作等多种方式，与多/双边机构、政府和非政府组织积极合作，推动中国减贫经验的国际化。但是，当前中国减贫国际合作仍面临着不少挑战，在战略规划和实践层面仍需进一步完善。

第一，未来应该加强对发展中国家贫困问题、致贫原因、减贫政策和减贫治理体系的研究，从而能够为不同的国家提供有针对性的减贫方案。此外，中国也需要关注其他国家和国家组织对发展中国家减贫方面的支持，加强对这些国际经验的研究和总结，为中国减贫的国际合作提供政策参考。

第二，未来应更好地对接受援国的国家减贫战略，注重提升受援国减贫治理能力。目前，中国减贫国际合作主要采取项目合作的方式，这些实践能够在一定程度上缓解贫困问题，但是与很多发展中国家本国的减贫战略契合度有待提升。在未来的减贫合作中，中国可以考虑如何更好地对接这些国家的减贫战略，帮助其更好地实施减贫计划，提升其减贫治理能力。

第三，未来应关注微观实践，下沉减贫经验国际交流和政策对话的重心和议题。中国现在已经建立起了诸如减贫与发展高层论坛、中非减贫与发展会议、中国－东盟社会发展与减贫论坛等多种国际减贫经验和政策对话交流机制，经过多年实践，相关机制建设已日趋成熟，但是目前政策对话和交流机制的主体大多为政府部门、国际机构、科研机构和智库等，并且对于减贫微观实践关注度不够，缺乏后续实践行动。下一步应下沉减贫经验国际交流和政策对话的重心，将非政府组织、私营部门等多元化的参与主体引入对话与合作机制，更加注重后续行动的落实机制等。

C

中国减贫国际视野篇

C1. 中国减贫及世界银行发挥的作用[①]

摘　要：本文回顾了世界银行为中国减贫成就所做的贡献。首先，专题概述了世界银行的贡献形式，并详细阐述了世界银行广泛的咨询作用、与中国的伙伴关系，以及与贫困明确相关的主要项目。其次，本报告对世界银行与中国合作的效果进行了评估。

关键词：中国减贫　世界银行　国际合作

一　引言

过去40年来，中国的减贫工作取得了非凡的成就。在邓小平改革开放政策推行初期的1981年，中国的贫困人口比例（按2011年购买力平价每人每天1.90美元计）占总人口的88.32%。其中农村地区的贫困率为95.6%，城市地区为59.4%。到2016年，贫困发生率为

[①] 本文为作者个人观点，与世界银行、其执行委员会或其成员国无关。本文部分依据Freije-Rodriguez、Hofman和Johnston（2019）和Freije-Rodriguez（2019）。

0.53%（农村地区为0.99%，城市地区为0.17%）。① 以上数字表明贫困人口数量减少了8.7亿，从1981年的8.78亿减少至2016年的730万。②

中国在扶贫方面取得的巨大进展使其在全球范围内影响重大（见表1）。自1981年以来，全世界约有12亿人摆脱了贫困，其中约74%是在中国。没有中国的成功，联合国千年发展目标（MDGs）的第一个目标——1990年至2015年将极度贫困人口减半——就不可能实现。

表1 1981~2015年部分年份极度贫困人数统计

单位：百万人

区域	1981年	1990年	1999年	2010年	2015年
中国	875.3	751.7	503.7	149.6	10.0
东亚和太平洋（除中国）	237.4	233.1	189.2	69.8	37.1
欧洲和中亚	10.4	13.3	36.8	11.7	7.8
拉丁美洲和加勒比地区	50.2	66.4	69.6	36.3	25.3
中东和北非	18.3	14.0	10.5	6.9	14.1
南亚	515.3	537.1	535.0	403.6	215.2
撒哈拉以南非洲	193.7	279.7	378.7	404.9	419.6
世界	1906.0	1899.2	1728.5	1088.3	736.7
世界（除中国）	1030.7	1147.5	1224.8	938.7	726.7

注：贫困按照世界银行2011年购买力平价的国际贫困线（每人每天1.90美元）衡量。
资料来源：PovCalNET，世界发展指标及作者计算。

中国成功并非仅靠一己之力取得如此成功：在每个阶段，它都与国际投资者和发展机构合作，包括多边和双边合作。世界银行便是其中重要的伙伴，其所做工作既包括为各种方案和项目的融资，也包括对政策和战略方面的咨询和培训。

① 这些是在1.90美元贫困线以下的贫困率，使用的是最新的2011年购买力平价。早期资料来源于"世界银行集团（2017）"。最近的估算来自PovcalNet, http://iresearch.worldbank.org/PovcalNet/，最后检索时间：2020年10月11日。
② Freije-Rodriguez, S., "The World Bank and Poverty Reduction in China: towards 40 Years of Partnership", Unpublished manuscript, 2019, The World Bank, Washington D.C.

中国是世界银行和国际货币基金组织的创始成员国。在1944年世界银行成立时，中国拥有其7%的股份，是世界银行的第三大股东。到了1980年，这一比例已经降到了2.5%，因为中国在20世纪六七十年代错过了几轮增资。在1979年与世界银行的主要股东美国建交，以及采取更开放的经济方式之后，中华人民共和国于1980年5月起在世界银行董事会中代表中国。此后中国和世界银行便形成了持久的合作关系。[1]

当时的中国最高领导人邓小平为这一伙伴关系定下了基调：他在与麦克纳马拉（McNamara）的私人会晤中指出："中国决心实现现代化和经济发展。在世界银行的帮助下，中国将能够更快、更高效地实现目标。如果没有世界银行的援助，中国仍将照着目标发展，但这可能需要更长的时间。"[2]

在本报告中，我们将阐述世界银行对中国扶贫的贡献，包括其在经济改革进展中发挥的咨询作用，以及在项目融资方面的角色。鉴于世界银行在项目和方案融资方面为人熟知，我们将从其咨询作用开始讲起。

二 分析和建议

作为对外开放的窗口，世界银行就中国的改革方向提供了广泛的

---

[1] 关于这种关系是如何发展的，以及其中的关键事件，请参见 Bottelier, P., *Economic Policy Making in China (1949-2016): The Role of Economists* (Oxon, UK and New York, NY: Routledge, 2018)。Gewirtz, J., *Unlikely Partners, Chinese Reformers, Western Economists, and the Making of Global China* (Cambridge, MA: Harvard University Press, 2017)，其中描述了包括世界银行在内的外部人士在改革初期所扮演的角色。

[2] 林重庚为《中国经济50人看三十年》撰写的序言，该书由中国经济出版社出版于2008年。应当指出的是，麦克纳马拉是在同林重庚的谈话中提到这番话的；邓－麦克纳马拉会晤的官方记录中没有提到这一声明。

建议，帮助中国在农业、运输、能源、城市化、卫生、教育、社会保护和扶贫等不同领域设计改革步骤。其中隐含着对现代项目管理和经济分析技术的持续引入。

中国的经济发展意味着从20世纪90年代中期开始，融资不再是一个制约因素，但中国仍然继续向世界银行借款。其中部分是因为中国重视世界银行为相关项目提供的一揽子支持（分析、咨询、实施支持）。本节的其余部分概述了世界银行在过去40年中编制的主要分析文件。

（一）分析

在改革开放初期的20世纪80年代，世界银行的报告在中国国内关于改革总方向的辩论中发挥了重要作用。事实上，早在中华人民共和国重新获得世界银行董事会席位之前，世界银行就进行了一项关于中国的学术研究：作为1977年一份内部工作文件的扩充版，托马斯·罗斯基（Thomas Rawski）于1979年出版了《中国经济增长与就业》一书。[1]

首份正式研究报告于1981年完成，于1983年发表于《社会主义经济发展》。[2] 研究成果包含三卷厚厚的分册和几个附件，不同于严谨规范的学术研究，此报告更具描述性。它使世界银行的工作人员和顾问能够熟悉中国的成就和面临的挑战，并让中国相应的团队了解世界银行分析经济的方式。

报告中回顾了中国自1949年以来在减贫工作中取得的一些进展。报告指出："始终朝着两个主要目标努力发展：第一，工业化，特别是发展重工业基地；第二，消除造成贫穷的最主要原因。"（原文第9页）：

---

[1] Rawski, T. G., *Economic Growth and Employment in China* (Oxford University Press for the World Bank, 1979).
[2] World Bank, *China: Socialist Economic Development* (Vol.1)(Washington, D.C.: The World Bank, 1983).

> "在过去三十年里,中国最显著的成就是在满足低收入群体基本需求方面比其他大多数贫穷国家都好很多。他们都有工作;他们的食物供应通过国家配给和集体自保相结合的方式得到保障;他们的大多数孩子不仅上学,而且接受了相对良好的教育;绝大多数人都能获得基本的医保和计划生育服务。由许多经济和社会变量决定的预期寿命,可能是衡量一个国家实际贫困程度的最佳单一指标——对于中国人均收入水平来说,中国人的平均预期寿命(64岁)非常高。"

世界银行关于中国的第二份分析报告《中国:长期发展问题和选择》于1984年发表,1985年出版。[1] 这比第一份研究更具规范性。它尝试着回答这样一个问题:中国从1980年到2000年人均收入翻两番的目标是否可行?这是中国内部政策辩论中的一个关键问题。答案是中国可以做到这一点。

报告认可了中国在扶贫方面取得的成功,并确定农业改革是其中的关键动力。但报告指出,改革和增长仍不足以完成扶贫任务。报告确定了贫困集中在农业资源贫乏的边远地区,并为此采取了一揽子补充措施,包括卫生、教育、农业推广、基础设施建设以及对工业的临时补贴。报告得出结论(第19页)"允许一部分人口迁移到别处……也是一种有效和经济的减贫方式"。

随后许多报告相继发布,其中最重要的可能是《2020年的中国》[2] 和《2030年的中国》。[3] 这两份报告为21世纪和当前十年的改革提出了战略方向。其中《2020年的中国》是在世界银行和国际货币

---

[1] World Bank, *China: Long-term Development Issues and Options* (Washington D.C.: The World Bank, 1985).

[2] World Bank, *China 2020: Development Challenges in the New Century* (Washington D.C.: The World Bank, 1998).

[3] World Bank and the Development Research Center of the State Council, P. R. China, *China 2030: Building a Modern, Harmonious, and Creative Society* (Washington, D.C.: The World Bank, 2013).

基金组织（IMF）在香港召开的 1997 年度会议上发表的。它涉及广泛的改革，从增长战略和进一步开放，到环境、卫生、教育、粮食安全、养老金制度，等等。其中大部分内容都成为中国国内政策辩论的话题，并催生了 2006 年和谐社会的概念。

《2030 年的中国》同时为党的十八届三中全会提供了想法。这为改革指明了新的方向，包括促进更具创新性和生产力主导型增长的政策、市场与国家之间的平衡、扩大社会福利、更清洁的环境以及更好地融入世界经济。《中国城市报告》[①] 为中国的新型城市化战略提供了参考。

世界银行与中国的合作性质使世界银行的政策报告既有关联性，也有影响力。一个关键的特点是中国国内专家学者直接参与了这些报告的写作。

自发布《2030 年的中国》起，相关报告一直是世界银行与中国智库（特别是国务院发展研究中心）和相关部委联合撰写。[②] 通过与对口机构和伙伴机构的密切合作，世界银行专家将其国际领域专长更具体地应用于中国的特殊情况和政策辩论当中。对中国和世界银行来说，这种结合是强大而富有成效的。

（二）政策咨询和对话

世界银行对中国国内政策和改革辩论做出贡献的第二种方式是会议。第一次会议是 1982 年与国家经济体制改革委员会共同举办的"莫干山会议"。会议重点讨论了中国改革的总体方向，以及可以从东欧国家和其他国家的改革中吸取的经验。这次会议的结果反映在当局的国内辩论中，并促成了 1984 年 10 月 20 日中共十二届三中全会宣布

[①] World Bank and the Development Research Center of the State Council, P.R. China, *Urban China: Toward Efficient, Inclusive and Sustainable Urbanization* (Washington, D.C.: The World Bank, 2014）.

[②] World Bank and WHO, *Healthy China: Deepening Health Reform in China* (Washington D.C.: The World Bank, 2019）.

向社会主义商品经济过渡的决定。

第二次会议是1985年与国家经济体制改革委员会和中国社会科学院共同举办的"巴山轮会议",重点讨论了中国可以从国际社会中吸取的宏观经济管理和改革经验。著名经济学家雅诺斯·科奈(Janos Kornai)和詹姆斯·托宾(James Tobin)出席了会议。会议向领导层提出了全面改革的建议,并在此后的十年中得以实施。

1993年6月的"大连会议"[①]是中国和世界银行关系发展过程中的一个重要事件和基石。这次会议标志着全国关于两个主要问题辩论的一个转折点:(1)中国经济的适当集中程度;(2)中国半改革经济的总需求管理。党的十四届三中全会把社会主义市场经济确立为中国改革的目标,也体现了会议的一些思想。

世界银行对中国政策辩论做出贡献的第三种方式是政策说明。这些政策说明通常是按照当局的要求完成的,但世界银行也就一系列议题主动撰写了此类说明。其中最重要的政策说明是为中国国家发展五年计划提供意见的政策文件,这是90年代中期为"九五"计划首次制定的。

除此之外,世界银行还经常被要求为当局面临的一些重大政策决定提供意见。作为世界银行在中国的"窗口机构",财政部通常传达中央需要什么样的意见,尽管各级政策对话是世界银行与中国分享知识的一大途径。作为世界银行的重要客户,世界银行行长定期访问中国,这意味着世界银行可以在政府最高层面讨论世界银行帮助中国的议题和方式。不过,这种对话也在许多其他层面上进行。世界银行驻华代表团的作用至关重要。从1986年起,世界银行在北京设立了办事处,常驻代表和后来的国家主任与当局定期互动。第一个常驻代表华裔菲律宾人林重庚(Edwin Lim)发挥了很大作用并与政府高层进

---

① 本节借鉴了Bottelier, P., "China and the World Bank: How a Partnership Was Built", *Journal of Contemporary China*, 2007, pp.239-258。

行了接触。①

强有力的组织关系也很重要。作为世界银行的"窗口机构",财政部管理总体关系和贷款量,而国家计划委员会(现为国家发改委)负责利用外资,并管理世界银行贷款跨省和跨项目的分配。在经过了允许世界银行向借款实体引进新观念的程序后,贷款计划得以确定,之后财政部和发改委通过国内程序确定了拟议的贷款渠道。然后,三方协商确定年度贷款计划,同时考虑贷款限额和世界银行在拟议部门的能力。

为了支持这一伙伴关系,财政部投入了大量的组织资源。在一段时间内,财政部曾有一个单独的世界银行部门,与世界银行的中国部门相似。这大大促进了工作人员层级的互动和对话。

(三)贫困评估

为了专门介绍中国的扶贫道路,世界银行还撰写了三份贫困评估报告。第一份报告《1990年代减贫战略》②首次评估了1978年开始的改革对贫困的影响以及在改革初期效益开始减退之后所面临的挑战。国务院扶贫开发领导小组和国家统计局住户调查小组的深入合作,使世界银行能够支持中国贫困监测、度量以及扶贫项目的改进。

第二份报告《解决农村贫困》③继续跟踪中国贫困的演变,对中国官方过低的贫困线进行了提醒,并讨论了中国在90年代兴起的众多扶贫项目和机构。最后一份报告《从贫困地区到贫困人口》也许是三者中最重要的。本次贫困评估深入分析了贫困的趋势、特征、驱动因素和中国现有的减贫计划,并建议制订新减贫计划。报告的标题暗示

---

① 编者注:《林重庚:中国改革开放过程中的对外思想开放》,爱思想网站,2009年10月13日,http://www.aisixiang.com/data/30771.html,最后检索时间:2021年1月30日。
② World Bank, *China: Strategies for Reducing Poverty in the 1990s* (Washington, D.C.: The World Bank, 1992).
③ World Bank, *China Overcoming Rural Poverty* (Washington, D.C.: The World Bank, 2001)

了世界银行在中国贫困"诊断和治疗"的演变。

这三份贫困评估报告的一些见解和建议已经在中国的扶贫实践中得到采纳。首先，最显而易见的是官方采用了更高的贫困线。根据世界银行的推荐和技术建议，中国于2008年和2012年两次提高贫困线。

其次，世界银行呼吁重新集中选择扶贫项目的受益者。一是从县到村（如第二次贫困评估所示）。二是到户（按照第三次评估）。前者决定了14.8万个贫困村的选择，并从21世纪初开始实施以社区为中心的项目。后者促成了国家贫困登记系统的建立。这是一项从2014年开始的贫困人口普查，每年更新一次，现在是中国扶贫政策中受益目标和方案设计的核心。[1]三是世界银行在第一次扶贫回顾[2]中提出了多部门综合扶贫的建议，并在西南扶贫项目中进行了试验，后来成为中国主流的扶贫形式。

最后，世界银行关于更好地监测和评估扶贫方案、开展机构间协调以及社区参与的倡议，都已被纳入最近的减贫战略。正在实施的2011~2020年扶贫和发展战略和"十三五"规划，便体现了这一方面的若干思路。这些建议也影响了世界银行在中国和其他地区的工作。

（四）国家援助战略

世界银行会定期印发战略文件，首先发布国家援助战略，然后是国家伙伴关系战略。这些文件都是与国家当局协调编写的。战略文件说明世界银行对该国面临的主要社会经济挑战的理解，并概述将如何在金融业务和知识产品方面与该国合作，努力克服这些挑战。这些战略文件从贫困评估报告和世界银行的经济和社会部门研究中提炼出主要想法，以诊断问题并在该国提出干预措施。20世纪90年代初，

---

[1] 编者注：即农村扶贫开发建档立卡系统。作者所说的"普查"为全部调查之义，与2020年的脱贫攻坚普查不同。

[2] 将对贫困人口从事的生产活动、教育、保健和对自然环境改善的支持纳入其中。

国家援助战略进入一些国家,并于 1994 年扩展到所有借款国。自 2014 年以来,国家援助战略被系统性国别诊断和国家伙伴关系战略所取代。

1995 年针对中国的第一个国家援助战略[1]强调了减贫的挑战,并明确提到扶贫贷款业务。该战略认识到,中国对世界银行及其服务的看法发生了变化。它写道:"在 20 世纪 80 年代初,中国认为世界银行是一个可以促进中国重新融入全球经济的机构……随着中国获得了信心……中国变得更有选择性……现在的发展重点可能从技术转让转向在资源贫乏和少数民族地区的扶贫。这些地区在近十年国家快速发展的'涓滴效应'中获益甚微。"[2]

该战略还认可了中国政府八七扶贫攻坚计划和选择贫困县重点攻坚的重要性。扶贫重点的变化在中国扶贫战略和中国与世界银行的关系上均有体现。扶贫重点的变化导致减贫成为该战略的四个重点领域之一,并引入了一些最初针对解决贫困的项目(如西南贫困和山西贫困,后续会详述),将重点放在高贫困发生率的县。

相比之下,1997 年的国家援助战略[3]更侧重于宏观经济稳定。战略广泛讨论了 20 世纪 90 年代后半期经济增长减速、通货膨胀以及

---

[1] World Bank, *Memorandum of the President of the International Bank for Reconstruction and Development and the International Development Association to the Executive Directos on a Country Assistance Strategy of the World Bank Group for The People's Repulic of China* (Washington, D.C.: The World Bank, 1995).

[2] World Bank, *Memorandum of the President of the International Bank for Reconstruction and Development and the International Development Association to the Executive Directos on a Country Assistance Strategy of the World Bank Group for The People's Repulic of China* (Washington, D.C.: The World Bank, 1995).

[3] World Bank, *Memorandum of the President of the International Bank for Reconstruction and Development and the International Development Association to the Executive Directos on a Country Assistance Strategy of the World Bank Group for The People's Repulic of China* (Washington, D.C.: The World Bank, 1997).

国有企业重组的必要性,并强调基础设施现代化和农业增长的重要地位。尽管如此,贫困仍被列为世界银行承诺的人类发展投资方向,尤其因为世界银行认为"……中国政府的'八七扶贫攻坚计划'的目标是到 2000 年消除贫困……尽管政府决心每年将减贫支出翻一番,但资金仍然不足……"[1]

2003 年的国家援助战略[2]指出,人们日益关注不平等问题。中国在宏观经济困难和 1997~1998 年亚洲金融危机中处理得比较好,但贫困和不平等再次成为人们关注的问题。该战略警告说:"……有迹象表明,自 20 世纪 90 年代中期以来,粮食价格下跌和亚洲金融危机之后的国内(经济)放缓,都是导致减贫步伐放缓的原因。通过某些支出措施,近年来穷人的人数甚至可能有所增加……在 80 年代和 90 年代,农村和城市地区的收入不平等扩大了,农村和城市地区之间的发展差距也扩大了。在国家层面,基尼系数从 1981 年的 0.288 上升到 1990 年的 0.321,并在 1999 年进一步升高至 0.416。"[3]

2003 年的战略认识到,过去的经济增长给中国带来了新的挑战——社会不平等和环境可持续性。研究人员呼吁改革进程从经济自由化转向制度建设。因此,战略提出了与营商环境、环境保护和落后

---

[1] World Bank, *Memorandum of the President of the International Bank for Reconstruction and Development and the International Development Association to the Executive Directos on a Country Assistance Strategy of the World Bank Group for The People's Repulic of China* (Washington, D.C.: The World Bank, 1997).

[2] World Bank, *Memorandum of the President of the International Bank for Reconstruction and Development and the International Development Association to the Executive Directos on a Country Assistance Strategy of the World Bank Group for The People's Repulic of China* (Washington, D.C.: The World Bank, 2003).

[3] World Bank, *Memorandum of the President of the International Bank for Reconstruction and Development and the International Development Association to the Executive Directos on a Country Assistance Strategy of the World Bank Group for The People's Repulic of China* (Washington, D.C.: The World Bank, 2003).

地区扶贫有关的活动。其中扶贫相关提议在中国西部得到了具体落实（即贫困农村社区发展项目，主要针对四川、云南和广西的贫困村，后续会详述）。它强调社区参与项目的设计、实施和监督。

在结构设计和发展目标制定方面，2006年的国家援助战略[①]是最复杂的战略之一。战略认识到，中国近期的发展进步导致了更多错综复杂的问题：增长依赖投资导致创新能力薄弱、能源强度过高、环境破坏严重、区域差距和不平等日益扩大。该战略包含五大支柱，提出在这些不同领域的干预措施，包括首次鼓励中国参与多边倡议，以便全球学习发展经验。在减贫方面，2006年的战略建议为农村社区项目试点（多年后在陕西和贵州形成特色项目）、技能培训、卫生和社会保护提供资金。

2012年的国家援助战略[②]首次将经济增长或宏观经济管理划出世界银行在华的支柱业务范围。在收获过去几十年的强劲增长和宏观经济管理成功经验后，世界银行转而将重点放在环境问题上。环境问题最初出现在2003年战略中，但在"十一五"和"十二五"规划中也有所体现。2012年战略提议将绿色增长作为世界银行在华业务的主要内容。

2012年战略还强调了收入不平等以及城乡在优质社会服务和社会保护方面的差距。根据第三次贫困评估报告的主要内容，战略提出了扩大社会保障覆盖面（特别是医保和养老金）和技能培训（特别是针对移民）的行动。与之前发布的战略一样，2013年战略同样有一个主题贯穿于各个领域：促进中国的南南合作，并支持中国发挥对全球公共产品的关键作用。2012年战略提到，世界银行认为知识转让对于世界银行的财政支持越来越重要："……贷款将通过政策对话和

---

① World Bank, *Country Partnership Strategy for the People's Republic of China for the period 2006-2010* (Washington, D.C.: The World Bank, 2006).
② World Bank, *Country Partnership Strategy for the People's Republic of China for the period FY13 – FY16* (Washington, D.C.: The World Bank, 2012).

分析工作加以补充和利用。联合贷款或客户为导向的 AAA 级贷款将适用于世界银行不贷款或贷款受限的地区。"① 这促使了后期多方协调并联合编制报告，例如前一节所述的《2030 年的中国》和《中国城市报告》。

2017 年发布的系统性国别诊断文件《迈向更包容和可持续的发展》② 是世界银行最新发布的关于中国的战略文件。系统性国别诊断（SCD）是一种新的分析性文件，在决策者制定战略之前提供参考信息。文件提出了中国通过可持续方式结束赤贫以及促进共同繁荣所面临的主要挑战和机遇。文件的讨论范围不仅包括世界银行自身的分析，而且使用了其他多个来源的可用分析和证据。文件在与中国政府和其他利益相关者密切协商中完成。在贫困和不平等方面，系统性国别诊断文件强调，中国的极端贫困几乎已被消除，但新的贫困形式已经出现且将来也会存在："世界银行根据国际购买力平价每日 1.90 美元的贫困线预测，到 2018 年，中国的极端贫困发生率将降至 0.5%。……尽管在消除极端贫困方面取得了进展，但按照国际购买力平价较高的每日 3.10 美元贫困线计算，贫困人口数量仍将相对较大。……预计到 2018 年，中国在更高贫困线下的贫困人口将占 3.9% 或 5460 万人。" 文件同时强调中国城市贫困没有得到充分评估："城市贫困是理解中国扶贫挑战的一个关键知识盲区。尽管人们逐渐认识到城市可能存在新的贫困形式，但官方没有划分城市贫困线，亦没有对城市贫困进行评估。"

文件强调，中国日益扩大的贫富差距主要是由城乡收入差距、基本公共服务的获取以及社会援助/保险资金的地区差异造成的。它阐述了中国经济增速放缓过程中面临的挑战：经济更大程度上由消费驱

---

① World Bank, *Country Partnership Strategy for the People's Republic of China for the period FY13 - FY16* (Washington, D.C.: The World Bank, 2012).
② World Bank, *China Systematic Country Diagnostic: Towards a More Inclusive and Sustainable Development* (Washington, D.C.: World Bank, 2017).

动而非投资驱动，更多依靠生产力增长而不是资本深化。此外，2017年中国系统性国别诊断总结了一系列应对中国当前发展挑战的"优先事项"。系统性国别诊断提前告知了世界银行在中国未来几年的实际计划的含义（通过"国家伙伴关系框架"的文件）。系统性国别诊断的主要政策优先事项是：(1)向增速放缓但更平衡、可持续的经济体过渡；(2)解决经济转型可能造成的经济和社会混乱；(3)缩小获得优质公共服务方面的差距；(4)提高农村地区的农业生产力和效率，从而缩小与城市地区的收入差距；(5)更充分地利用市场机制，促进绿色增长，改善自然资源可持续利用。

三 项目、规划和评估

（一）项目和方案

自1981年以来，世界银行在中国执行的项目和规划总额约623亿美元（占同期全球总额的6.2%）：其中523亿美元由国际复兴开发银行（IBRD）提供，99亿美元由国际开发协会（IDA）提供，另有19亿美元的补助金。[①] 国际开发协会是世界银行的优惠窗口，由一个信托基金提供资金，定期会得到捐助资金的补充。各方一致同意，国际复兴开发银行和国际开发协会在中国的资金混合比例为60%和40%。但在早期，尤其是在中国恢复借贷后的头几年，国际开发协会的可用性曾受到限制（见表2）。[②]

[①] 资料来源：世界银行贷款信息系统。
[②] 《口述历史》，世界银行档案，https://oralhistory.worldbank.org/person/koch-weser-caio，最后检索时间：2021年1月30日。

表2 中国融资项目数量和融资金额（1981~2018）

A. 项目数量（个）

项目	IBRD	IDA	IBRD+IDA	IBRD+IDA+补助	补助款
所有成员国	4660	5589	10249	13094	2845
中国	353	71	424	534	110
中国占比	7.58%	1.27%	4.14%	4.08%	3.87%

B. 融资金额（百万美元）

项目	IBRD	IDA	IBRD+IDA	IBRD+IDA+补助	补助款
所有成员国	655382	352860	1008242	1035044	26802
中国	52317	9947	62263	64228	1965
中国占比	7.98%	2.82%	6.18%	6.21%	7.33%

资料来源：世界银行贷款信息系统。

随着时间推移和中国的发展，国际复兴开发银行所占的混合比例变得更高。经过多次讨论，中国于1999年停止向国际开发协会借款。到2014年，中国平均每年向国际复兴开发银行借款约15亿美元，之后世界银行和中国同意可在3年中继续增加贷款额。目前，双方年贷款额为10亿~15亿美元，并且未来将逐步减少。

中国绝大多数的借款都是通过投资性贷款来实现的。虽然调整性贷款/政策性贷款[①]偶尔也有讨论，一些投资性贷款也具有预算支持的特点，但除了1987年的农村部门调整贷款外，中国更倾向于为具体项目采用投资性贷款，而回避政策性贷款。[②]这在一定程度上是为了避免让人觉得中国会对政策条件让步，此外中国对资源转移不太感兴趣，因为中国很少出现国际收支逆差或预算赤字融资问题。

对世界银行来说，则更需要重视分析和政策对话，因为贷款的条件必须是正确的，即贷款所在部门存在的扭曲必须在可接受范围内。

---

① 这些是在具体改革的基础上向一般预算提供的贷款。
② 1987年农村部门调整贷款例外。

近年来，发展政策融资是世界银行继结构调整贷款之后，用于解决省级以下财政可持续性问题的新方案。所谓的结果导向型融资方案，就是根据基于达到事先约定的结果来支付贷款资金。结果导向型融资方案在中国以及其他国家越来越多地用于减贫工作。

对中国来说，世界银行项目一个重要价值是项目设计提供的体制改革方案。中国经常利用世界银行来尝试新的政策和方法，包括国际竞争性招标、独立顾问的质量保证、项目结果的监测和评估等项目管理技术。此外，对于中国来说，项目贷款的实施通常需要5~7年的时间，这也意味着在实施过程中可以获得世界银行的专业知识，意味着世界银行对项目的结果分担责任，并愿意帮助纠正执行过程中出现的任何问题。

最后，由于世界银行的定期监督和严格的采购与财务管理规则，中国可以放心政府的资金得到充分利用，因为世界银行贷款的资金往往只占总成本的一小部分。因此，世界银行对中国的项目贷款是一个涉及资源转让、咨询、监督和评估的多方面合同。

中国与世界银行的第一个项目是大学发展项目，项目使中国顶尖的大学能够重新培训教授，并修复学校的设施。在20世纪80年代，世界银行支持了一系列对脱贫影响较大的改革，包括提升农业生产力和修建基础设施（灌溉、公路、铁路、能源）的项目。此外，世界银行的城市项目支持了中国快速的城市化进程，而社会部门工作和政策建议则为扩大医疗保险、教育融资、养老金改革、完善社会福利支付体系和确立扶贫目标奠定了基础。融资也更多地转向了社会部门，即使是在20世纪90年代末国际开发协会停止针对低收入国家提供低息贷款之后。

21世纪初的优先事项也从基础设施融资转向了当地和全球环境发展目标。随着中国东部省份的日益繁荣，外加西部大开发战略的接轨，世界银行的融资转向了西部（见图1）。在目前的投资组合中，约有3/4的资金投向内陆省份。

图 1 按地区划分的中国贫困和世界银行贷款分布情况

说明：东部指北京、河北、天津、辽宁、福建、江苏、山东、上海、浙江、广东和海南。中部指山西、黑龙江、吉林、安徽、江西、河南、湖北、湖南。西部指重庆、广西、贵州、四川、西藏、云南、甘肃、内蒙古、宁夏、青海、陕西和新疆，贫困人口的分布分别对应1991年、2000年和2010年，并根据官方数据采用三种不同的贫困线，即所谓的1978年、2008年和2010年的标准。

资料来源：作者根据世界银行业务门户以及世界银行（2001）、中国国家统计局（2017）、中国国家统计局（2011）数据计算。

尽管世界银行几乎所有的贷款业务都是将减贫作为一种隐含的目标，往往不会言明，但有些贷款业务会把贫困人口作为具体受益者，或将减贫作为明确的目标。这些项目，尤其是中国与国务院扶贫开发领导小组办公室联合设计的项目，试行了新的方法、想法和建议，并构成了世界银行的分析工作。

随后，中国政府采纳了这些行之有效的想法，并将其推广到国家规划和项目中。在这里，我们总结了一些最重要的项目，展示世界银行在减贫贷款方面采取的各种方法以及其中的创新。

西南扶贫项目是世界银行首批扶贫项目之一，其明确目标是减少中国西南部35个最贫困县的绝对贫困。项目于1993年形成概念，1995年获得批准，2004年完成，总金额为4750万美元。这是一个跨社会部门项目，包括对基本卫生和教育、基础设施和土地开发的投资。项目还在劳动力流动方面进行创新，为潜在移民提供培训和就业安置计划。这在一定程度上来说,是针对第一次贫困评估中关于移民将成为重要发展力量的预测所做的响应。

山西扶贫项目也是一个多目标发展项目,其中农村发展重点明确,包括在灌溉、道路、水土保持、畜牧业和农产品加工等方面的投资。项目于1994年形成概念,1996年获得批准,2003年完成,总金额达1亿美元。它在支持由贫穷和弱势妇女领导的创收企业上进行了一定创新。

甘肃和内蒙古扶贫项目也是一个以灌溉、土地、农村基础设施和农村企业为重点的农村发展多功能扶贫项目。项目于1997年形成概念,1999年获得批准,2006年完成,总金额为1.6亿美元。项目最初包括了甘肃省和青海省的劳动力流动和自愿安置计划,但由于这些干预措施存在较高的声誉风险和较高的监管成本,因此两个计划都被取消了。

贫困农村社区发展项目是国务院扶贫办在世界银行和英国开发署(DFID)的支持下设计和实施的5个家庭和村级扶贫项目中的第4个。项目于2001年形成概念,2005年获得批准,并于2011年12月完成,总金额达1亿美元。这是一个复杂的多部门项目,包括对农业生产、农村基础设施、基础教育和卫生以及社区能力建设的援助。项目的主要创新之处在于制定了一种强有力的参与方法,并且推广到了中国西部最贫困和最弱势的少数民族。

贫困农村地区可持续发展项目旨在通过社区参与探索贫困社区可持续发展的创新点。项目特色是集中与贫穷社区合作,以及选择并设计对农村基础设施和社区合作社的投资。项目于2007年形成概念,2010年获得批准,2015年完成,总金额达1.6亿美元。它的主要创新是在可持续土地管理和适应气候变化方面开展了试点活动。

世界银行广西结果导向型扶贫计划(PforR项目)旨在帮助政府消除极端贫困的"最后一公里"。项目支持两项重要的制度创新:第一,通过在2013年建立国家建档立卡系统(NPRS),准确定位贫困家庭和村庄。第二，改善扶贫项目的规划、预算和监测系统。自 2016 年以来，中国将减贫工作下放给县政府以实现减贫目标。世界银行支持的这项计划将大量专项减贫资金整合为针对当地减贫的基于方案的预算编制体系。广西项目可以为全球类似的复杂环境减贫提供经验，并将有助于世界银行支持其他国家在 2030 年消除极端贫困。

（二）评估

世界银行独立评估局（以前的 OED，现在的 IEG）定期对世界银行的整个项目进行评估。2005 年，办公室在对 1992~2003 年方案的评估[①]中得出结论：

"世界银行援助战略的总体结果令人满意。在宏观管理和体制改革方面，世界银行在支持中国 90 年代初加快改革方面发挥了重要作用，包括有助于稳定经济的宏观管理改革。在更广泛的系统重组方面，世界银行帮助确定了企业－金融部门－财政重组的关键联系点，以支持稳定的高增长，但在促进部分计划实施方面却不太成功。不完整的企业和金融部门改革会造成严重的财政危机，并对中国的成就构成严重风险。

世界银行在 1990 年代为中国减贫做出了多项重要贡献，最重要的是，世界银行通过农村发展项目帮助建立了有效的针对性干预措施。尽管世界银行就一些其他问题撰写了良好的报告，但在说服政府针对贫困和收入不均方面采取更广泛的发展政策上，世界银行的成功率较低。政府间财政资源和责任的不匹配加剧了地区间的不平等，并导致卫生服务的不平等。中国政府的粮食政策损害了一些较贫困地区农民的利益，而移民限制则束缚了经济一体化。"

2012 年，世界银行独立评估局评估了 2007~2012 财年国家援助

---

① OECD, *China: An Evaluation of World Bank Assitance* (World Bank Operations Evaluations Department, Washington D.C., 2005).

战略，得出结论：①

"世界银行战略旨在帮助中国从偏好资本密集型产业的增长模式逐步转变为资源密集型、效率更高、共享更公平的增长模式。战略目标分为五大支柱：（1）使中国融入世界经济；（2）减少贫困、不平等和社会排斥；（3）管理资源短缺和环境挑战；（4）为持续有效的增长提供资金；（5）改善公共和市场制度。《国家伙伴战略进展报告》确认了这一战略，并强调了环境、城乡一体化发展以及世界银行与中国的联合分析工作。

世界银行独立评估局对世界银行援助项目的总体结果评价为满意，与《国家伙伴战略完成报告》的评级一致。尽管在实现支柱1和支柱5下的某些成果方面进展缓慢，但国家伙伴战略项目在实现其他支柱目标方面取得了非常好的进展。值得注意的是，它为中国的环境和社会发展议程提供了持续和创新的支持，这些议程是国家伙伴战略的重点领域。国家伙伴战略在结果框架上的缺陷，尤其是不能在《国家伙伴战略进展报告》中及时更新以准确反映正在实施的国家伙伴战略计划，这是导致某些领域成果薄弱的一个主要因素。"

世界银行独立评估局尚未对最新的国家伙伴战略时期（2013~2017财年）进行评估，但世界银行中国团队进行了自我评估，并在方案和学习回顾文件中写道：②

"国家伙伴战略目标的实现程度被评价为满意。截至2016年12月31日，在经过修订和更新的10个国家伙伴战略目标中，7个已实现，3个部分或大部分实现。在28项成果指标中，22项已实现，4项部分实现，2项未实现或无法获得。成果框架还包括89个里程碑，其中只有3个没有实现。

世界银行的表现被评价为良好。世界银行项目与中国的优先事项

---

① IEG, *China: CPRS Review* (Washington D.C.: The World Bank, 2012).
② World Bank, *Country Partnership Framework for the People's Republic of China for the Period FY2020–2025* (Washington D.C.: The World Bank, 2019).

高度一致，并将知识共享放在项目核心位置，包括把项目当作知识交流的平台。鉴于世界银行的财政支持与中国自身的资源相比是有限的，世界银行项目在设计上通过政策对话和分析，以及引入创新和展示可扩大规模的新方法，产生超出其规模的影响。项目方案基本上按照国家伙伴战略和绩效与经验回顾文件中的计划来实施；在一些领域，计划甚至超出了最初国家伙伴战略的预期。"

世界银行在华投资计划中的单个项目的评估一贯具有高水准。绝大多数项目被世界银行独立评估局评为"满意"，有些项目属于"高度满意"类别，有些则属于"稍微满意"类别。很少有"不满意"或"轻微不满意"的评级，原因是如果一个项目可能评级过差，就要采取纠正措施。定期的监督任务、中国的内部监督体系和中期评估都是纠正项目缺陷的机会。世界银行有时还会重组项目，将重点放在表现良好的部分。

四 结语

40年来，中国与世界银行的伙伴关系为中国减贫和全球减贫做出了重要贡献。毫无疑问，到目前为止，中国自身是伙伴关系中最具决定性的角色，但世界银行提供了新的想法、处理政策问题的新思路以及具体的扶贫手段。

本文表明，在20世纪80年代和90年代，世界银行和中国的伙伴关系主要是关注中国自身，包括在经济改革、基础设施建设和减贫方面提供贷款和技术援助。而从21世纪初开始，世界银行和中国关系变得更加综合，既包括解决中国自身的问题（如日益严峻的收入不均和技术创新挑战），也包括提供全球公共产品，如环境保护和在南南学习中了解中国发展经验。

世界银行和中国合作的成功有很多原因。以下几个最为重要：（1）双方多年来的高级别承诺；（2）世界银行对中国的贫困问题采取非意识形态的态度；（3）随着中国的发展，世界银行的做法和侧重点与时俱进和具有灵活性；（4）世界银行官员和中国政府官员所建立的紧密的机构间联系，包括中国财政部、国家计委（现为发改委）、地方政府等。

就中国的贫困问题来说，到 2020 年中国完全可能已经消除了极端贫困，小康社会对贫困的认知很可能会改变。其他更加富裕的国家经历过这种改变，中国过去也修改过贫困的标准。中国早已达到了温饱水平，1.90 美元的国际贫困线也就不再适用于中国。

世界银行本身正在采纳全球贫困委员会的建议[①]，并且目前正使用两个收入标准贫困线定期为中国测算贫困发生率：（1）中等偏下收入标准为每人每天 3.2 美元；（2）中等偏上收入标准为每人每天 5.5 美元。截至 2016 年，这两条贫困线下的中国贫困发生率分别为 5.4% 和 24.0%，分别有 7450 万人和 3.3 亿人。在这样的贫困发生率下，中国的贫困问题仍然存在，中国需要不断努力，进一步完善国家贫困政策、战略和规划。

---

① 委员会包括 24 名专家成员，由已故的安东尼·阿特金森教授领导。《阿特金森报告》于 2016 年 10 月发表。

C2. 中国减贫经验及其对拉美的启示

摘　要：本文对中国减贫经验进行了探讨。首先分析了始于1978年的改革开放对于消除贫困所发挥的支点作用，以及国家发展战略所推动的经济建设和城市化进展与减贫影响。随后，重点介绍了中国政府为消除贫困而采取的战略和公共政策。在综合考虑各国自身情况以及历史、文化、政治方面的差异基础上，文章讨论了阿根廷以及拉美地区如何借鉴吸收中国消除贫困的宝贵经验。拉美地区必须发展工业和科技，创造就业，并发展与中国的互利互惠关系。

关键词：消除贫困　中国经验　改革开放　拉美和加勒比地区

一　改革开放与消除贫困

2018年11月18日，《纽约时报》发布了头条新闻"美国梦仍在，但在中国"。文章介绍了中国的改革、社会变化和民主化进程，令人印象深刻。这一进程被称为"改革开放"，由邓小平领导，至2018年，已经实施了40年。自1978年底以来，中国实施了一系列国家战略措施，涉及农业、工业、科学技术和国防等领域。邓小平曾说道："贫穷不是社会主义，致富光荣。"据此，混合经济体制得以建立，在维护国家所有权和监管的同时还开放了市场。中国的改革开放某种意义上是一种颠覆以往经济和发展理念的新学说。

中国改革开放的特征之一是该政策是渐进实施的。随着国有企业面临的竞争压力越来越大，政府开始试行各种措施以激活国有企业的活力，提高其管理能力。改革开放40年来，中国经济保持着年均10%的增长率，虽然近年来年均增长率已降至6%~7%，但仍远高于其他发达国家，如美国约为3%，日本为1.7%，德国为0.5%。中国是唯一一个经历过三个历史性转变的国家，从计划经济体制转变为社会主义市场经济体制，从封闭型经济转变为开放型和出口型经济，从农业经济为主转变为世界制造业中心。[1]

中国，这个亚洲巨人，在名义GDP上，距离超越美国只有一步之遥。按购买力平价计算，中国的GDP早已超过美国。中国已经成为世界上最大的出口国，甚至是最大的高科技出口国和第二大商品进口国。

人们口中的"中国特色社会主义"成就了一段人类历史上前所未有的社会和经济发展进程。短短40年间，超过8.5亿中国人摆脱了极端贫困，极端贫困人口比例从88%降至1.85%。[2] 中国对全球减贫贡献率超过70%，已成为全球脱贫人口数量最多的国家。预计到2020年，中国所有人将摆脱极端贫困。[3] 而在地球另一端，2018年，拉丁美洲贫困人口约占30.1%，极端贫困人口占10.7%。数据表明在拉丁美洲，约有1.85亿人处于贫困状态，6600万家庭人口的人均收入仍

---

[1] Wang, X., L. WANG, and Y. WANG, *The Quality of Growth and Poverty Reduction in China* (Berlin, Heidelberg: Springer, 2014).

[2] Haro Sly, M. J., *Dossier China: Oportunidades para Tucuman. Superior Gobierno de la Provincia de Tucumán*, 2019. https://seri.tucuman.gob.ar/dossier-sobre-china-oportunidades-para-tucuman/，最后检索时间：2021年1月30日。

[3] 编者注：中国已于2020年底顺利实现全部脱贫。此处尊重原文表述逻辑，未做改动。

低于极端贫困线。① 新冠肺炎疫情全球暴发及经济衰退使形势变得更糟糕。中国的经济发展战略，套用阿根廷人常说的一句话，就是"把人民考虑在内"，即一种具有社会包容性的经济发展体系。中国的发展进程表明，除了经济增长，政府还要在提供基本公共产品、解决不平等、推动创新和防止污染等方面发挥至关重要的作用，这样才能推动社会进步。在全世界范围内实现贫困人口减半是千年发展目标的首要目标。2030年可持续发展议程的第一个可持续发展目标则是到2030年消除一切形式的贫困。而中国已在2020年，提前十年完成消除绝对贫困的目标。

二 经济建设、城市化与减贫

由邓小平在1978年开始设计、领导的改革开放，正是以此为基础。马思乐曾强调："在毛泽东任职时期，中国的工业总产值增长了38倍，重工业总产值增长了90倍……20世纪70年代中期，工人阶级人数从300万增加到了5000万左右……科研人员、技术工人的数量从1949年的5万人增加到1966年的250万人，到1979年，增至500万人……如果没有毛泽东时期的工业化革命，在后毛泽东时代，崭露头角的经济改革者们几乎没有改革的必要条件。"②

伟大领袖毛泽东于1976年逝世，中国面临巨大抉择。当时的中共中央做出了实行改革开放的新决策，决定把党的工作重点转移到社

---

① Economic Commission for Latin America and the Caribbean (ECLAC), *Social Panorama of Latin America 2019*, CEPAL, 2019, https://www.cepal.org/en/publications/44989-social-panorama-latin-america-2019, 最后检索时间：2021年1月30日。
② Meisner, M., La China de Mao y después: Una historia de la República Popular (Córdoba: Comunic-arte Editorial, 2007).

会主义现代化建设上来，从这个意义上来讲，改革开放的巨大政治意义就是进一步实现了中国的政治稳定，并确立了以邓小平为核心的新一代领导集体。

从经济层面而言，中国创建经济特区，跨国公司开始接连扎根于此。这种对投资的开放和鼓励私有经济的发展，并不是一盘散沙、泛化的，而是由国家统一规划的政策，目的就是要引导和加强中国社会朝着四个现代化目标前行。[1] 在这一过程中，中国企事业单位还成功引进了许多跨国公司的技术知识。

中国的经济增长不仅依靠对外开放，还进行了一系列的内部改革。自新中国成立直到今天，中国的土地所有权都属于国家或农民集体。20 世纪 70 年代后期，安徽省中部一个小村庄的农民开始实行家庭联产承包责任制。受该事件启发，中国于 1978 年实行了最为大型的改革之一，改革内容包括实行土地非集体化使用，向农民家庭赋予土地使用权。此后，农民将一部分土地收成上交给国家，剩余部分在市场出售。得益于这一措施，农业生产开始增长。

随着粮食价格上涨、有效投入的扩大以及新技术普及度的提升，粮食产量迅速增加。虽然中国仍旧保持粮食进口和农业投入以维持人口所需，中国的国内产量却呈指数级增长。除农业生产改革外，中国还允许、促进农村地区非农企业的发展，如服务业和工业等，此举为农民子女提供了新的就业机会。乡镇企业的就业人口从 1978 年的 2800 万增加到 1996 年的最高点 1.35 亿。农村地区的经济增长和经济多样化，与经济特区一起，推动了中国的就业和经济增长。

中国社会的变迁也是非常显著和复杂的。工业化的迅速推进，意味着这个历史上曾经的农业大国，开始迈入城市化进程，大量农村人口向城市转移。从这个角度来看，虽然中国国内各地区贫困状况不尽相同，但改革开放确实逐步减少了贫困。

---

[1] Li, H., *El socialismo y la política de apertura al exterior. En: China y el mundo* (República Popular China: Beijing Informa, 1986).

还要注意的是，中国的改革过程中客观上造成了"新富人"与社会其他阶层之间在社会和经济方面的差异快速扩大。[①] 中国的基尼系数为 0.44，比阿根廷的 0.42 高出 0.02 个点，但远低于拉丁美洲这个世界上收入分配差距大最严重地区的平均水平。然而，瑞士信贷发布的《全球财富报告》却显示，非洲和印度公民越来越集中于财富金字塔的最底层，中国公民大部分位于财富金字塔的中间层，北美和欧洲地区的公民在财富金字塔最顶层的占比最高。与此同时，北美和欧洲地区位于全球财富金字塔底层的居民数量也相当可观，显而易见，这反映了许多人，尤其是发达经济体中的年轻人很容易出现举债，从而产生财富的净负值。如此，中国的情况就显得非常有趣，因为在财富金字塔底层的中国居民人数不多，在财富金字塔顶端，中国居民数量又远低于欧美地区，从而中国的财富集中分布在庞大的中产阶级身上。世界银行专家认为，虽然中国沿海地区比内陆地区发展更快，导致明显的区域不均衡现象，但是中国的减贫成效是蔚为壮观的。[②]

三 中国的消除贫困战略

分析了改革开放和国家战略主导的重要性之后，我们接着将重点论述中国为消除贫困而实行的公共政策。有研究观察到中国在初级卫生保健和教育方面的成就早于经济改革。[③] 因此，在中国改革开放初期，卫生和教育方面的不公平程度较低，体现了社会主义的积极方

---

① Meisner, M., *La China de Mao y después: Una historia de la República Popular* (Córdoba: Comunic-arte Editorial, 2007): p.592.
② Ravallion, M., and S. Chen, "China's (Uneven) Progress Against Poverty", *Journal of Development Economics*, 82 (2007): pp.1-42.
③ Dreze, J., and A. Sen, *India: Economic Development and Social Opportunity* (Delhi: Oxford University Press, 1995).

面。毫无疑问，这也有助于确保后续农业和（特别是）非农业领域的增长能够减少贫困。就贫富差异性（不同程度）而言，初期较有利的条件，加上最初对农业和农村发展的重视，使得中国在20世纪80年代前期减贫步伐迅速。①

有一种解释认为，中国的一系列价值观造就了这些社会政策。②首先，根据儒家传统学说，扶贫不能只局限于个人，而更应放眼于家庭和社区，因为社区在维系生计、支撑中国社会方面发挥着核心作用。谋生不仅是个人的责任，所有家庭成员、直系亲属和整个社区都有责任伸出援手，帮助遇到困难的人。为此，贯穿中国历史，对贫困人口的支持主要来自家庭、直系亲戚和社区，而从国家获得补助一直都是不得已的选择。③

其次，中国文化向来重视教育、工作和美德，而美德也是儒家思想的基础。自隋朝实行科举制以来，有着几千年历史的中国文化也一直十分看重教育的作用。公开竞争和教育一直是社会进步的核心之一。④中国文化倡导"知识改变命运"，社会普遍认为教育能给人带来稳定、受人尊重的工作，进而让人独立，并能在必要时为其他家庭成员和社区提供帮助和支持。在这样的社会价值观主导之下，申请和获得补助不仅不受欢迎，还会受到谴责。

从这个意义上讲，消除贫困的主要政策之一就是推行教育政策，发展真正能够创造就业的包容性生产体系。中国的（登记）失业率一直低于5%。中国政府在中国顶级大学实行了配额制，以保证来自低收入家庭的学生和少数民族学生能够获得并完成高等教育。此外，中

---

① Ravaillon, M., "A Comparative Perspective on Poverty Reduction in Brazil, China, and India", *World Bank Research Observer*, 26 (2010): pp.71–104.
② Gao, Q., *Welfare, Work, and Poverty: Social Assistance in China* (Illustrated edition) (Delhi: Oxford University Press, 2017).
③ Leung, J. C., and R. C. Nann, *Authority and Benevolence: Social welfare in China* (Hong Kong: the Chinese University of China Press, 1995).
④ Pan, K., *Poverty Alleviation through Education in China* (paper presented at Silk Road School, Renmin University of China, January 2019).

国对大学教育制度进行了改革，着重培养学生的核心知识技能，以满足国家发展需要。

中国推行九年义务教育，让全国 6 岁以上的适龄儿童接受免费的小学教育（一年级至六年级）和初中教育（初一至初三），中学毕业率达到 99%。政府资助教育，免除学费。就其本身而言，中国的高等教育在经济建设、科学进步和社会发展中发挥了重要作用，为中国的现代化建设和自主工业化发展中的关键领域输送了大批人才和专家。近年来，中国的高等教育扩张得益于占中国 GDP 4% 左右的教育投资，而在阿根廷这一比例仅为 1.3%。中国的大学生人口占比从 1978 年的 1.4% 增加到 2018 年的 20% 以上，成效显著。2018 年 6 月，全国高等教育入学考试（高考）人数达到 975 万。

理工科毕业人数占比接近 50%，经济学、管理学和法学毕业人数占 25%。中国的自主创新政策强调通过科技和工业化推动经济增长与发展，与教育改革方向一致。从 1996 年到 2020 年，中国的创新与发展（I+D）每年系统性增长 0.1%，从 0.7% 增长到 2.5%。创新与发展的定位也一直是基本方向之一，即将 5% 的精力集中在基础研究，10% 的精力集中在应用研究，85% 的精力集中在实验开发。[1] 目前，中国拥有 1500 多个国家级或省级工业园区，其中包括 169 个高科技园区。[2] 这些园区的 GDP 约占中国 GDP 的 12%，占总出口量的 18%。[3]

再次，不论是在儒家学说，还是在社会主义体制下，政府都有义务为有需要的人提供社会援助。[4] 另外，公众也期望政府能履行这一

---

[1] Haro Sly, M. J., *La política científica y tecnológica de China y la cooperación sino-argentina* (Ciencia:Tecnología y Política, 2019).

[2] Shi, H., J. Tian, and L. Chen, "China's Quest for Eco-Industrial Parks, Part II", *Journal of Industrial Ecology* 16, 3 (2012): pp.290-292.

[3] Appelbaum, R. P., C. Cong, X. Han, R. Parker, and D. Simon, *Innovation in China: Challenging the Global Science and Technology System* (Cambridge: Polity Press, 2018).

[4] Gao, Q., *Welfare, Work, and Poverty: Social Assistance in China* (Illustrated edition)(Delhi: Oxford University Press, 2017).

职责。① 根据上述与家庭、社区和工作相关的核心价值观的讨论，可以看出，只有在私人资源无法满足人们的基本需求时，政府才会介入其中，提供最后的帮助与保障。国家的作用主要是为以下方面创建一种制度保障：提供教育服务，普及卫生健康，创造真实的就业机会，以及为一些非核心区域、部门实施有条件的资金转移支付计划。"低保"是全世界最重要的有条件的资金转移支付计划，普遍依据受益人或"权利主体"数量而实施。

最后，社会和谐向来都为中国文化所重视，也成为社会主义的核心价值观之一。全民上下都认为，社会稳定对国家的持续发展和繁荣至关重要，而社会援助有助于实现这一更广泛的目标。

中国在形成一种被各类学者定义为公共政策的过程中，一个有趣的现象是：中国的战略发展路线是以五年发展规划的形式来定义的，同时为了达成这一目标，还对各个部门的工作做了整体部署。中国的五年规划和领导人任期恰好弥合，很好地保障了国家政策的连续性。

首要减贫战略任务就是制定了全国集中连片特困地区分布图，与此同时还另外识别了一批贫困县。② 其中包括三个基本原则。

（1）确立区域脱贫标准：农村地区的人均可支配收入赶上城镇地区。③

（2）彻底解决两大问题：保证吃饱穿暖。

（3）保障三项关键基本权利：基础教育（9年）；享受卫生健康服务和住房保障（即能享受基本住房并保证其安全）。

在中国，消除贫困的主要步骤包括登记和精准扶贫，自2014年起，共准确登记3000多万户贫困户。通过这一调查，政府得以查明

---

① Chen, J. Y., *Guilty of Indigence: E Urban Poor in China, 1900 - 1953* (Princeton, N.J: Princeton University Press, 2012); Dixon, J.E., *The Chinese Welfare System 1949 - 1979* (New York: Praeger Publishers, 1981).
② 编者注：后半句为编者所添加。
③ 编者注：更准确的说法是，使贫困家庭人均收入超过贫困线，贫困农村地区人均可支配收入增长速度快于全国平均水平。

导致贫困的主要原因并打破贫困世代延续的恶性循环。通过对贫困户的登记在册，政府还可以运用大数据对已实施计划的有效性进行评估监测。

为消除贫困，中国政府还推行了另外一项政策：在不同地区共派遣了100多万名政治和技术专业人员去了解特困人群的需求，而且直接驻村帮扶。[1]

对于拉丁美洲，尤其是阿根廷而言，一个最重要的教训是：无法制定富有自身特色的国家扶贫政策。中国已经成功地制定了因地制宜的扶贫政策。当前中国的GDP排名世界第二，按购买力平价计算排世界第一。中国GDP的50%来自8个省份；在34个行政区中，17个行政区GDP的总和占到中国GDP的70%。但阿根廷首都布宜诺斯艾利斯市和布宜诺斯艾利斯省GDP的总和超过阿根廷GDP的50%；在24个省中，5个省GDP的总和占到阿根廷GDP的70%以上。消除贫困是实现增长的先决条件，而这一点只有在着眼于非集权化和"联邦化"地方发展政策能有效实施下才能实现，同时也作为协调增长的必要条件。

为消除贫困，中国还实行了极具创新性的政策：国家的每个地区、每个国企、每所大学，都至少在某个特定的社区或市区中与扶贫部门一起承担着消除贫困的责任。目前，超过75所教育部高校分别加入了不同贫困市区的定点扶贫工作中。[2] 同样地，中石化等国有企业也与国家一起加入消除贫困的队列中去。[3]

以下是颇具中国特色的具有重要减贫效应的五大政策。

（1）在区域经济中发展地方性生产：从1978年实行改革开放到

---

[1] 编者注：后半句为编者所加。
[2] *Chinese Universities Join Hands in Poverty Alleviation*, Xinhuanet, http://www.xinhuanet.com/english/2019-10/16/c_138475393.htm，最后检索时间：2021年1月30日。
[3] *Sinopec Invests 2b Yuan in Poverty Relief in 30 Years*, China Daily, http://www.chinadaily.com.cn/a/201810/18/WS5bc81d26a310eff30328328a.html，最后检索时间：2021年1月30日。

1996年，中国实行的税收制度，实际上将70％的税收收入分配给了地方。强有力的地方投资为工业投资提升奠定了基础，促进了当地生产力的发展。

（2）为自然资源缺乏或环境恶化的社区重新安置：政府已经对一些居民聚居区域的发展可行性进行切实评估。若有的区域缺乏资源或所属环境不利于打破贫困恶性循环，则政府会尽可能将该片区域的居民重新安置到靠近生产项目的安置楼中。

（3）保障教育和教育质量，防止贫困世代延续：中国的顶级大学都会为来自贫困家庭的学生免除学费和提供奖学金。

（4）生态补偿：为那些受到某些基础设施建设影响的地区，创建或恢复生态栖息地。

（5）扩大社会保障覆盖面：主要指低保或有条件的转移支付计划。政府力图通过低保等资金转移支付计划来满足城乡贫困家庭的基本需求。社会救助已经成为中国各级政府工作的优先事项之一。到2017年，低保已经覆盖1261万城镇地区人口和4045万农村地区人口。2017年，中国共有城乡低保对象5306万人，占中国总人口的3.8％。近年来，中国的贫困人口持续减少，低保对象数量也在不断减少，2020年10月为4282.6万人。

四 中国消除贫困经验对拉美的启示

拉丁美洲在21世纪前十年间的经济增长与中国的崛起及拉美地区向中国的出口增加有关。经济增长使拉美地区有能力推动战略性领域的投资，如能源、交通运输等方面，同时还提高了收入，有助于拉美地区的社会援助计划实施。但同时，这也在一定程度上造成以南美洲为主的经济再初级化趋势。

从这个角度来看，我们认为工业和科技方面的发展是消除贫困、实现阿根廷和拉美地区共同发展的重要力量。我们确信这不仅不会减损第一产业的发展，相反，二者是互补的。我们能成为这样一个国家或地区：在出口原材料的同时，实施工业化和经济发展政策，推动产业结构实现质的飞跃；同时大力发展科学技术，合理分配所生产的财富，逐步减少拉美地区的贫困人口和不平等现象。

为此，我们发现可以从中国的扶贫经验中学习并应用于我们"伟大的国土"上。同时，通过发展双边关系，以及参与"新丝绸之路"和亚投行，我们还发现了互利互惠的空间。通过利用这个契机，我们能完成技术转让的过程，还能在战略性领域获得投资，如能源、双洋走廊[①]、交通运输、数字产业等方面。

最后，我们认为只有创造就业才最有可能消除贫困。我们可以引用教皇方济各在他最新版的社会通谕《弗拉泰利·图蒂》[②]中所述："最严重的贫穷，就是剥夺了工作的权力和工作的尊严。"在真正发达的社会中，工作是社会生活不可分割的一部分，因为工作不仅是个人谋生之法，还能使人成长，建立健康关系，表达自我，分享礼物，燃起发展世界的使命感，并最终作为一个正常人而生活。

---

① 编者注：一项与中国合作，连接巴西、玻利维亚和秘鲁，联通太平洋和大西洋的铁路计划。
② Fratelli Tutti，意为众兄弟姐妹。

C3. 中非减贫合作分析

摘　要：本文阐述非洲减贫形势，考察中非合作论坛在对非洲减贫方面迄今所取得的成功，并分析中国减贫的途径和特点，以及中国经验对非洲减贫的意义。最后，本文提出了中非在减贫领域的合作前景。非洲国家应利用与中国的伙伴关系来增加经济的多样性，共同努力促进治理能力提升，加强文化交流。建议中国优化对非洲国家发展援助资金的分配以改善其效果，并在与非洲政策对话中分享投资管理经验和转型思维。

关键词：减贫合作　中非合作论坛　治理

一　非洲减贫形势

过去几年中，非洲在改善生活水平和减少贫困方面取得了重大进展。但是，非洲大陆仍然是世界上贫困发生率最高的区域之一。从1990年到2015年，非洲的贫困发生率从54%下降到41%，降低了约13个百分点，但贫困人数却从2.78亿增加到4.13亿。诸如经济增长缓慢、人口快速增长、人力资本不足和性别高度不平等现象由于各种因素而加剧，许多人认为非洲的贫困人口未来还会增加。① 根据世界银行预测，非洲将不太可能实现联合国的可持续发展目标，即到2030年消除极端贫困。②

当然，非洲的贫困程度也因地理区域差异而不同，大多数贫困人口生活在农村地区，并以农业或与农业有关的活动为生。由于历史冲突和代际贫困传递的原因，非洲的贫困形式主要分长期性贫困（占贫困人口的60%）和暂时性贫困（占贫困人口的40%）。③ 与长期性贫困不同，暂时性贫困或处境性贫困通常是短期性质的，可以通过最少的干预，较容易地消除。而长期性贫困则需要较长时间才能消除，因为它会从一代传给下一代，并且受影响的人群几乎无法获得资源来协助其摆脱贫困。④ 因此，重要的是要了解非洲贫困的根本原因，以便采取适当的干预措施。⑤ 我们还应该承认非洲贫困的一些根本原因，例如经济政策、文化和制度上的不公平。⑥

为了减少贫困，促进包容，打破贸易壁垒，并融入全球经济，非

---

① Beegle, K., and Christiaensen, L., *Accelerating Poverty Reduction in Africa* (Washington, D.C.: World Bank, 2019); Kabuya, F. I., "Fundamental Causes of Poverty in Sub-Saharan Africa", *IOSR Journal of Humanities and Social Science*, 20(2015): pp.78-81; World Bank, *The African Continental Free Trade Area: Economic and Distributional Effects* (Washington, D.C.: World Bank, 2020).

② World Bank, *The African Continental Free Trade Area: Economic and Distributional Effects* (Washington, D.C.: World Bank, 2020).

③ Beegle, K., & Christiaensen, L., *Accelerating Poverty Reduction in Africa* (Washington, D.C.: World Bank, 2019).

④ Kabuya, F. I., "Fundamental Causes of Poverty in Sub-Saharan Africa", *IOSR Journal of Humanities and Social Science*, 20(2015): pp.78-81.

⑤ Kabuya, F. I., "Fundamental Causes of Poverty in Sub-Saharan Africa", *IOSR Journal of Humanities and Social Science*, 20(2015): pp.78-81; Liu, Y., Y. Guo, and Y. Zhou, "Poverty Alleviation in Rural China: Policy Changes, Future Challenges and Policy Implications", *China Agricultural Economic Review*, 10(2018).

⑥ Kabuya, F. I., "Fundamental Causes of Poverty in Sub-Saharan Africa", *IOSR Journal of Humanities and Social Science*, 20(2015): pp.78-81.

洲各国均已经签署了《非洲自由贸易区（AfCFTA）协议》。据估计，通过实施合理有效的改革政策和贸易便利化措施，非洲自由贸易区能够让大约3000万极端贫困人口和6800万中等贫困人口实现脱贫。[1]由于暴发新冠肺炎疫情，《非洲大陆自贸协定》的启动日期已从2020年7月1日推迟到2021年1月1日。[2]

为解决贫困问题，非洲还在其他方面做了许多努力。例如，共有53个非洲国家通过中非合作论坛（FOCAC）与中国和非洲联盟建立了外交性合作关系，以减少贫困，吸引投资，促进出口，改善民生和增进双边合作。[3]2020年10月10日是中非合作论坛成立20周年纪念日。

自2009年以来，中国一直是非洲最大的贸易伙伴。[4]由于中国经济的快速增长，中国已经成功消除了贫困并改善了国民的生活水平。中国成功减贫的关键要素有：自力更生与主权独立、树立以绩效为基准的公共管理与权力下放、确立以发展为导向、拥有政策研究能力和创新体系，以及建立识别和应对挑战的反馈机制。[5]通过中非合作论坛，中国有机会与非洲各国分享有关消除贫困和促进发展的经验、教训和战略。[6]在与非洲的相处中，中国已经不只是对非洲援助，而更

---

[1] World Bank, *The African Continental Free Trade Area: Economic and Distributional Effects* (Washington, D.C.: World Bank, 2020).

[2] "African Continental Free Trade Area (AfCFTA) Legal Texts and Policy Documents", https://www.tralac.org/resources/our-resources/6730-continental-free-trade-area-cfta.html, 最后检索时间：2021年1月30日。

[3] World Bank, *The African Continental Free Trade Area: Economic and Distributional Effects* (Washington, D.C.: World Bank, 2020).

[4] Johnston, L. A., and Y. Cheng, "China's Africa Trade and Investment Policies: Review of A Noodle Bowl", *African East-Asian Affairs*, 4 (2014).

[5] China-DAC Study Group, "Economic Transformation and Poverty Reduction: How it happened in China, Helping It Happen in Africa", August 24, 2011, http://www.oecd.org/officialdocuments/publicdisplaydocumentpdf/?cote=DCD(2011)4&docLanguage=En, 最后检索时间：2021年1月30日。

[6] Shelton, G., Y. April, and L. Anshan, "Conclusion: Setting the Agenda for the Sixth FOCAC", in: Shelton, G., F.Y. April, and L. Anshan (eds.), *FOCAC 2015: A New Beginning of China-Africa Relations* (Pretoria: Africa Institute of South Africa, 2015).

多向着促进合作、推动非洲经济发展转变。①

二 中非减贫合作进展

（一）中国经验对非洲减贫的意义

在过去的几十年中，中国的转型和经济增长令人瞩目，令人鼓舞，对非洲尤其如此。尽管全球范围内，转型经验可能不尽相同，但有一些中国经验对非洲而言是非常有价值的，也是非常实用的。中国的宝贵经验，尤其是涉及发展伙伴关系、基础设施建设、能力建设、粮食安全、农业和农村发展以及企业发展方面的经验，都值得非洲学习。②

中国的经济转型得到了国际援助的支持。但中国不是单纯依靠国际援助作为其主要资金来源，而是寻求国际援助来补充现有的国家资源。外国援助被用于支持基础设施建设、卫生、教育以及工农业项目。③基础设施建设一直是中国经济转型和扶贫过程中的主要活动。同样，非洲也需要大量的基础设施建设投资和国际援助，以帮助发展经济，减轻贫困并释放其全部潜力。④

中国建立了有效的体制，从公共管理机构内部聘任项目管理者，

---

① Cissé, D., "Forum: China's Engagement in Africa: Opportunities and Challenges for Africa", African East-Asian Affairs, 4 (2013).
② China-DAC Study Group, "Economic Transformation and Poverty Reduction: How It Happened in China, Helping It Happen in Africa", August 24, 2011, http://www.oecd.org/officialdocuments/publicdisplaydocumentpdf/?cote=DCD(2011)4&docLanguage=En，最后检索时间：2021年1月30日。
③ China-DAC Study Group, "Economic Transformation and Poverty Reduction: How It Happened in China, Helping It Happen in Africa", August 24, 2011, http://www.oecd.org/officialdocuments/publicdisplaydocumentpdf/?cote=DCD(2011)4&docLanguage=En，最后检索时间：2021年1月30日。
④ "China's Engagement in Africa: What Are the Potential Impacts on Africa's Regional Integration?", http://www.tips.org.za/files/chinas_engagement_in_africa.pdf，最后检索时间：2021年1月30日。

并将其培养为协调者。通过发展伙伴关系，中国加快了组织机构的能力建设、跨领域的知识转移和公共管理，这些措施甚至在项目实施期结束之后还将使中国受益。此外，中国聘任经验丰富、能力出众的人担任行政机构的领导职务。学习型文化帮助中国创新和回顾已有政策，并使这些政策能紧跟发展情势。[1]

20 世纪 80 年代初，中国在深圳、珠海、厦门和汕头建立了 4 个经济特区，从而创造了"以高竞争力企业为基础的经济体系，并具有广泛的区域性和全国性交通联络"。[2] 中国现在正利用这一经验协助在非洲建立经济区，助力非洲对中国的出口多样化。尽管非洲有建立经济特区的经验，但它仍未达到能吸引外国投资者所需的制度、人力资本以及实体性标准。[3] 中国一直通过为非洲的地区性基础设施发展项目提供资金，来支持非洲的地区发展和一体化，这些基础设施发展项目常常也与其他领域相联系。[4]

中国可以分享其在参与全球经济的能力建设中所运用的学习型发展模式的知识和经验，以支持非洲的扶贫工作。对于非洲来说，重要的是加强政策影响评估及贫困的地理分布方面的研究，并对贫困的主要原因进行识别，以便能实施更有针对性、更有成效的扶贫措施。[5]

---

[1] China-DAC Study Group, "Economic Transformation and Poverty Reduction: How It Happened in China, Helping It Happen in Africa", August 24, 2011, http://www.oecd.org/officialdocuments/publicdisplaydocumentpdf/?cote=DCD(2011)4&docLanguage=En, 最后检索时间：2021 年 1 月 30 日。

[2] China-DAC Study Group, "Economic Transformation and Poverty Reduction: How It Happened in China, Helping It Happen in Africa", August 24, 2011, http://www.oecd.org/officialdocuments/publicdisplaydocumentpdf/?cote=DCD(2011)4&docLanguage=En, 最后检索时间：2021 年 1 月 30 日。

[3] Johnston, L. A., and Y. Cheng, "China's Africa Trade and Investment Policies: Review of a Noodle Bowl", *African East-Asian Affairs*, 4(2014).

[4] "China's Engagement in Africa: What are the Potential Impacts on Africa's Regional Integration?", http://www.tips.org.za/files/chinas_engagement_in_africa.pdf, 最后检索时间：2021 年 1 月 30 日。

[5] Liu, Y., Y. Guo, and Y. Zhou, "Poverty Alleviation in Rural China: Policy Changes, Future Challenges and Policy Implications", *China Agricultural Economic Review*, 10(2018).

（二）中非减贫合作实践

非洲和中国以中非合作论坛作为主要平台和机制，在减贫方面开展了大量合作，主要包括基础设施建设、贸易和投资、贷款与金融援助以及其他发展援助。

1. 基础设施建设

通过中非合作论坛，中国广泛参与了基础设施项目，包括在非洲各国建设学校、医院、水坝水电站、房地产、公路和铁路网络。[1] 中国还在石油和资源丰富的国家建立了炼油厂，并帮助它们购置了设备和机械，以使其能够提炼产品并将其出口到全球市场。[2] 然而，过去三年，中国在非洲建设项目的年总收入有所下降。2018 年，中国在非洲运营的工程和建筑公司年总收入为 488.4 亿美元，其中阿尔及利亚、肯尼亚、埃塞俄比亚、安哥拉和尼日利亚占 50%。[3]

中国支持非洲国家的形式有很多种，包括提供资金/贷款、设备，专业知识培训和人力资源提升等。例如，中国与矿产资源丰富的非洲国家所达成的矿业和建筑业投资协议可以视为是"互惠互利"的，因为它使中国能够采购所需的石油和矿产资源，而非洲国家则能够获得用于基础设施建设的资金。[4] 这些投资还使非洲国家能够获得设备和专业知识，以开采产品并将其出口到全球市场。[5]

通常来说，中国向非洲国家提供贷款的条款之一是允许中国公司

---

[1] Cissé, D., "Forum: China's Engagement in Africa: Opportunities and Challenges for Africa", *African East-Asian Affairs*, 4(2013); Shelton, G., F.Y. April, and L. Anshan, *FOCAC 2015: A New Beginning of China-Africa Relations* (Pretoria: Africa Institute of South Africa, 2015).

[2] Cissé, D., "Forum: China's Engagement in Africa: Opportunities and Challenges for Africa", *African East-Asian Affairs*, 4(2013).

[3] "Data: Chinese Contracts in Africa", http://www.sais-cari.org/data-chinese-contracts-in-africa，最后检索时间：2021 年 1 月 30 日。

[4] Megbowon, E., C. Mlambo, and B. Adekunle, "Impact of China's Outward FDI on Sub-Saharan Africa's Industrialization: Evidence from 26 Countries", *Cogent Economics & Finance*, 7(2019).

[5] Cissé, D., "Forum: China's Engagement in Africa: Opportunities and Challenges for Africa", *African East-Asian Affairs*, 4(2013).

参与非洲的基础设施建设项目[①]，因此，中国工人被派遣到非洲各国从事建筑项目。如果项目有效实施，通过非洲工人和中国工人之间的技能和知识转让，能有助于实现当地员工个人能力的提高。

图1显示了2009年至2018年，在非洲的中国工人人数。根据中国官方消息，到2018年底，非洲约有20.1万名中国工人。尼日利亚、安哥拉、阿尔及利亚、肯尼亚和埃塞俄比亚的中国工人人数合计占中国在非工人总数的58%。2015年，中国在非工人人数最高（26.4万人）。从2017年到2018年，这一数字略微下降，减少了1600余人。[②]

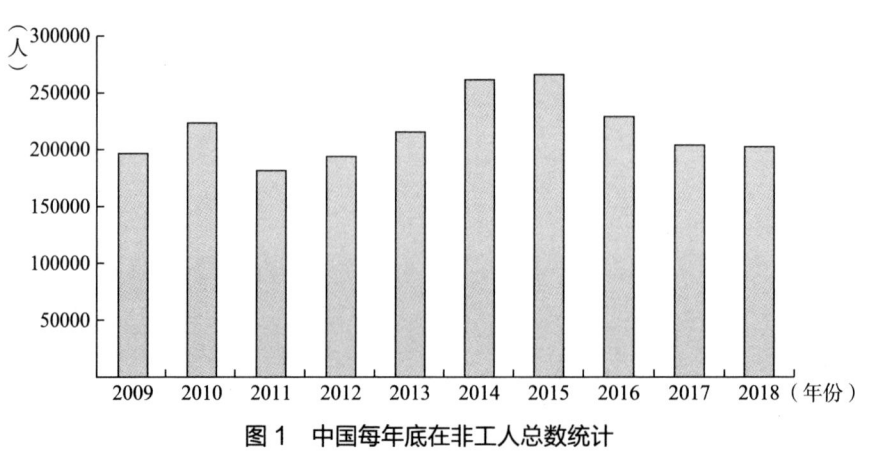

图1　中国每年底在非工人总数统计

转引自SAIS-CARI, Data: Chinese workers in Africa, http://www.sais-cari.org/data-chinese-workers-in-africa, 最后检索时间：2021年1月30日。
以上数字仅包括合同工，不含非正规工人，例如商人和店主。
资料来源：中国国家统计局，2020年2月。

2. 贸易与投资

由于中国对石油资源需求巨大，因此中国现已成为世界上最大的石油进口国。在2002年至2006年，中国公司在非洲与多个国家的公

[①] Megbowon, E., C. Mlambo, and B. Adekunle, "Impact of China's Outward FDI on Sub-Saharan Africa's Industrialization: Evidence from 26 countries", Cogent Economics & Finance, 7(2019).

[②] "Data: Chinese Workers in Africa", http://www.sais-cari.org/data-chinese-workers-in-africa, 最后检索时间：2021年1月30日。

司签署了"购买炼油厂并开采石油和天然气"的合同,这些国家包括纳米比亚、科特迪瓦、阿尔及利亚、安哥拉、苏丹、尼日利亚、刚果布拉柴维尔和肯尼亚。[1] 目前在非洲石油工业多个领域(开采、出口和炼油),中国公司均有业务开展,并向中国和其他国家供应石油。[2]

值得注意的是,自2014年以来,尽管大宗商品价格疲软对非洲对华出口额产生一定影响,但中非贸易近几年仍然保持增长。如图2所示,中非贸易额在2015年最高。中非贸易额从2017年的1550亿美元增加到2018年的1850亿美元。同年,安哥拉、南非和刚果民主共和国是非洲对华贸易的最大出口国,而南非、尼日利亚和埃及是非洲最大的中国产品进口国。[3]

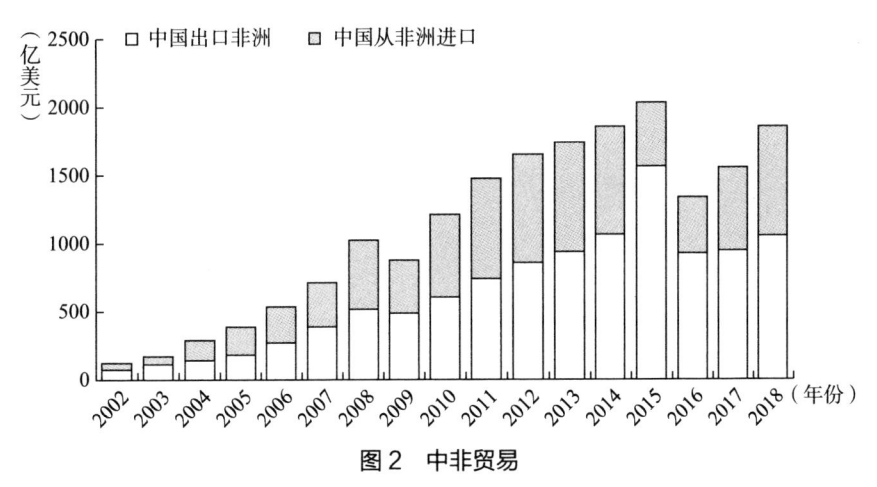

图2 中非贸易

转引自SAIS-CARI, Data: China-Africa trade, http://www.sais-cari.org/data-china-africa-trade, 最后检索时间: 2021年1月30日。

资料来源: UN Comtrade, 2020年2月。

2019年上半年,中国与非洲之间的进出口总额与2018年同期

---

[1] Adisu, K., T. Sharkey, and S. C. Okoroafo, "The Impact of Chinese Investment in Africa", *International Journal of Business and Management*, 5(2010).

[2] Cissé, D., "Forum: China's Engagement in Africa: Opportunities and Challenges for Africa", *African East-Asian Affairs*, 4(2013).

[3] "Data: China-Africa trade", http://www.sais-cari.org/data-china-africa-trade, 最后检索时间: 2021年1月30日。

相比增长了2.9%，达到1018.6亿美元。尽管在此期间中国和非洲出口都有增长，但非洲对中国的贸易逆差仍然巨大。中国对非洲的出口增长了5.2%，达到528.6亿美元，实现贸易顺差38.6亿美元（即159%），而非洲对中国的出口仅增长了0.5%，达到490亿美元。①

2019年6月，中非进出口总额达170.9亿美元，与上年同比增长2.3%。中国和非洲的进口额分别增长了92.9亿美元（0.3%）和77.9亿美元（4.7%）。中国实现贸易顺差15亿美元，比上年降低17.6%。②

在投资方面，中国对非洲的对外直接投资从2003年的7500万美元增加到2018年的54亿美元。2008年，由于中国工商银行购买了南非标准银行20%的股份，中国的对非投资大幅增加至55亿美元。③虽然中国的投资仍主要集中在南非、尼日利亚、赞比亚和刚果民主共和国，但中国在撒哈拉以南非洲地区的直接投资存量"自2010年以来已变得更加多元化"。在六年时间内，中国在撒哈拉以南非洲地区的直接投资存量从2010年的117亿美元增加了1倍多，达到360亿美元。④尽管如此，非洲仍然需要多样化的贸易和投资机会，以发展经济并缓解贫困。⑤

为了减少中非贸易逆差和使非洲出口更加多样化，中国一直免除

---

① "Statistics on China-Africa Trade in January-June, 2019"，http://english.mofcom.gov.cn/article/statistic/lanmubb/AsiaAfrica/201907/20190702886320.shtml，最后检索时间：2021年1月30日。
② "Statistics on China-Africa Trade in January-June, 2019"，http://english.mofcom.gov.cn/article/statistic/lanmubb/AsiaAfrica/201907/20190702886320.shtml，最后检索时间：2021年1月30日。
③ "Data: Chinese Investment in Africa"，http://www.sais-cari.org/chinese-investment-in-africa，最后检索时间：2021年1月30日。
④ Butcher, A., W. J. Yuan, and U. Uppuluri, "China's Outward Foreign Direct Investment in Sub-Saharan Africa"，USITC Executive Briefings on Trade, July 2019, https://www.usitc.gov/publications/332/executive_briefings/ebot_chinaofditossabutcheryuanuppulurri.pdf，最后检索时间：2021年1月30日。
⑤ Cissé, D., "Forum: China's Engagement in Africa: Opportunities and Challenges for Africa"，African East-Asian Affairs, 4(2013).

非洲国家的关税，使它们能够向中国出口产品。2005年，中国对25个非洲最不发达国家的190种商品给予了关税免除①，有数据称，非洲2007年5.8%的经济增长可能一定程度上要归功于中国的投资。② 中国公司在非洲投资，与非洲公司建立合资企业，通过在非洲运营，降低中国公司的生产成本和劳动力成本，实现规模经济。③ 这些合资企业为中非之间的专业知识、技术的交流提供了机会。

Landry的研究显示，非洲国家的治理成果与其商业活动之间有着密切的关联。④ 因此，实行善治的非洲国家有更大的机会吸引外国投资者，并提高其出口产品在全球市场上的竞争力。非洲国家的国家治理能力对外国直接投资的经济影响比对贸易的影响更大，这体现在由于非洲国家政治稳定性的提高，西方国家在非洲的直接投资增加了93%，中国在非洲的直接投资增加了72%。

另外，非洲国家治理能力的提升，导致"来自中国、法国、德国、英国和美国的对非洲国家的直接投资流入增加了近150%"，这些国家对非洲国家的出口增长了21%，而非洲国家从这些国家的进口增长了12%。⑤ 腐败程度较低的非洲国家通常会吸引更多来自西方国家的经济投资，随着推出更严厉的反腐措施，非洲国家对西方国家的出口增长了46%，而西方国家和中国从非洲国家的进口则分别增长了

---

① Cissé, D., "Forum: China's Engagement in Africa: Opportunities and Challenges for Africa", *African East-Asian Affairs*, 4(2013).
② "Chinese Loans to Africa", http://www.sais-cari.org/research-chinese-loans-to-africa, 最后检索时间: 2021年1月30日。
③ Cissé, D., "Forum: China's Engagement in Africa: Opportunities and Challenges for Africa", *African East-Asian Affairs*, 4(2013).
④ Landry, D. G., "Comparing the Determinants of Western and Chinese Commercial Ties with Africa", https://static1.squarespace.com/static/5652847de4b033f56d2bdc29/t/5d407e39ccea17000133b15a/1564507705813/PB+38+-+Landry-+Commercial+Ties.pdf, 最后检索时间: 2021年1月30日。
⑤ Landry, D. G., "Comparing the Determinants of Western and Chinese Commercial Ties with Africa", https://static1.squarespace.com/static/5652847de4b033f56d2bdc29/t/5d407e39ccea17000133b15a/1564507705813/PB+38+-+Landry-+Commercial+Ties.pdf, 最后检索时间: 2021年1月30日。

36%和8%。[1]

3. 贷款与金融援助

中国对非洲的金融援助极大地促进了非洲基础设施的发展,并帮助非洲减缓了2008/2009年全球经济危机的负面影响。[2]从2000年到2018年,中国政府、银行和20多家公司与非洲政府及其国有企业签署了价值1480亿美元的贷款承诺。[3]2017年,中国约占非洲国家债务的17%。[4]安哥拉是非洲最大的中国贷款接受国,在18年内与中国签署了"价值430亿美元的贷款承诺"。[5]

根据各国的经济状况,中国还向无能力偿还贷款的国家提供了各种形式的债务减免。债务减免措施包括债务取消(也称为债务核销)、债务再融资和债务重组(包括"重新配置"和"重新安排")。[6]图3反映了2000年至2019年中国降低非洲债务的情况,包括中国核销了非洲国家所欠34亿美元债务,对非洲国家债务再融资75亿美元、

---

[1] Landry, D. G., "Comparing the Determinants of Western and Chinese Commercial Ties with Africa", https://static1.squarespace.com/static/5652847de4b033f56d2bdc29/t/5d407e39ccea17000133b15a/1564507705813/PB+38+-+Landry-+Commercial+Ties.pdf,最后检索时间:2021年1月30日。

[2] "Data: China-Africa trade", http://www.sais-cari.org/data-china-africa-trade,最后检索时间:2021年1月30日。

[3] Acker, K., D. Brautigam, and Y. Huang, "Debt Relief with Chinese Characteristics", https://static1.squarespace.com/static/5652847de4b033f56d2bdc29/t/5efe93effc0b1550d2e8d5c3/1593742320379/PB+46+-+Acker%2C+Brautigam%2C+Huang+-+Debt+Relief.pdf,最后检索时间:2021年1月30日; "Chinese Loans to Africa", http://www.sais-cari.org/research-chinese-loans-to-africa,最后检索时间:2021年1月30日。

[4] Acker, K., D. Brautigam, and Y. Huang, "Debt Relief with Chinese Characteristics", https://static1.squarespace.com/static/5652847de4b033f56d2bdc29/t/5efe93effc0b1550d2e8d5c3/1593742320379/PB+46+-+Acker%2C+Brautigam%2C+Huang+-+Debt+Relief.pdf,最后检索时间:2021年1月30日。

[5] "Chinese Loans to Africa", http://www.sais-cari.org/research-chinese-loans-to-africa,最后检索时间:2021年1月30日。

[6] Acker, K., D. Brautigam, and Y. Huang, "Debt Relief with Chinese Characteristics", https://static1.squarespace.com/static/5652847de4b033f56d2bdc29/t/5efe93effc0b1550d2e8d5c3/1593742320379/PB+46+-+Acker%2C+Brautigam%2C+Huang+-+Debt+Relief.pdf,最后检索时间:2021年1月30日。

债务重组约 75 亿美元。

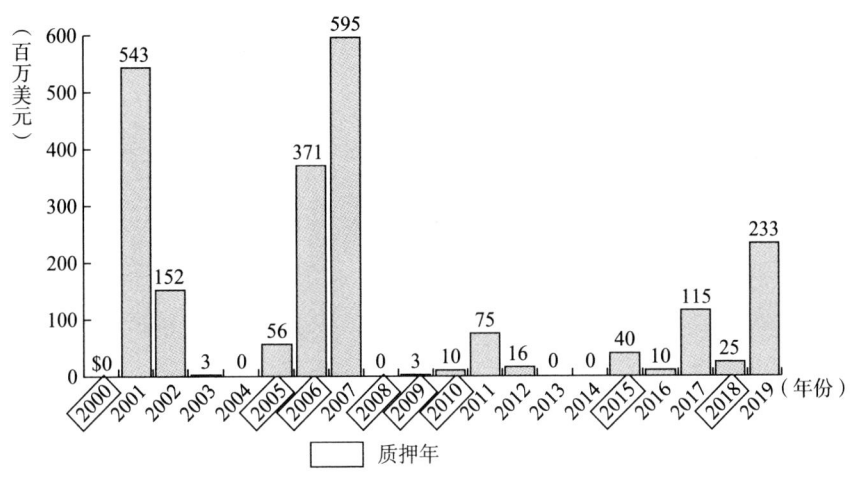

图 3　中国对非洲国家年度债务核销额

转引自 Acker, K., D. Brautigam, and Y. Huang, "Debt Relief with Chinese Chara-cteristics", https://static1.squarespace.com/static/565284 7de4b033f56d2bdc29/t/5efe93effc0b1550d2e8d5c3/1593742320379/PB+46+-+Acker%2C+Brautigam%2C+Huang+-+Debt+Relief.pdf, 最后检索时间：2021 年 1 月 30 日。

资料来源：SAIS-CARI。

其他金融项目对非洲也产生了重大影响。已经成立的中非发展基金（CAD Fund）和中国-葡语国家发展基金（CPD Fund）等，旨在促进非洲的经济发展和工业化，减少贫困和促进非洲的基础设施发展等。①

中非发展基金是非洲公司和中国公司之间的桥梁，为非洲项目和公司寻找中国合作伙伴，以及为中国公司在非洲寻找可持续性项目进行投资。中国公司通过中非发展基金与非洲国家合作，通过升级基础设施、支持社区发展、提高产品价值和改善环境保护，加强非洲的矿产资源产业。中国公司还设法获得资本投资非洲的公路、电力、铁路

---

① "China-Africa Development Fund Introduction", http://en.cadfund.com/Column/25/0.htm, 最后检索时间：2021 年 1 月 30 日。

和航空基础设施项目。中非发展基金为中国公司在非洲投资提供便利，包括在农业、卫生和汽车行业等领域进行一系列广泛的投资，以推动非洲的工业化，促进经济发展和减少贫困。

中国－葡语国家发展基金于2013年6月正式启动，其目标是鼓励中国与葡语国家之间的合作。该基金一直资助葡语国家的项目，主要是制造业、基础设施和农业方面的项目。

4. **其他发展援助**

通过中非合作论坛，非洲国家可以向中国正式提出发展援助请求，并能够促进双方的持续对话。双方通过加强定期交往和高层交流，扩大外交对话与磋商，进一步实现政治互信与谅解。

中国和非洲在许多重大国际和地区问题上形成了政策协同作用。此外，南南合作与团结进程得到了加强。中非在文化、教育和卫生保健领域的人员交流显著增加，同时，人力资源培训规模也大大提高。成千上万的非洲学生有机会在中国学习并带回新的技能，以帮助非洲大陆的发展。[1]

中国公司正在埃塞俄比亚修建道路，在肯尼亚发电，在塞拉利昂推进基础设施建设，并鼓励旅游业发展，还在肯尼亚和尼日利亚提供手机服务。此外，中国还帮助治疗了诸如疟疾和艾滋病等传染病，并在肯尼亚开设了第一个海外广播电台。[2]

中国的培训课程可以让非洲的公务员及其政府部门学习中国的发展经验，在加强中国与非洲各国政府之间的关系并增进了解方面，具有极大潜力。这些培训课程还展现为一个合作范例，可供传统援助国学习。

自2003年以来，中国每年对非洲的直接投资，中国官方报告中

---

[1] Shelton, G., F. Y. April, AND L. Anshan, FOCAC 2015: a New Beginning of China-Africa Relations (Pretoria: *Africa Institute of South Africa*, 2015).

[2] Adisu, K., T. Sharkey, and S. C. Okoroafo, "The Impact of Chinese Investment in Africa", *International Journal of Business and Management*, 5(2010).

称为OFDI（"海外对外直接投资"），一直在稳定增长。这一数字从2003年的7500万美元稳定增长至2018年的54亿美元。由于2010年以来美国对非直接投资一直在下降，自2014年起，中国对非的直接投资已超过美国。2018年，中国对非洲直接投资额位列前五名的国家是：南非、刚果民主共和国、莫桑比克、赞比亚和埃塞俄比亚。[1]

此外，中国免除了非洲国家100亿美元的债务，还派遣医生提供医疗服务，并在其大学和培训中心接收了数千名非洲工人和学生。[2]

三 结语

非洲国家应利用与中国的伙伴关系来增加经济的多样性，并逐渐摆脱对采掘业的依赖。[3] 非洲和中国政府及公司应共同努力促进治理能力提升，防止腐败，并将其作为提升增加非洲投资和出口机会的方式。[4] 为实现此目标，应向非洲国家提供必要的支持，以实施"国际上关于腐败、资源收入和企业社会责任的准则"。[5] 为了改善中国承包商与非洲雇员之间的工作关系，要在有关非洲文化，以及中国承包

---

[1] "Data: Chinese investment in Africa", http://www.sais-cari.org/chinese-investment-in-africa, 最后检索时间：2021年1月30日。

[2] Adisu, K., T. Sharkey, and S. C. Okoroafo, "The Impact of Chinese Investment in Africa", *International Journal of Business and Management*, 5(2010).

[3] Cissé, D., "Forum: China's Engagement in Africa: Opportunities and Challenges for Africa", *African East-Asian Affairs*, 4(2013).

[4] Landry, D. G., "Comparing the Determinants of Western and Chinese Commercial Ties with Africa", https://static1.squarespace.com/static/5652847de4b033f56d2bdc29/t/5d407e39ccea17000133b15a/1564507705813/PB+38+-+Landry-+Commercial+Ties.pdf, 最后检索时间：2021年1月30日。

[5] China-DAC Study Group, "Economic Transformation and Poverty Reduction: How it happened in China, Helping It Happen in Africa", August 24, 2011, http://www.oecd.org/officialdocuments/publicdisplaydocumentpdf/?cote=DCD(2011)4&docLanguage=En, 最后检索时间：2021年1月30日。

商的非洲生存状况方面加强沟通交流，达成谅解，同时还要加强参与者之间的直接对话交流，这些都至关重要。

目前，非洲比较富裕的国家相对于比较穷困的国家正在获得更多的发展资金，显然后者更需要资金。为了更好地对此进行平衡，中国应根据非洲国家的需求分配资金，以最大限度地发挥其对促进非洲发展的作用。[1]中国还应帮助非洲国家正确评估其金融可持续性问题。[2]

为进一步对非洲发展做出贡献，中国应继续分享其在对外援助和投资管理方面的经验和专业知识，并将"中国的转型思维融入与非洲的政策对话中"。最后，中国应支持非盟的结构和政策框架，并"在区域和次区域层面开展合作，包括发展区域间基础设施和专业知识平台方面"。[3]

---

[1] Landry, D. G., "Comparing the Determinants of Western and Chinese Commercial Ties with Africa", https://static1.squarespace.com/static/5652847de4b033f56d2bdc29/t/5d407e39ccea17000133b15a/1564507705813/PB+38+-+Landry-+Commercial+Ties.pdf，最后检索时间：2021年1月30日。

[2] China-DAC Study Group, "Economic Transformation and Poverty Reduction: How It Happened in China, Helping It Happen in Africa", August 24, 2011, http://www.oecd.org/officialdocuments/publicdisplaydocumentpdf/?cote=DCD(2011)4&docLanguage=En，最后检索时间：2021年1月30日。

[3] China-DAC Study Group, "Economic Transformation and Poverty Reduction: How It Happened in China, Helping It Happen in Africa", August 24, 2011, http://www.oecd.org/officialdocuments/publicdisplaydocumentpdf/?cote=DCD(2011)4&docLanguage=En，最后检索时间：2021年1月30日。

C4. 中国-东盟扶贫新合作

摘　要： 通过在中国-东盟之间提供更多的人员往来、互联互通项目，东盟成员国也可以将中国的扶贫作为最佳实践。换句话说，需要一个指导机构以及信息传播的平台，来使其达到国家层面。每个国家都必须实现自我发展，保持自身的独特性，彰显风格，独立自主，包容新一代，接受新技术，并与东盟其他国家一起同中国建立关系网络。本文旨在提出东盟可以适应或调整的指导方针，以应对越来越多的减贫投资案例研究或指导方略。根据联合国可持续发展目标（SDGs），按照"互学互鉴、互利共赢"的指导方针，寻求真正的、新的、创造性的合作解决方案，并让中国、东盟双方共享合作成果。

关键词： 中国-东盟　扶贫　新合作　互惠互利　"一带一路"倡议

2015年，习近平总书记提出中国到2020年要消除贫困。据世界银行统计，在过去40年里有8.5亿中国人摆脱了极端贫困。中国的贫困发生率——每天生活费不超过1.9美元的人口比例——从1981年的88%下降到2015年的0.7%。[①] 到2021年，即中国共产党成立100

---

① "China's Subsidies Lifting Rural Villages out of Poverty, but is Xi Jinping's Plan Sustainable?", https://www.scmp.com/economy/china-economy/article/3035894/chinas-subsidies-lifting-rural-villages-out-poverty-xi, 最后检索时间：2021年1月30日。

周年，消除贫困也是中国实现进入全面小康社会这个目标的关键部分。自2012年党的十八大以来，在习近平总书记关于减贫的重要讲话指导下，全党、全国、全社会都在呼吁开展全面的脱贫攻坚战，开创了新时期中国扶贫开发事业的新局面。中国前所未有的减贫成果丰富了中国特色的减贫道路。[1] 从习近平领导的中国政府开展脱贫攻坚战的成功实践来看，他对减贫工作见解深刻，表述连贯，表明在"中国特色社会主义新时代"背景下，他的指导方针是中国减贫事业取得辉煌成就的基础，也将为全球贫困治理贡献中国的经验和智慧。然而，在同样贫困形势下，具有同样目标的东盟共同体，却无法预期，也难以在短时期内实现减贫。东盟在哪些方面可以向中国学习，值得探讨。

本文分为4个部分：（1）中国扶贫介绍；（2）中国精准扶贫政策的实施；（3）在人与人的互联互通下东盟如何与中国合作；（4）最后给出结论和政策建议。

一 引言

随着经济增长、经济体制的不断改革，中国的收入差距逐渐扩大。中国的基尼系数在2008年达到最大值0.491，此后持续下降，2016年以来又有所回升，2019年基尼系数为0.465。中国收入差距的扩大主要体现在以下两个方面：首先，城乡收入差距显著。2013年以来城乡居民人均可支配收入差距有所缩小，但2019年仍高达2.56倍。如果加上城乡居民福利差距，则城乡居民实际收入差距更大。其次，农村收入差距也在扩大。2013年，农村居民高收入组与低收入组

---

[1] "Poverty Reduction: Xi Jinping's Statements and Chinese Path", https://mp.weixin.qq.com/s/t9IQLWdUr5gO7rHKqIcpWA，最后检索时间：2021年1月30日。

的人均可支配收入之比为7.4∶1；此后持续上升，2016~2018年都超过9∶1；2019年下降到8.5∶1。

2015年，中共中央、国务院决定打赢脱贫攻坚战，确保到2020年实现所有现行标准下的农村贫困人口全部脱贫。但是，当时中国减贫面临的形势依然严峻，剩余贫困人口规模仍然很大，贫困程度深，减贫成本高，脱贫结果难以稳定。根据2015年国家统计局对部分城乡居民的抽样调查数据，在现行贫困标准下，中国农村收入贫困发生率为6.4%，生活贫困发生率为9.3%。家庭收入水平略高于贫困线的弱势农村家庭很容易重返贫困。因此，中国实施精准扶贫可以大大减少贫困人口，缩小收入差距，提高农村就业率和生活水平。

二 中国的精准扶贫政策

（一）精准扶贫的含义

精准脱贫是中国全面建设小康社会的基础性目标，立足于扶贫开发实践和贫困问题的总体特征，中国逐步形成精准扶贫的政策框架。精准扶贫政策的实质是找到需要扶贫的人，从根本上解决贫困问题，改变过去粗放的扶贫方式，并通过对贫困家庭和贫困人口的准确援助，实施到户扶贫政策和措施，从根本上解决导致贫困的各种因素和障碍，实现真正的脱贫。精准扶贫的含义主要包括四个方面，即精准识别、精准帮扶、精准管理、精准评估。

1. 精准识别

开展精准扶贫工作的基础和前提是实现对贫困人口的准确识别。精准扶贫是建立在全面控制贫困模型的基础上，采用科学、民主、透明、合法的程序和手段，识别贫困家庭和贫困人口，准确识别最贫困、最需要帮助和支持的人。接着，扶贫工作便可以充分发挥其应有的作用，进而解决中国的贫困问题。

2. 精准帮扶

在扶贫过程中，将对精准扶贫政策确定的贫困家庭和贫困人口的致贫原因进行科学客观的分析，并在此基础上实施因地制宜的帮扶措施。精准帮扶必须对致贫原因进行准确判断，并分析使用合理帮扶手段。

3. 精准管理

一方面，精准管理包括管理所有贫困户和贫困人口的相关信息，采用现代化技术手段进行信息化管理，为贫困户建档立卡。另一方面，建立健全监督管理制度，实现对相关扶贫部门的监督管理。对扶贫进度、扶贫资金、扶贫项目等内容实行全面、实时的动态管理。这样才能有效消除虚假扶贫、挪用扶贫资金等腐败问题。

4. 精准评估

精准扶贫工作评估项目主要涉及两个层面。第一层是扶贫部门的绩效评估。第二层是对贫困户的脱贫评估。通过对这两个方面的评估，我们可以更好地完善扶贫工作，在严格管理的同时，密切关注贫困户的脱贫状况。精准扶贫工作也可以帮助更多的贫困人口，取得良好的扶贫效果。

（二）精准扶贫的特点

在精准扶贫工作中，政府始终占据主导地位，主要参与者是市场主体和各种社会力量。精准扶贫工作的核心内容是帮助贫困户掌握一项或多项减贫技能，其实现自主脱贫，进而形成一种脱贫方式。与以往的扶贫政策相比，精准扶贫有以下特点。

1. 扶贫目标更加明确

精准扶贫将实施目标落实到每一户、每一个人。将村户人口素质以及家庭经济状况、公共服务、基础设施等都收集到建档立卡信息系统中，进行精准扶贫。扶贫进展清晰可见，扶贫目标更加明确。

2. 扶贫措施充分体现针对性

精准扶贫，通过对贫困户和贫困人口进行客观、科学的分析，有效改善了传统扶贫方式在工作中的盲目性，实现了对扶贫对象的精准选择，有利于更好地进行精准扶贫。在充分分析贫困户的信息后，可以有针对性地制订合理的扶贫计划，真正意义上帮助贫困户实现脱贫。

3. 扶贫管理更加细化

精准扶贫工作能够更好地体现扶贫工作中的被帮扶者在管理工作中的主体地位。项目负责人、贫困户资金安排等一系列工作直接落实到人身上，可以更好地发挥政策优势，有针对性地开展扶贫工作。

精准扶贫政策实现了扶贫目标的精准化、帮扶措施的具体化、管理流程的规范化，也对考核目标的结果实时更新。这是新时期中国扶贫开发政策的重大战略转变。精准扶贫政策是这一概念的发展，侧重于采取教育、培训、工业发展和制度创新等方面的措施，来让贫困地区有更多的发展机遇，让贫困人口有更强的发展能力，并让贫困人口分享他们的经济增长成果，实现扶贫。精准扶贫政策强调精准帮扶和精准管理，要求贫困人口真正参与扶贫产业项目，直接获得金融信贷等，并强调政府、社会、企业等不同的扶贫主体直接与贫困户和贫困人口合作。

（三）精准扶贫的成效

扶贫投入的成效是一个重要问题。我们以中国云南省为例。总体而言，2014~2017年云南省重点贫困县的贫困发生率不断下降，贫困发生率较高的地区下降最快，说明国家扶贫政策效果明显。然而，随着扶贫工作的深入，剩余贫困人口的情况越来越复杂。各种扶贫资金的投入可以起到减贫作用，特别是在短期内，投资可以促进贫困地区人均纯收入的增长，但总体而言，减贫的效果并不明显，减贫难度加大。[1]

---

[1] 陈安玉：《云南省农村扶贫资金投入的减贫效果分析》，云南财经大学硕士学位论文，2018（编者注：这应当是针对精准扶贫之前的情况说的）。

中国通过精准扶贫，在 2015 年以后实现了贫困人口连续减少，直至完全消除，这无疑是精准扶贫起到了决定性作用。

三 中国-东盟扶贫合作

东南亚国家联盟（东盟）成立于 1967 年 8 月，是亚洲同类组织中规模最大、历史最悠久的组织。发起该国际联盟主要是为了在安全、社会文化和经济一体化领域建立区域合作。尽管大多数成员国都有政治和经济一体化的经验，但每个国家都有强烈的自觉性去维护自身的稳定，尊重且不干涉其他东盟国家内政。

东盟各国已经着手启动下一步的经济发展，这也将最终使东南亚各国人民更加紧密地联系在一起。为促进东盟共同体的发展，它们加强了东盟经济共同体（AEC）之间的合作。东盟经济共同体有以下四个经济支柱：①单一市场和生产基地；②有竞争力的经济区域；③公平的经济发展；④全球经济一体化。这意味着 2015 年 12 月东盟经济共同体的建立将是东盟共同体的一个重要里程碑。

在东盟，东盟经济共同体不断深化建立一个单一市场和竞争性经济区域。另外，由于东盟与中国接壤，随着中国经济实力的增强，在确保东盟经济的独创性和与中国经济的合作方面，双方都需要协调。本文的目的是分析中国经济在东盟的扩张，并考虑未来东盟经济共同体经济发展的方向性。在此分析中，我们是从日本公司在东盟和中国的流动变化角度来考虑的。

目前，东盟的国家地位和国际竞争力不断提高。随着东南亚共同体建设的推进，东盟的区域综合实力和国际竞争力迅速增强。东盟总面积 443.56 万平方公里，人口 6.25 亿，是世界第三大国际组织、世界第七大经济体和世界第四大进出口贸易区。其也是吸收外商直接投资的主要发展地区。东盟丰富的自然资源、市场潜力和优越的地理位置，以及中国"走出去"的发展需要，将加快中国企业在东盟投资的步伐。

然而，当谈到中国的"一带一路"发展倡议时，中国与东盟的经贸关系变得更加重要。从地理上看，东盟是"21世纪海上丝绸之路"的重要枢纽。从经济联系上看，东盟是中国建设"21世纪海上丝绸之路"经贸总投资的一部分。从国家投资的战略方向来看，亚洲基础设施投资银行和丝绸之路基金的成立无疑使东盟国家成为重要的投资目标国。

"一带一路"沿线国家直接投资的区域分布差异很大，分布不均。东盟是中国对"一带一路"沿线国家投资最多的地区。中国对东盟的投资具有重要的理论和实践意义。统计数据很醒目。中国已连续八年成为东盟第一大贸易伙伴，东盟已连续六年是中国第三大贸易伙伴。东盟既是中国旅游业的主要客源地区，也是中国游客的主要旅游目的地。中国与东盟的双边人员往来接近3200万人次。每周还有2700多个航班往返于东盟国家和中国之间。中国与东盟之间的互派留学生也大幅增加。此外，越来越多的中国文化中心、孔子学院在东盟国家建立。中国与东盟的关系已经成为东盟及其对话伙伴之间最活跃、最深刻的关系。

从双方关系的历史背景看，中国与东盟的关系必将拥有广阔的发展前景。2017年，双方共同庆祝了东盟成立50周年和"中国-东盟旅游合作年"。2018年是中国-东盟战略伙伴关系成立15周年，也是"中国-东盟创新年"。双方正在积极对接"一带一路"倡议与东盟地区和国家发展战略，特别是《东盟互联互通总体规划2025》。同时，双方正在制定《中国-东盟战略伙伴关系2030年愿景》，规划发展蓝图。中国和东盟都处于发展的新时代。2018年，中国以改革开放40周年为契机，踏上了新时代建设中国特色社会主义的新征程。东盟本身已经进入了50年发展期的第二阶段。

中国国家主席习近平在讲话中发表了三大要点。2017年，在中国共产党第十九次全国代表大会上，习近平主席表示："中国要推进大国协调与合作，构建总体稳定、均衡发展的大国关系框架；中国将按照亲诚惠容理念和与邻为善、以邻为伴周边外交方针，深化同周边国家关系；中国要秉持正确义利观和真实亲诚理念，加强同发展中国家团结合作。"为此中国将"加强同各国政党和政治组织的交流合作，推进人大、政协、军队、地方、人民团体等的对外交往"。2019年5月15日，习近平在亚洲文明对话大会开幕式上的主旨演讲（中国），以及2019年6月28日习近平在二十国集团领导人峰会上关于世界经济形势和贸易问题的讲话（日本大阪）中也清楚地重申了与国际社会的密切合作。这两次讲话都一致表示，"中国将同世界各国和平共处、合作共赢，共建人类命运共同体，为创造世界经济更加美好的明天不懈努力"。

四 中国-东盟关系2.0版

我们将看到中国与东盟的合作日益加强，这将是"中国-东盟战略伙伴关系2.0版"。我们从第二阶段所能看到的，应该是以下几个方面的加强。

（一）中国与东盟之间的贸易发展

2000年以后，东盟与中国的贸易迅速扩大。2000年，东盟对美国和日本还拥有大量出口。2015年，东盟与包括中国在内的东亚地区有大量的贸易往来（进出口）。1980年，东盟的主要贸易伙伴是日本（占25.9%，东盟占15.9%，中国占1.6%）。2016年，东盟的主要贸易伙伴是东盟自身国家（23.3%），其次是中国占16.4%，日本占9.0%。东盟与日本的贸易量并没有减少,但与中国的贸易量急剧增加,导致日本的份额下降。

中国与东盟国家是山水相连的好邻居,密切合作、互利共赢的好伙伴。自1991年建立对话关系以来,中国－东盟政治互信不断加深,人文交流日益密切,务实合作成果丰硕。1996年,双方建立了中国－东盟全面对话伙伴关系。1997年,双方达成中国－东盟21世纪睦邻互信伙伴关系。2003年,双边关系升级为战略伙伴关系。2018年,举办庆祝中国－东盟战略伙伴关系建立15周年活动。

双边合作势头显著。2010年后,中国一直是东盟最大的贸易伙伴,而东盟一直是中国的第三大贸易伙伴。据中方公布的数据,2016年中国－东盟贸易额达4522亿美元,同比增长14.8%。2019年和2020年,东盟相继超越欧盟,成为中国的第二大和第一大贸易伙伴。[1]

(二)新常态合作:中国－东盟扶贫倡议

即使东盟一直都欢迎大量的外国直接投资来促进经济增长,但在东盟成员国之间仍然存在巨大的收入差距。如何缩小东盟国家之间的经济差距是一个重大问题。另外,最近新冠肺炎疫情对东盟各国经济的影响可能使收入更加不均等。

为了使中国与东盟的合作能实现更深层次的互联互通,中国现行政策应能在周边邻国推行和实施,以此作为示范。这些中国周边国家的收入持续落后于其他成员国,例如CLMV国家(柬埔寨、老挝、缅甸和越南)。这几个国家的人均收入较低,产业结构趋向单一,财政和债务空间较窄,科研机构和人力资源更有限。因此,在加强东盟内部的实体联系,尤其是基础设施互联互通之后,中国在扶贫方面丰富的经验,应更多地向东盟成员国进行宣传和教育,必须使其遵循以往

---

[1] 编者注:最新数据为编者所加[《中国－东盟关系(2020年版)》,asean-china-center.org/asean/dmzx/2020-03/4612.html;《东盟成中国第一大贸易伙伴》,www.gov.cn/xinwen/2020-03/23/content_5494368.htm。最后检索时间:2021年1月30日]。

的实施经验。

更重要的是，在新冠肺炎疫情暴发后，缩小东盟内部的经济差距，加大对 CLMV 国家和泰国（称为大湄公河次区域）的支持力度，将加强中国－东盟之间的实际关系，特别是把谋求扶贫的最佳实践作为第一要务。

2017 年底，世界银行行长金墉在国际货币基金组织（IMF）年度新闻发布会上表示，"中国对减少贫困人口的贡献，是人类历史上最伟大的奇迹之一。中国解决 8 亿人口的贫困问题是一次了不起的经历"。

在 2019 年诺贝尔经济学奖得主阿巴希·巴纳吉（Abhijit Vinayak Banerjee）、艾丝特·杜芙若（Esther Duflo）夫妇和迈克尔·克默（Michael Robert Kremer）看来，贫困仍然是一个重大的全球问题。这几位经济学家在减轻全球贫困方面的实验性研究取得了巨大成功。

中国和东盟之间的紧密关系已经持续了近 15 年，但中国花了更多时间来解决贫困问题。尽管东盟不能在短时间内实现目标，但也有一些经验可以一步一步吸取。有学者提出，尽管中国和东盟成员国在许多方面存在差异，但也有类似的经验。回顾中国经济发展的历史，快速的经济增长以及社会和经济转型帮助许多人战胜了贫困，但他们也面临着不平等加剧和农业部门增长乏力的类似挑战。该研究建议东盟借鉴中国的经验，用以指导东盟国家减贫战略的设计和实施。①

1. 政治和社会稳定以及一贯的发展战略是减贫的重要条件

柬埔寨、中国、印度尼西亚、马来西亚和越南的经验表明，减少贫困得益于长期、系统的政府干预。减贫工作的改善提高了执政党

---

① "What Can ASEAN Learn from the People's Republic of China's Poverty Reduction Strategy?", https://development.asia/insight/what-can-asean-learn-peoples-republic-chinas-poverty-reduction-strategy, 最后检索时间：2021 年 1 月 30 日。

的合法性，这反过来有助于建立实施长期发展举措所必需的稳定政治制度。

2. 经济增长是减贫的根本

减少贫困主要有两种方法：对企业进行投资，使其"涓滴效应"惠及社会各阶层；通过政府干预实施收入再分配计划。中国的经验表明，如果经济增长发生在有利于贫困人口的部门，则经济增长可以"滴入"并减少贫困。此外，经济增长作为一种减贫工具在经济和社会状况相对平等的国家最为有效。随着不平等加剧，政府需要干预，以确保穷人从经济增长中受益，并保护那些落在后面的人。

3. 农业对于实现持续的农村减贫是必不可少的

农业是减少农村贫困的主要动力，特别是在大多数人口生活在农村地区并从事以农业为基础活动的国家。通过改善基础设施、更好地进入市场以及获得改良作物品种和种植技术，提高农业部门的生产率，可直接减少农村地区的贫困。在土地资源有限的国家，提高现有农田的生产率是促进农业部门增长的一个关键方法。

4. 工业化是摆脱农村贫困的有效途径

非农就业可以减少农村地区的贫困，因为它为工人提供了另一种收入来源，特别是在种植周期的低就业率时期。随着农业活动在更广泛经济中的相对重要性下降，农村工业化变得越来越重要，同时收入多样化提高了农村劳动者应对冲击的弹性。通过在中小城市提供就业机会，非农企业可以帮助减缓可能无法容纳大量流动农民工的大城市的扩张。

5. 有针对性的政府干预可以在经济增长无法达到的地方减少贫困

中国的经验表明，当经济增长的涓滴效应减弱、贫困率相对较低时，有利于穷人的干预措施可能会成功。中国政府调拨各种资源，支持旨在解决该国多维度极端贫困问题的有针对性的干预措施。有针对性的干预措施可以是发展工业、发展教育、现金补助性的社会保护等方式。它们的选择将主要取决于对穷人的准确识别和对贫困根源的诊断。

6. 当多维贫困增加时，减贫的社会保护计划会更有效

在经济增长的最初阶段，财政和组织资源往往是有限的，因此，社会保护方案难以实施。随着经济持续增长，收入再分配变得更加可行。随着贫困变得多维，仅仅通过经济增长就越来越难以克服它。虽然许多农村家庭按收入衡量并不贫穷，但它们可能缺乏足够的教育或医疗保障，从而加剧贫困的代际传递。因此，中国的反贫困政策从开发式扶贫转变为发展与社会保护相结合的方式，可以为何时引入以及如何设计有利于贫困人口的社会保护项目提供一些启示。

强劲的外国投资为东盟国家的高经济增长率提供了支撑，这些投资使制造业就业增长强劲，帮助各国减轻贫困。由于许多东盟国家继续依赖农业发展经济，所以仍有改善农村贫困人口状况的余地（世界发展指标显示，2017年，东盟10个成员国中有7个国家农业就业占总就业比重的20%以上，5个国家农业GDP比重超过10%）。中国的经验表明，提高生产率、促进农村工业和发展小城市是减贫的关键举措。

另外，东盟也可以与中国分享有益的经验。特别是马来西亚、新加坡和泰国在城市减贫、社会保障计划和乡村旅游方面的经验可以帮助中国设计和实施更好的减贫与农村改造计划。

因此，习近平总书记指出，补足经济社会发展的短板，是实现全面建成小康社会目标的关键。如果农村贫困人口的生活水平没有明显提高，社会也不可能全面繁荣。因此，《中共中央关于制定国民经济和社会发展第十三个五年规划的建议》把农村贫困人口脱贫作为全面建成小康社会的基本标志，强调实施精准扶贫，确保我国现行标准下农村贫困人口实现脱贫、贫困县全部脱贫摘帽、解决区域性整体贫困。

五　结语

精准扶贫要想取得更好的成效，要使贫困户脱贫评估方式更加多样化，审查机制更加全面、完善。不过与过去相比，中国的精准扶贫更适合中国的国情，确实提高了农村贫困人口的就业率和生活水平。

图书在版编目(CIP)数据

中国减贫成就、经验和国际合作/魏后凯,王镭主编.--北京：社会科学文献出版社,2021.4
ISBN 978-7-5201-8166-2

Ⅰ.①中… Ⅱ.①魏…②王… Ⅲ.①扶贫-研究-中国 Ⅳ.①F126

中国版本图书馆CIP数据核字(2021)第055517号

中国减贫成就、经验和国际合作

主　　编 / 魏后凯　王　镭
出 版 人 / 王利民
责任编辑 / 陈　颖

出　　版 / 社会科学文献出版社·皮书出版分社 (010) 59367127
地址：北京市北三环中路甲29号院华龙大厦　邮编：100029
网址：www.ssap.com.cn
发　　行 / 市场营销中心 (010) 59367081　59367083
印　　装 / 三河市东方印刷有限公司
规　　格 / 开　本：787mm×1092mm　1/16
印　张：16.25　字　数：220千字
版　　次 / 2021年4月第1版　2021年4月第1次印刷
书　　号 / ISBN 978-7-5201-8166-2
定　　价 / 128.00元

本书如有印装质量问题，请与读者服务中心 (010-59367028) 联系

版权所有 翻印必究